JN124468

シュタイナー教育100年

80カ国の人々を魅了する教育の宝庫

広瀬俊雄・遠藤孝夫・池内耕作・広瀬綾子 編

昭和堂

まえがき

二一世紀が始まる直前の年、すなわちシュタイナー学校がドイツの地に創設されてから八〇年目の一九九九年の一月、朝日新聞は、国際的な評価の高いこの学校の創設者・シュタイナー（Rudolf Steiner, 1861-1925）に注目して、「二〇世紀の古典、ルドルフ・シュタイナー、世界に広がる教育の夢」との見出しの記事を大きく掲載した。

このシュタイナーの教育思想・理論を支えとする教育は、シュタイナー教育あるいはヴァルドルフ教育の名で親しまれ、時代の経過とともに、優れた人間教育として世の注目を浴びた。創設後、一〇〇年を経た現在、ドイツ国内のみならず、アメリカ、イギリス、オランダ、スイス、オーストラリアその他世界の八〇カ国に広まっている。

その世界的な注目と広がり・普及のなかで特筆さるべきことは、各国が教育の危機や荒廃・混迷に直面し、教育改革に向かうとき、シュタイナー教育が、混迷や危機の克服の手がかりになっていることであり、教育改革の手本の一つとされたことである。例えば、ドイツでは、教育の危機を打開する教育改革をめざすなかで、マックス・プランク教育研究所の所長H・ベッカーは、週刊誌『ディ・ツァイト』で「シュタイナー学校から多くのことを学ぶべきである」と言い切った。この国では、青少年の自殺、麻薬中毒、落第生の増大等の危機的な状況が新聞紙上でとり上げられ、その問題克服の手がかりに、しばしばシュタイナー教育が求められた。

また教育の荒廃の様相が目立ったアメリカにおいても、シュタイナー教育は「荒廃を救う教育」として注目を集めた。アメリカは、ドイツに次いでシュタイナー学校が多く設立されている国である。ＩＴ産業の世界の拠点・シリコンバレーのシュタイナー学校は、最近、時代の流れに迎合しない教育を実践する学校として『ニューヨークタイムズ紙』に大きくとり上げられた。

わが国でシュタイナー教育は、戦前から紹介はされていたが、脚光を浴びたのは、戦後の一九七〇年代になってからである。これ以後、八〇年代、九〇年代、二〇〇〇年代と年月の経過とともにこの教育は、驚くほど世の関心を集めた。

絵を描く活動や音楽をとり入れた活気に満ちた授業。競争や点数評価からではなく、学ぶ楽しさからの学習。驚きや感激を生む直接体験の重視、想像力の成長を大切にする語り聞かせ、存分に保証された教師の自由。知育偏重を脱し、手仕事や演劇を大切にする全人教育、コマ切れの時間割によらず、長時間集中して取り組める周期集中方式の学習。長期担任制にもとづく子どもと教師の厚い信頼関係……。わが国には見られないこのような魅力的な教育に、市民の多くが魅了された。新聞、テレビ、ラジオ、週刊誌等がこぞってシュタイナー教育をとり上げた。この教育を紹介する一般的な単行本、この教育を生み出したR・シュタイナーの原典の翻訳書、この教育に学術的な光をあてた学術・研究書や訳書、その他が続々と出版された。

大都市の書店には、シュタイナー教育書のコーナーまでもが設けられるようになった。全国各地でシュタイナー教育についての学習会・研究会が持たれ、講演会や市民講座も開かれた。あちこちの大学の講義で、この教育の思想や実践がとり上げられるようになり、シンポジウムでも話題になった。日本教育学会をはじめとする教育関係の学会大会でシュタイナー教育に関する研究発表が数多く行われ、学会誌ではこの教育に関する研究論文がいくつも掲載され、大学の研究紀要等でもこの教育はとり上げられた。

シュタイナー教育が関心と注目を浴びた背景には、わが国の教育・学校で目立ってきた憂うべき諸問題、即ち、学級崩壊、不登校、いじめ、校内暴力などがある。こうした問題の多発に教育の危機を察知する市民・親・

保護者たちは、シュタイナー教育を知って、希望と勇気を与えられ、この教育から克服と変革へのエネルギーを得たのであった。

この教育が知られるようになって生じた最大の出来事は、欧米と同様のシュタイナー学校が全国各地に設立されたことであり、この教育を取り入れる幼児教育施設があちこちに現れたことである。学校の設立について言えば、神奈川県に二校、東京都に一校、北海道に一校、愛知県に一校、京都府に一校、福岡県に一校がある。ドイツにおけるシュタイナー教育の誕生後、五〇年経てもわが国にはシュタイナー学校が一校もなかったことを考えると、それらの設立は、実に意義深いことである。

しかし、これまでのようなシュタイナー教育に関する、目を見張るような勢いは、現在はなくなってしまっている。この教育について書かれた本、書籍等の出版は著しく減り、この教育に関する市民講座、研究会等も少なくなった。学校の公認も、わが国の厳しい法的な規制のため、以前と同じように困難な状況にある。とはいえ、シュタイナー教育への市民の関心は、かつてほどではないが、依然として高い。シュタイナー学校や幼稚園・こども園にわが子を入れ、教育を受けさせようとする親・保護者は多い。

このような状況のなかで、とりわけ考えなければならないのは、本・書籍等の出版が少なく、この教育の真髄あるいは真骨頂がいまだ十分明らかにされていないことである。

もとよりシュタイナー教育は、幼児期から高校段階の青年期までの広範な時期を扱う、広範囲にわたる教育である。しかもその教育を支える思想・理論は、極めて深い。それゆえ、その教育の全体および細部を厳密に研究して明らかにすることは、容易ではない。たしかに、これまで多くの人々の研究によってシュタイナー教育の中身が明らかにされてきた。しかし、その究明は、十分なものではない。例えば、幼児期の教育について言えば、幼児の道徳教育の理論と実践の究明はほとんどなされていない。このことは、児童期の道徳教育についても言える。また小・中学校段階の理科教育について言えば、その深い理論は明確にされていない。そのことは、地理教育についても言える。

その他の領域、即ち、歴史教育、国語教育、音楽教育、図工・美術教育、宗教教育、算数・数学教育、外国語教育、家庭科教育、治療教育などの領域も究明は着手されたばかりである。

またシュタイナー学校の発展・広がりを左右する根本的で重大な問題、つまりシュタイナー学校は、国の定めた学習指導要領に従わない自由な教育を行っているにもかかわらず、どうして国から公的な認可を得た学校になっているのか、という問題、とりわけドイツでのこの問題の解明が、わが国では、著しく遅れている。

さらに重要な問題に、シュタイナー教育を担う教師の養成はどうなっているのか、があるが、この問題も、ほとんど解明されないままになっている。

わが国のこのような状況のなかで是非とも必要なことは、未解明の領域・問題を直視し、これに強い究明の光をあて、シュタイナー教育の真髄あるいは真理を掘り起こして明るみに出すことである。

思えば、シュタイナー教育は、これまで、一〇〇年の長い歳月のあいだに、世界中の数えきれないほどの多くの人びとに、生きる元気と希望と勇気を与えてきた。教育・子育ての不安や困難や危機の打開と克服に大きな力となった。このことが、実証されてきたシュタイナー教育は、刮目に値する教育だと言わなくてはならない。

いま、わが国の教育界は、かつてない問題的な状況に直面している。いじめ四一万件、不登校一四万人、これは昨年の調査結果であるが、憂うべき事態が進行しているのである。わが国の教育に愛想を尽かして、シュタイナー教育に活路を求める市民・親・保護者は少なくない。その一人に、来年の東京オリンピックの記録映画製作の監督に決まった河瀬直美氏がいる。氏は、岐阜新聞に寄せた論稿「教育という難問」のなかで、わが国の教育の問題点をとり上げて、批判の言葉を述べつつ、シュタイナー教育を高く評価し、自分の子どもの教育についてこう記した。「小学校を卒業後、息子をシュタイナー学校に入学させようと考えている」。氏がこのような考えに至ったのは、シュタイナー教育の真髄に触れこれを知ったからである。

もとより、真髄は、これに触れる人びとにはかり知れないエネルギーを呼び起こし、新しい優れた世界に向かう知恵を与える。歴史が示すように、また人間の本性を極める人間学が示すように、真髄に触れることは、人間の本来的な欲求である。

このことを顧慮するとき、シュタイナー教育の真髄あるいは真骨頂を明るみに出すことが、いかに重要なことであるかがわかる。

本書は、このような思いを持つ九名の研究者と実践家によって書かれた書である。出版に際しては、昭和堂の鈴木了市編集部長に多大なご配慮をいただき、大変お世話になった。心から感謝の意を表したい。

編　者

目次

5 シュタイナー学校の地理教育
――宇宙の現実の襞へと踏み入る世界市民の形成――

広瀬悠三 107

1

シュタイナー学校の公的承認をめぐる一〇〇年の闘い

遠藤孝夫

ドイツ・シュツットガルトに設立された最初の自由ヴァルドルフ学校

1　はじめに

シュタイナー学校（ヴァルドルフ学校）は、一九一九年九月、南西ドイツの都市シュツットガルトで創設された。最初の学校が創設されてから一〇〇年の大きな節目を迎えた現在、シュタイナー学校は、世界中に一千校を超す姉妹校が設置されており、文字どおり、世界最大の学校運動となっている。

シュタイナー学校の設置状況を国別に見ると、最も設置数が多いのは、発祥の地ドイツであり、その数は約二四〇校となっている。[1] この学校数だけを見れば、この一〇〇年間にドイツのシュタイナー学校は何の問題もなく順調に発展してきたと思われるかもしれない。しかし、ドイツの教育体制は、一八世紀後半以降、国家による強力な学校監督体制と私立学校に対する公立学校優位の原則を基軸としてきたこと、しかもこうした伝統的な教育体制が第二次世界大戦後も一旦は継受されたことが想起されるべきであろう。[2] 事実、ナチズム期には、ドイツ国内のシュタイナー学校は全て閉鎖を余儀なくされ、また第二次世界大戦以後も、シュタイナー学校はその自由な教育活動を確保するために、「極めて多大な労力と忍耐と適応能力が費やされなければならなかった。[3]」、からである。

シュタイナー学校がその自由な教育活動の基盤となる公的承認や権利の獲得のために展開してきた一連の取組は、「ヴァルドルフ学校運動」（Waldorfschulbewegung）と総称されている。特に、第二次世界大戦後のドイツにおけるヴァルドルフ学校運動は、私立学校法の制定と改正のための運動や「裁判闘争」に象徴されるように、他の私立学校とその協議会とも緊密な連携・協働の下で展開され、結果的には私立学校全体の自由と権利の獲得と拡大を実現するものとなっている点は特筆されるべきことであろう。そこで、本章では、他の私立学校との連携・協働の側面にも留意しつつ、一九一九年の創設から今日までの一〇〇年に及ぶドイツのシュタイナー学校の公的な承認獲得の闘いという側面の一端に光を当ててみることにしたい[4]。

2 自由ヴァルドルフ学校の創設とナチズム期における学校閉鎖

(1) 自由ヴァルドルフ学校の創設

まずは、一九一九年の学校の創設から学校の門が全て閉ざされたナチズム期までのシュタイナー学校の闘いについて概観する。シュタイナー学校が公的承認を獲得するという場合に、様々な側面が考えられるが、そもそも私立学校としての設置が国家（公権力）によって「認可」（Genehmigung）されるか否かが、公的承認の最初の重要な側面となる。一八世紀後半以降一九世紀を通じて、国家による学校制度の整備が進行したドイツでは、「私立学校に対する公立学校の優位原則」の下で、私立学校は国家当局が必要と判断した場合に限り、しかも教育内容から教師資格に至るまで公立学校と同じ規則に服することでのみ、例外的に「認可」される仕組みとなっていたからである[5]。最初のシュタイナー学校、すなわち一九一九年九月創設の自由ヴァルドルフ学校は、シュツットガルトを州都とするヴュルテンベルク州政府から設置「認可」が付与されたことで実現した。では、この設置認可はどのようにして可能となったのだろうか。

ルドルフ・シュタイナーは、一九一九年九月の学校開設の約一か月前、ドルナッハで行った連続講演「社会問題としての教育問題」の中で、現在の学校教育が「精神の機械化、魂の植物化、身体の動物化」をもたらしていると痛烈に批判し、当時の公立学校制度を抜本的に改革する必要性を指摘していた[6]。当時のドイツは、第一次世界大戦末期の一一月革命により、ドイツ帝国とそれを構成していた各領邦国家（プロイセン王国やヴュルテンベルク王国など）も次々と崩壊し、新たな政治的枠組の構築をめぐる大きな混乱状況にあった。この状況下で、シュタイナーとその思想に共鳴する人々によって展開された国民運動が「社会三層化運動」であった。南西ドイツの工業都市シュツットガルトは、その運動の重要拠点となっており、そこでの中心人物が、ヴァルドルフ・アストリア煙草会社（この当時の従業員は約一千人）の経営者で、人智学に共鳴していたエミール・モルトであった。

モルトは、既に自社の労働者に経営参加を認める仕組である「経営協議会」の導入や「労働者教育講座」の開設など、労働者の精神的生活の向上に尽力していた。一九一九年一月のシュタイナーとの直接対話を契機に、モルトはシュタイナーの教育思想に基づく新たな学校設立に邁進していった。一九一九年四月二三日には、ヴァルドルフ・アストリア煙草会社において、シュタイナーによる社会三層化論に関する講演が行われた。この講演会に続いて、シュタイナーも同席して開催された経営協議会の席上、モルトは正式に学校設立についての自らの決意を述べ、合わせてシュタイナーに学校の教育的指導を要請している。その際、モルトは設立を目指す学校に「自由ヴァルドルフ学校」の名称を与えている。モルトが、一九一九年四月二三日を「学校の真の誕生日」と位置づけているのはこのためである。(7)

続く五月一三日、モルトはシュタイナーを伴って、ヴュルテンベルク州文部省を訪問し、文部大臣ハイマン（Berthold Heymann, 1870-1939）と面会し、構想中の学校の設置認可に関して協議を行った。その協議の中で、シュタイナーは、設置を予定する学校の教育方針は国家が定める諸規則ではなく、あくまで子どもの内的本質の認識（人間意識）に基づくべきことを主張したが、同時に設置認可を得る上では一定の妥協の必要性も認識していた。協議の結果、第三学年、第六学年、第八学年の終了時点で生徒が公立学校の教育目標を達成していることを条件に、学校側が教育内容および方法を自由に編成・選択できることが確認された。また、教師の資格に関しては、教師候補者の教育歴・経歴から教師として「相応しい」（geeignet）ことを示す必要はあるが、通常の国家認定の教師資格や能力審査は不要であることも確認された[8]。

この協議を経て、まず七月一八日付の「ヴァルドルフ学校の設置は認可される」とする文書により、自由ヴァルドルフ学校はヴュルテンベルク州政府から設置認可を受けた。設置認可があった七月一八日の時点は、まだワイマール憲法(一九一九年八月一一日制定、同年八月一四日施行)は効力を持たない時期であり、ヴュルテンベルク州としても新たな学校法規の制定はなかった。このため、自由ヴァルドルフ学校の設置認可のための法的根拠となったものは、実に一八三六年に当時のヴュルテンベルク王国で制定された民衆学校法(Volkschulgesetz vom 29. 09. 1836)であった[11]。この一八三六年法における私立学校規定(第二四~二六条)は、プロイセン王国の「私立学校監督令」(一八三九年)とは大きく異なり、比較的自由主義的な内容となっていた。このことが最初のヴァルドルフ学校の設置認可にとっては幸いした。シュタイナー自身も、「類い稀な自由な学校法」[12]によって学校の創設への道が開かれたとして、感謝を込めながら幾度となく指摘することになる。

こうして、一九一九年九月七日、シュツットガルトの市民公園ホールにおいて、関係者約千人が集まり、自由ヴァルドルフ学校の開校祝賀会が盛大に催され、続く九月一六日から最初の生徒二五六人に対して、一二名の教師たちの手で授業が開始された。このように、自由ヴァルドルフ学校は、ルドルフ・シュタイナーおよびエミール・モルト等の学校設立への並々ならぬ熱意とヴュルテンベルク州における「類い稀な自由な学校法」という法制度上の好条件にも恵まれて、「自由な人間」の育成を通して社会を刷新するとの根本理念に基づく画期的な学校として、設置の認可(公的承認)を受けることができたのであった。

(2) ナチズム期におけるシュタイナー学校への弾圧と閉鎖

シュタイナー学校一〇〇年の歴史の中で最も過酷な状況に置かれた時期は、一九三三年から一九四五年までの

表1　1933年時点のドイツ国内のシュタイナー学校の概況

設置場所	設置年	学級数	教員数	生徒数	閉鎖の時期と態様
Stuttgart	1919年	27	58	963	1938.4.1　強制閉鎖
Hamburg-Wandsbek	1922年	13	19	421	1940.3.21 自主閉鎖
Hannover	1926年	10	15	329	1937.7.9　自主閉鎖
Berlin	1928年	9	16	367	1937.8.26 自主閉鎖
Dresden	1929年	8	15	300	1941.7.5　強制閉鎖
Breslau	1930年	7	10	227	1939.3.24 自主閉鎖
Kassel	1930年	8	16	305	1938.6.27 自主閉鎖
Hamburg-Altona	1931年	8	9	219	1936.4.6　自主閉鎖

ナチズム体制の一二年間であっただろう。ナチズム体制の下で、ドイツ各地のシュタイナー学校はナチ当局から度重なる弾圧を受け、最終的には全て閉鎖されたからである。ここでは、一九一九年以降のヴァルドルフ学校運動の展開と、そのナチズム体制との対峙の概況を確認する。(13)

一九三三年一月三〇日にヒトラーが首相に就任した時点で、ドイツ国内には八校のシュタイナー学校が設置されており、約三二〇〇人の生徒が学んでいた。設置年及び閉鎖された時期を含めたその概況は表1のとおりである。(14)なお、以下では当時のドイツ国内のシュタイナー学校の名称は、煩雑になるのを回避するため、それぞれの正式名称ではなく、「シュツットガルト校」のように、設置されていた地名を付して表記することとする。

表1から明らかなように、シュタイナー学校の閉鎖の時期は、最も早いハンブルク・アルトナ校（一九三六年四月）から最も遅いドレスデン校（一九四一年七月）まで、実に五年間もの差異があったことがわかる。ドレスデン校の場合、一九三三年一月のヒトラー政権誕生から足掛け九年間もの間、ナチズム体制の下で存続していたことになる。また、閉鎖の態様もシュツットガルト校のように、ナチ当局からの命令に基づく強制閉鎖の場合と、自らの判断により閉鎖する場合とがあった。

一九三三年一月にヒトラーが政権を奪取すると、ドイツの学校教育は、ナチ党とナチズム国家の政策綱領であるヒトラーの『我が闘争』（一九二五／

二六年）で示された「民族国家の教育原則」に基づき、急速に同質化されていった。私立学校に対しても、既に一九三三年からナチ当局からの抑圧政策が開始され、特に一九三六年以降になると、帝国文相ルスト（一九三四年五月から、プロイセン州文相だったルストが新設された帝国文部省の文相を兼務した）が発出した一連の布告を通して、ドイツ国内の私立学校は壊滅的打撃を受けた。私立学校はナチ当局によって「公的な必要性」の有無の厳しい再審査を受け、「ナチズム的ドイツ人」の育成という「政治的役割」を果たしていると認定された私立学校以外は、その設置認可を取り消されたからである[15]。

シュタイナー学校は、こうした私立学校全体に対する抑圧措置に加え、さらに個別にもナチ当局から激しい攻撃に晒された。まず、プロイセン州文相ルストは一九三三年五月に、ハノーファー県知事宛への命令書を出し、ハノーファー校への指示内容を伝達した。ルストは、もともとは中等学校の教員で、一九二五年から一九三三年二月までの間、南ハノーファー地区のナチ党管区指導者（Gauleiter）を務めていた人物であり、ナチズム原理とシュタイナー教育が相容れないとの基本認識から、文相就任以前からシュタイナー学校を敵視していた。この命令書の中でルスト文相は、ハノーファー校が三週間以内に「民族政治的教育」に切り替えない限り、学校の存続を認めないことを示した。続く一九三四年二月には、ヴュルテンベルク州文相で狂信的なナチズム信奉者であったメルゲントハラーが、シュツットガルト校に対して、新年度からの第一学年の生徒受け入れを禁止する旨の命令を出した。この命令書には、「シュタイナー学校の教育活動は、ナチズム原理に適合しておらず、また教師団は、人智学の教育理想の点で熱心に活動を行っていることが明白であって、ナチズム原理を信奉することは期待できない」、と明記されていた。新入生の受け入れ禁止は、学校の即時閉鎖ではないまでも、学校の維持にとっての大きな経済的打撃となった。

一九三五年一一月一日付の秘密国家警察（ゲシュタポ）の命令により、ドイツ国内での人智学協会は、「今でもなお外国のフリーメーソン、ユダヤ人および平和主義者との緊密な関係を維持している」もので、「ナチズム国家の利益を損ねる危険性」のある組織として一切の活動を禁止された。この命令書には、シュタイナー学校に関する言及があり、それによれば、この学校の教育は「個々の人間に応じた、個人主義的な教育を追求しており、こうした教育はナチズム教育原則と共通するものは何もない」、と指摘されていた。[16]言うまでもなく、秘密国家警察（ゲシュタポ）は、ヒムラーが配下に置く親衛隊（SS）と緊密に連携し、反ナチ的思想と運動の摘発・弾圧を主要任務とした暴力組織であったから、人智学協会の禁止措置に続き、シュタイナー学校そのものにも徹底した弾圧が加えられることは必至の情勢であった。実際、帝国文相ルストによる一九三六年三月二日付の布告（この布告書上部には「大至急」と赤字の添え書きがあった）により、ドイツ国内のシュタイナー学校は、新年度からの新たな生徒受け入れが禁止された。しかも、この帝国文相ルストの布告が各県当局から管轄下のシュタイナー学校に伝達された際には、教師にはヒトラーへの忠誠の宣誓書を提出することも命令された。同命令を受けた時に、ハノーファー校のある教師は、「私たちは生徒の前に真実の人間として立たなければなりません。私たちがこれ以上教育活動を継続できないことは明白です。」と述べている。[17]この証言は、ヒトラーへの忠誠宣誓書の提出が、如何にシュタイナー学校の教師たちに耐え難い苦痛を強いるものであったかを物語っている。

こうして、ハンブルク・アルトナ校、ハノーファー校、ベルリン校が、一九三六年四月から一九三七年八月にかけて相次いで自主閉鎖を強いられ、続けてカッセル校とブレスラウ校も、生徒数の減少に伴う財政悪化を背景に、それぞれ一九三八年六月と一九三九年三月に自主閉鎖を余儀なくされた。さらに、「母なる学校」と呼ばれたシュツットガルト校の場合は、ドイツによるオーストリア併合（一九三八年三月）の直後、ヴュルテンベルク州文相メルゲントハラーの命令により、同年四月強制的に閉鎖された。シュツットガルト校が閉鎖された時点で、ドイツ国内に存続していたシュタイナー学校はハンブルク・ヴァンスベク校とドレスデン校の二校のみとなった。このうちハンブルク・ヴァンスベク校は、その教育活動への州総督による妨害行為に続き、一九三九年一一月にはヒムラーの命令により同校の教師全員が勤労動員を受けたことから、事実上の活動停止状態となり、一九四〇年三月に自主閉鎖した。最後に残ったドレスデン校には、相次いで閉鎖された各地のシュタイナー学校から教師や生徒が移動してきた（最も多い時期で生徒数は約四五〇名に達していた）。一九三八年から四一年までの短期間ながら、ドレスデン校はまさにドイツにおけるヴァルドルフ学校運動の拠点となっていた。しかし、そのドレスデン校も、副総統ルドルフ・ヘスの謎のイギリス飛行（一九四一年五月）後、ヒムラー指揮下の親衛隊・国家保安本部（ゲシュタポ）による神秘思想運動への一斉弾圧（キリスト者共同体、バイオ・ダイナミック農法への弾圧も含む）の一環として、七月に強制閉鎖の処分を受けた。

以上のようにして、一九一九年に最初の学校創設以降、徐々に学校数と生徒数を増大させてきたシュタイナー学校は、ナチズム国家による公的承認を徐々に否定され、一九四一年七月のドレスデン校を最後に全て閉鎖された。だが、学校の閉鎖はヴァルドルフ学校運動そのものの消滅を意味しなかった。ドレスデン校の閉校式（一九四一年七月四日）で、同校の教師オスカー・ザルツマンが嘆き悲しむ生徒たちに語ったという次の言葉の通り、ナチズムの崩壊と同時にヴァルドルフ学校運動は力強く賦活していったからである。「悲しむことはない。すぐにも私たちは学校を再開することだろう。[18]」

3　戦後のヴァルドルフ学校運動と公的承認獲得の展開

（1）シュタイナー学校の再建と「私立学校の自由」の理念表明

上述のように、ナチズム体制の下で弾圧され、苦渋を強いられたシュタイナー社会実践運動の関係者にとって、一九四五年五月のドイツ敗戦はナチズムからの「解放」と自由な活動の到来を意味した。瓦礫の山と化したドイツ各地の街中で、解放感と使命感に満ちた人々によって、シュタイナー学校の再建に向けた運動が展開されていった。ドイツ敗戦後に再建（閉鎖された学校の再開の場合と新設の場合がある）されたシュタイナー学校を、西側占領地区について一九四九年まで確認してみると、敗戦の年一九四五年には六校（三校は再開、残りの三校は新設）、一九四六年には七校、一九四七年には四校、一九四八年には二校、一九四九年には三校となっている。したがって、基本法が制定され旧西ドイツが成立した一九四九年の段階では合計二二校のシュタイナー学校が存在していた(19)。

ドイツ敗戦後に再建されたドイツ国内のシュタイナー学校間の連携・協働の機関として、一九四六年秋に、「自由ヴァルドルフ学校連盟」（Bund der Freien Waldorfschulen, 本部はシュツットガルト）が結成された。連盟の代表に就任したのは、「母なる学校」シュツットガルト校の教師、シュヴェブシュ（Erich Schwebsch, 1889-1953）であった(20)。シュヴェブシュは、一九二二年から一九三八年までシュットガルト校の教師、一九三八年から一九四一年まではドレスデン校の教師を務め、一九四五年一〇月に再開されたシュツットガルト校で再び教師となっていた人物である。シュヴェブシュは、ルドルフ・シュタイナーから直接指導を受けた生き残りの一人であり、しかもナチ当局による学校の強制閉鎖を二度まで経験した教師であった。一九四六年にシュツットガルトに結成された自由ヴァルドルフ学校連盟は、以後今日に至るまで、ドイツ国内のみならず全世界におけるヴァルドルフ学校運動の中核機関となっている。

シュヴェブシュは、自由ヴァルドルフ学校連盟の代表に就任して二年後の一九四八年、連盟の機関誌として再刊された『教育芸術』（Erziehungskunst, 一九三八年から休刊となっていた）の創刊号と第三号に二つの関連する論説を発表している(21)。当時は、旧西ドイツの憲法となる基本法が制定される一年以上も前の時期であったが、シュヴェブシュのこの論説は、その後にドイツにおいて次第に確立する「私立学校の自由」(Privatschulfreiheit, Freiheit der Privatschule) の理念を先取り的に表明したものとして刮目に値する。

シュヴェブシュは、「教育の歴史において、決定的な刺激 (Impuls) は常に私的な自主性から生じてきた」として、シュタイナー学校を含む私立学校 (自由学校) は、国家の行政機構に従属せざるを得ない公立学校に対して、外部から「刺激」を与え、改善していくという重要な役割を果たす「公益的制度」(die gemeinnützige Institution) であると位置づけている。シュヴェブシュは、こうした私立学校の機能を、私立学校の「欠かすことのできない使命」であるとも意義づけている。その上で、私立学校がこうした「公益的制度」としての機能を果たすためには、「教育領域において自主性が阻止されないために必要な生活空間が付与されなければならない」として、具体的には、私立学校が営利追求に走ることなく、持続的に教育活動を維持することができるような私学助成、「独自の教員養成と自由な教員選択の権利」および教師の「完全な教育上の自由」の必要性が指摘されていた。

以上のように、シュヴェブシュは、自由ヴァルドルフ学校連盟を代表する形で、私立学校を一国の学校制度に欠かすことのできない「公益的制度」として位置づけるとともに、その機能の発揮のためには私立学校の自由や権利が法的に保障されるべきである、と主張した。シュヴェブシュの論説で主張された考え方は、その後今日に至るまでのドイツにおける「私立学校の自由」とその法的保障の基本的枠組みと方向性を先取り的に提示するものであった。

(2) 基本法の「私立学校を設置する権利」規定とシュタイナー学校の間接的関与

一九四九年五月、旧西ドイツの憲法として「基本法」(Grundgesetz) が制定された。戦後ドイツにおいて、シュタイナー学校を含む私立学校の公的承認の獲得と拡大の展開において、いわば〈マグナ・カルタ〉[22]としての位置を占めてきたものが、基本法第7条第4項で規定された「私立学校を設置する権利」である。実は、この「私立学校を設置する権利」が基本法の権利として成文化される過程に、戦後のシュタイナー学校の再建が間接的ながら関与していた。この点を詳述する紙幅はないので、ここでは本章の目的に照らして要点のみを摘記したい[23]。

ドイツの憲法史上、また私立学校法制の歴史的展開にとっても画期的となる、基本権としての「私立学校を設置する権利」の成文化にあたって決定的な役割を果たした人物が、旧西ドイツの初代大統領に就任することになるホイス（Theodor Heuss, 1884-1963）であった。ホイスは、教育制度を整備する国家の責任と役割は十分に認識しつつも、国家による「学校独占」ないし教育の「国家独占」（Staatsmonopol）は明確に否定する立場から、「私立学校を設置する権利」を規定することが必要であること、つまり学校の「国家独占」の否定と同義のものとして、「私立学校を設置する権利」を位置づけていた[24]。加えて、ホイスは、私立学校の「実験的性格」が、公立学校が陥りやすい「硬直化」という危険性を防止すること、そしてまた「実験的性格」を有することにこそ私立学校の公共的な価値を見据える立場を表明していた[25]。このホイスの私立学校の役割に関する認識は、前述の自由ヴァルドルフ学校連盟代表シュヴェブシュのそれと見事に一致するものであった。

もう一点注目すべきことは、議会評議会において「私立学校を設置する権利」の成文化の必要性を主張したホイスには、ナチス崩壊後の戦勝国による占領下で新設されたヴュルテンベルク・バーデン州（州都はシュツットガルト。一九五二年に近隣二州と合併して現在のバーデン・ヴュルテンベルク州となる）の文部大臣に起用され、複数のシュタイナー学校の設置認可を行った実体験があった事実である。ホイスはこの事実について、議会評議会における私立学校に関する論議の中で、数回にわたり言及していた。一例のみ示せば、次の通りである。「私自身はルドルフ・シュタイナーとはまったくつながりはないが、私たちは、いくつかのシュタイナー学校の設置を認可してきた。何故なら、シュタイナー学校においては、公立学校においても重要なものとなりえる、興味深い実験が行われているからである。[26]」

以上のような議会評議会におけるホイスの発言内容と文部大臣としての実体験を踏まえれば、私立学校の自由の保障の憲法上の根拠となる「私立学校を設置する権利」の成文化には、ドイツ敗戦直後に賦活し、再建されたシュタイナー学校とその教育活動が、少なくともホイスを介することで間接的に関与していた、と確認することができるのである。

(3) 公的承認獲得のための取組としての裁判闘争

旧西ドイツの憲法である基本法に、基本権の一つとして「私立学校を設置する権利」が盛り込まれたことは画期的なことであった。しかし、同時に、確認すべきことは、戦後ドイツにおいて私立学校法制の理論的深化に尽力した法学者ハンス・ヘッケルの表現を借りるならば、それだけでは「空虚な宣言」にすぎなかった事実である。[27]一九四九年の時点では、この基本権が持つ重要性についての認識は、大半の憲法学者にも教育法学の関係者、そして教育行政当局にも欠落しており、私立学校に対する公立学校の優位原則と私立学校の自由を是認しない伝統的な考え方が流布していたからである。[28]このため、「私立学校を設置する権利」を拠り所として、私立学校の自由とその法的保障を現実させ、私立学校の自由と権利を拡大するためには、シュタイナー学校のみならず、その他の私立学校の関係者たちは、その後今日に至るまで、継続的に「陣地を新たに築いて行かなければならなかった。[29]」のである。

こうした「私立学校を設置する権利」の血肉化のために、シュタイナー学校を含む私立学校の関係者がまず取り組む必要に迫られたことは、伝統的な教育体制やその法理論と闘いながら、各州における教育法、特に私立学校法として、私立学校の自由と権利の条項を盛り込ませることであった。同時に、教育法（私立学校法）が制定された後も、その法規定の運用をめぐって教育行政当局（特に州文部省）と粘り強く交渉を行うこと、私立学校の権利と自由をより拡大する方向へと教育法（私立学校法）を改正させる取組も必要であった。こうしたシュタイナー学校を含む私立学校関係者による一連の取組の中で、極めて重要な位置を占めたものが裁判闘争であった。つまり、裁判所（特に連邦行政裁判所と連邦憲法裁判所）の判決の形で、「私立学校を設置する権利」の意味内容を深化させ、私立学校の権利や自由の保障をより確実にする取組である。シュタイナー学校とその関連組織が関与した裁判闘争の事例は枚挙に暇ないが、その代表的なものを挙げれば、以下のとおりである。

①バイエルン州のシュタイナー学校二校が校舎建築への公費助成をめぐって提訴した裁判。一九八八年三月に連邦行政裁判所判決（Urteil vom 17. 03. 1988, BVerw G7C 102. 86）、一九九四年三月の連邦憲法裁判所決定（Beschluss vom 9.03. 1994, 1BvR 682, 712/88）が出された。提訴から一七年に及んだこの裁判闘争は、校舎建築に対する公費助成の点ではシュタイナー学校側の主張は十分に認定されなかったが、シュタイナー学校が基本法第七条第四項に規定された「代替学校」（Ersatzschule）として認定されたことは、その公的承認獲得の点で大きな前進となった。一九九四年の連邦憲法裁判所判決を受けて、バーデン・ヴュルテンベルク州とシュレスヴィヒ・ホルシュタイン州の私立学校法が改正された[30]。

②シュツットガルトにある教員養成ゼミナールを私立大学として国家的認定を行うべきことを主張して、自由ヴァルドルフ学校連盟が提訴した裁判。一九九三年六月に連邦行政裁判所判決（Urteil vom 23. 06. 1993, Bverw G11C 12. 92）が出された。この最終判決で、原告である自由ヴァルドルフ学校連盟が全面勝訴し、

シュツットガルト自由大学（教員養成ゼミナール）は、一九九九年にバーデン・ヴュルテンベルク州政府により、教員養成のための正式な私立大学として認定された（国家的認定の獲得）[31]。

③ハンブルク州にある複数の私立学校が、州私立学校法の私学助成条項は基本法第七条で規定された「私立学校を設置する権利」に違反しているとして提訴した裁判。一九八七年四月に連邦憲法裁判所判決（Urteil vom 08. 04. 1987, 1 BvL 8, 16/84）が出された。この訴訟では、シュタイナー学校は原告には加わってはいなかったが、自由ヴァルドルフ学校連盟としての意見書を提出し、私立学校への公費助成の拡大のための後方支援活動を展開した。一九八七年の連邦憲法裁判所判決は、私学助成に関する連邦憲法裁判所として最初の判決であり、シュタイナー学校を含む私立学校側の主張がほぼそのまま認定された。この連邦憲法裁判所判決で特に注目すべきことは、私立学校に対する国家（州）の「保護・促進義務」（Schutz- und Förderungspflicht）という基本概念が認定されたことである[32]。

以上の事例のような裁判闘争を含めて、私立学校が持続的な権利拡大運動を展開していったことに関連して、二点付言しておきたい。一つは、私立学校の法的・財政的側面での権利拡大運動を推進するために、私立学校間の連携・協働組織が整備されていったことである。その端緒は一九五〇年に南西ドイツで設置された「南バーデン州公益私立学校協議会」（Arbeitsgemeinschaft gemeinnütziger Privatschulen Südbadens）であり、この組織はやがて「自由学校協議会」（Arbeitsgemeinschaft Freier Schulen）へと発展して今日を迎え、各州の自由学校協議会に加えてドイツ全体の連合組織としての「全国自由学校協議会」（Bundesarbeitsgemeinschaft Freier Schulen）が設置されている。次節で検討する「バーデン・ヴュルテンベルク州自由学校協議会」の場合は、自由ヴァルドルフ学校協議会（五九校のシュタイナー学校が加入）、カトリック教会系の私立学校の団体、福音派系の私立学校の団体、田園教育舎系の団体等が加盟する組織となっており、州内の約六四〇校（生徒数は約一二万人）の私立学校を傘下に置く大きな組織となっている。[33] もう一点は、こうしたシュタイナー学校を含む私立学校の権利拡大運動、とりわけ裁判闘争において、法的側面から支援する弁護士が重要な役割を果たしたことである。その代表的人物はヘルムート・ベッカー（Hellmut Becker, 1913-1993）とその後任のヨハン・ペーター・フォーゲル（Johann Peter Vogel, 1944- ）であり、この両者はその後のドイツの教育政策と教育法学にも極めて大きな影響を与えていくことになる。[34]

次節では、シュタイナー学校が裁判闘争を開始し、それを自由ヴァルドルフ学校連盟や自由学校協議会が全面的に支援し、勝訴判決を勝ち取り、その結果として私立学校法の改正まで実現させた事例を検討してみよう。

4　バーデン・ヴュルテンベルク州憲法裁判所判決と私立学校法の改正

（1）州憲法裁判所判決に至る経緯

バーデン・ヴュルテンベルク州では二〇一七年九月、私学助成の条項の大幅な修正を含む私立学校法の改正法が成立した。[35] この私立学校法改正は、二〇一五年七月の同州憲法裁判所判決によって方向づけられたものであり、その発端は二〇〇五年に同州のシュタイナー学校が私学助成をめぐって州政府を相手取った訴訟を提起したことにあった。そこで、まず一〇年間の裁判闘争の経緯を簡単に確認しておきたい。[36]

バーデン・ヴュルテンベルク州の州都シュツットガルトから南東に約二〇キロメートルの小都市ニュルティンゲン（Nürtingen）において、一九七六年に一つのシュタイナー学校が開設された（Rudolf Steiner Schule Nürtingen、以下ニュルティンゲン校と表記する）。二〇〇四年に、州学校当局はニュルティンゲン校に対して、州私立学校法に基づく公費助成額（一ユーロ＝一二〇円換算で、約一億八千万円）を決定したが、ニュルティンゲン校はこの助成額では、学校の存続のための必要最低条件を満たさないとして不服申立を行った。この不服申し立てが却下されたことから、二〇〇五年にニュルティンゲン校が却下決定を不服として提訴して、十年に及んだ裁判闘争が開始された。

第一審のシュツットガルト行政裁判所判決（二〇〇九年七月一三日付）は、事実として学校の財政状況が圧迫された状態にはないとして、原告（ニュルティンゲン校）の訴えを棄却した。続く控訴審に当たるマンハイム上級行政裁判所判決（二〇一〇年七月一四日付）は、原告側の主張を一部容認する立場から、原告の訴えを再度審査することを州政府に義務づけ、それ以外では控訴を棄却した。このため、原告と被告（州政府）の双方が上告することとなった。上告審に当たる連邦行政裁判所判決（二〇一一年一二月二一日付）は、控訴審判決を破棄し、再度事実関係を明らかにすることを求め、マンハイム上級行政裁判所に差し戻した。マンハイム上級行政裁判所での差し戻し審の判決（二〇一三年四月一一日付）では、二〇〇三年時点でのシュタイナー学校に対する公費助成額は学校としての存続に必要な最低条件を満たしており、公費助成金で不足するため授業料として父母に負担を求める額は月額九〇～九五ユーロ（一ユーロ＝一二〇円換算で一万八五〇～一万一四〇〇円）であり、この負担額は基本法で禁止された親の経済状況による生徒の差別待遇を招いてもいないとの事実認定から、原告の控訴を棄却した。

こうして、通常の行政裁判手続きではシュタイナー学校側の主張は認められなかったことから、ニュルティンゲン校は二〇一三年一二月一三日、バーデン・ヴュルテンベルク州憲法裁判所に憲法異議の提訴を行った。その際、ニュルティンゲン校側が主張した主な論点は、同州の私立学校法（一九五六年制定、その後の改正を経て、当時適用されていたのは一九九〇年新公布によるもの）の公費助成規定（第一七条、一八条）が、州憲法第一四条第二項三文に違反しており、同規定は憲法の条項に合わせて改正すべきであるということであった。同州の私立学校法第一七条および第一八条は、代替学校として認可され、公益性の原則に基づいて活動する私立学校（シュタイナー学校も含め）は、州憲法第一四条第二項に基づき、教育無償化に伴う経費の補償を含めた公費助成を請求できると規定し（第一七条）、具体的な公費助成額の算定は、各私立学校の生徒当たり、対応する公立学校の教員の基本給の一定割合（シュタイナー学校の場合には、第一～四学年までは五一・五パーセント、同じく第五～一二学年までは八三・三パーセント、第一三学年は八六・二パーセント）と規定されていた（第一八条）。なお、ニュルティンゲン校側が憲法異議の根拠とした州憲法第一四条第二項（最も重要な第三文は下線を付してある）は次のような内容であった。

バーデン・ヴュルテンベルク州憲法第一四条第二項

公立学校における授業と教材は無償である。この教育無償化は段階的に具体化される。公共的必要に応え、また教育的に価値があるものとして承認されている、公益的基礎に基づいて活動しており、公立学校と同種の教育無償化を叶えている私立中等学校は、教育無償化のために必要な財政的負担の補償を請求する権利を有する。公益的基礎に基づいて活動する私立国民学校も憲法第一五条第二項により、同様の請求権を有する。その詳細は法律が規定する。

（2）州憲法裁判所判決とその基本的考え方

二〇一五年七月六日、バーデン・ヴュルテンベルク州憲法裁判所は、ニュルティンゲン校が提起した憲法異議の申し立てに対する判決を下した（Urteil des Staatsgerichtshofs für das Land Baden-Württemberg vom 06. 07 2015, 1 VB 130/13）。判決の主文は、州私立学校法第一七条および第一八条について、それが州憲法第一四条第二項三文で示された規範に適合しておらず違憲状態にあるとし、州政府に対して二〇一七年八月一日までに州憲法に適合した内容に私立学校法を改正することを義務づける、というものであった。つまり、原告（シュタイナー学校）のほぼ全面勝訴であった。

州憲法裁判所の判決文は六四頁に及ぶ詳細なものであるが、ここでは本章の目的に照らして注目すべき基本的な考え方として、二点のみを確認しておきたい。まず、この判決では、一九五三年の州憲法制定会議での発言内容にまで遡りながら、基本法が希求する民主主義社会の形成に果たす私立学校の重要な位置と役割が再確認されたことである。すなわち、判決文によれば、州憲法制定会議おいて、第一四条の公費助成規定が論議された際に明確に確認されたことは何か、それは、「私立学校は学校制度の多様性と多元主義とさらなる発展とを確保するものであり、また学校制度の硬直化を防止すべきものであるということだった。従ってまた、私立学校は公共的利益に叶うものであり、私立学校の存在は最終的に民主主義の強化に貢献するという認識だった。まさに、全体主義のナチズム独裁体制の後で州憲法制定者は、国家による学校独占に拒否を示したのだった。」（C-2-c）、という。州憲法裁判所判決は、こうした価値多元主義を基盤とする民主主義社会の形成に果たす私立学校の重要な役割を認定する基本認識から、教育の公共的必要性は公立学校によって確保できるとする「州政府の見解は、納得できるものではない」（C- 2- c）とも指摘した。この点で、同判決は、上述したとおり、シュタイナー学校が間接的ながら関与し、テオドア・ホイスの直接的な主導により基本法に導入された「私立学校を設置する権利」を拠り所に発展してきた、戦後ドイツの私立学校法制の基本理念を継承する立場に立脚するものであった。

州憲法裁判所判決でもう一点確認すべきことは、私立学校への公費助成の検討に当たっては、「私立学校を設置する権利」から導き出され、判例的にも確立された国家（州）の私立学校への保護・促進義務の履行を超えて、バーデン・ヴュルテンベルク州においては、さらに州憲法第一四条第二項三文を具体化した法規定が整備される必要があることが明確に示されたことである。判決文によれば、州憲法第一四条第二項三文の意味内容として、青少年の教育を受ける権利および機会均等の原則に立脚して、公立学校で段階的に実施される教育無償化を、私立学校においても実施することを可能にするものとして、授業料の軽減等の措置を行う私立学校に、その補償を国家（州）に請求する権利を保障したのである（C-3-b-bb）。従って、州私立学校法第一七条第二項が、第一七条第一項に規定する私立学校への公費助成に、州憲法第一四条第二項三文で規定された教育無償化に伴う補償請求を含めてしまっていることは、「憲法の規定に照らして不十分なものである」（C-I-4）。つまり、州憲法裁判所判決は、同州の私立学校法の現行規定は、連邦憲法裁判所の「私学助成判決」（一九八七年四月）で位置づけられた国（州）の私立学校に対する「保護・促進義務」の次元に止まっているものとして痛烈に批判し、教育無償化に努力する私立学校がその補償請求を行うことができる具体的な手続きまで法制化すべきことを明示したものであった。

以上のように、一つのシュタイナー学校が起した訴訟は、州憲法裁判所判決で全面勝訴することにより、州私立学校法の違憲状態の認定と州私立学校法の具体的な条文改正に向けた展望を開き、私立学校における授業料の削減や廃止を含めた教育無償化の実現に向けた確かな司法判断を導いたことになる。

（3）州自由学校協議会の活動と私立学校法の改正

以上で確認した州憲法裁判所判決の直後から、州自由ヴァルドルフ学校協議会と連携して裁判闘争を支援してきたバーデン・ヴュルテンベルク州自由学校協議会は、同州における私立学校法の改正を実現させるため、活発な活動を展開した。判決の翌年二〇一六年三月の州議会選挙の機会を捉えて、州議会の諸政党への請願活動のみならず、「自由学校のために手を高く」（Hand Hoch für Freie Schulen）を合言葉に掲げた街頭キャンペーンも行われた。二〇一一年州議会選挙で第二党に躍進した「緑の党」(die Grünen) は、シュタイナー学校を含む私立学校に最も理解を示してきた政党であり、その「緑の党」が二〇一六年の州議会選挙では第一党となり、同党出身のクレッチュマン (Winfried Kretschmann) が二〇一一年から引き続き州首相を務めていることも、より多くの公費助成を盛り込む形での私立学校法の改正を加速させることとなった。具体的な私立学校法の改正案をめぐって、州政府・文部省および諸政党と州自由学校協議会の代表者の間で継続的な協議が行われ、二〇一七年三月には大筋での合意形成が図られた。法案内容をめぐる協議が大詰めを迎えた二〇一七年三月九日には、州自由学校協議会の呼びかけで、シュタイナー学校を含めた私立学校の生徒やその保護者、私立学校の支援者らが、シュツットガルトの王宮前広場を埋め尽くし、私立学校へのより多くの公費助成を求めるデモンストレーションを展開した。警察発表によれば、その人数は実に一万一千人を超す規模であった。(37)

州議会において私立学校法の改正案の審議が開始されたのは、二〇一七年七月二〇日からであった。同じ日、法案の趣旨説明の中で州文部大臣アイゼンマン (Susanne Eisenmann. CDU) は、私立学校は「私立学校に通学する生徒に恩恵を与えているばかりでなく、公立学校にとっても刺激提供者であり、また学校という場所で我々が提供している多様性を充実される重要かつ中心的存在である。従って、我々はこうした価値多元主義に極めて誇りを持つこともできるのである。」と述べ、価値多元主義を基調とする民主主義社会の形成に果たす私立学校の重要な役割を強調した。(38) 私立学校法の改正案は二〇一七年九月二七日に州議会において可決成立し (政権与党の緑の党とキリスト教民主同盟の賛成、野党の社会民主党も賛成に回った)(39)、州憲法裁判所判決の指示に従う形で同年八月一日に遡って施行された。

最後に、本章の意図との関連から、改正私立学校法における公費助成に関する規定の要点を二点確認しておきたい。まず第一に、私立学校に対する公費助成の比率が引き上げられ、具体的には私立学校の生徒一人当たり、公立学校における生徒一人の総経費を基準として、その八〇パーセント相当額を公費助成することが法律上明記された（第一七条第一項、第一八条第二項。改正前は約七八・一パーセント）。第二に、州憲法裁判所判決で憲法違反であるとの指摘を受けたことを踏まえ、一般的な公費助成（公立学校の生徒一人当たりの総経費の八〇パーセントの基準で）とは別に、授業料や教材費の軽減や不徴収（ただし、給食費、放課後のクラブ活動費等を除く）を行う私立学校は、その補償を州に対して請求することができるとする条項が新設され、一般的な公費助成と授業料等の軽減に伴う補償を合わせた公費助成の総額は、公立学校における教育経費の九〇パーセントを上限とすることが規定された（第一七条第二項）。この結果、授業料等の軽減を行う私立学校にあっては、対応する公立学校の教育経費の九〇パーセントまで公費助成を受けることが可能となり、授業料や寄附金等の形で私立学校が自前で調達すべき教育経費は経費全体の一〇パーセント程度まで抑えることが可能となった。なお、法律改正に合わせて施行規則も一部改正され、私立学校の授業料は、希望する生徒が誰でも入学できるものとする目的から、家計収入の五パーセント以下、具体的には原則として月額一六〇ユーロ（一ユーロ＝一二〇円換算で、約二万円）以下とすることも定められた。

こうして、二〇〇五年に一つのシュタイナー学校が起こした公費助成をめぐる裁判闘争は、州憲法裁判所での勝訴判決（二〇一五年）、そして最終的にはバーデン・ヴュルテンベルク州の私立学校法の改正（二〇一七年）まで実現させることとなった。州議会における法案審議過程で、フェルダー議員（Sylvia Felder, CDU）は、今回の私立学校法の改正は「州の教育政策における里程標」を成すものであるとその意義を強調し、次のように述べた。「訴訟と意見対立、私立学校の資金調達をめぐる長年の不明確さ、長年にわたる問題の先延ばし、これらに今や終止符が打たれ、協力的で共同的な相互関係へと代えられた。それというのも、この私立学校においては良い教育活動が提供されていることを我々は認識しているからであり、またイデオロギーには縛られず、しかし同時に理想を志向する形で、多様性のある教育状況を保っていきたい、と我々は望んでいるからである。[40]」

この発言からは、基本法で「私立学校を設置する権利」が規定されてから約七〇年を経て、シュタイナー学校を含む私立学校が、ドイツの公共空間において確固たる地位を獲得したことを確認することができるだろう。

5 おわりに

以上、一九一九年九月に創設されたシュタイナー学校が、発祥の地ドイツにおいて、公的承認の獲得のためにいかなる取組や運動を展開してきたのか、その一世紀にわたる闘いの一端を検討してきた。「自由への教育」(Erziehung zur Freiheit) を標榜するシュタイナー学校は、いつの時代も常に国家権力や既存の教育体制と鋭く対峙しながら、自らの活動の基盤となる法的な自由と権利を獲得するために闘い続けてきた。そして、この闘いはこれからも継続されることになる。最後に、本章を通して明らかにすることができた重要な知見を、二点確認してまとめとしたい。

第一に、シュタイナー学校による公的承認獲得の闘いが、シュタイナー学校単独の孤立的で独善的な闘いではなく、特に第二次世界大戦後は、他の私立学校と協力・連携しながらの闘いとなっているということである。このため、シュタイナー学校の闘いは、結果的には私立学校全体、広くはドイツの教育制度と社会の在り方そのものを、多様性を基調とした価値多元主義的なそれへと改革するものとなっているのである。

関連して第二として、ルドルフ・シュタイナーが一九一九年の最初のシュタイナー学校の創設に込めた熱い思いが、一世紀を通して、多くのシュタイナー学校の関係者によって連綿として継承され、しかもより大きな広がりとなってドイツ社会に浸透しているということである。シュタイナーは最初の学校の創設の直前、ドルナッハにおいて「社会問題としての教育問題」と題する連続講演を実施した。この講演では、「本当に未来を社会的に構成したいと思うのであれば、人間の教育を通して準備したいと考える必要がある[41]」として、学校教育の刷新が社会の在り方そのものの刷新と連動するものであることが強調されていた。同じことは、最初のシュタイナー学校の教師予定者への集中講義の開始前夜、「ヴァルドルフ学校は、現代の精神生活を革新しようとする本当の文化行為でなければなりません。[42]」、とのシュタイナーの言葉にも託されていた。どこまでも子ども理解に基づく「自由への教育」は、教室の内部に閉じられた行為ではなく、子どもたちが主役となる未来の社会を創造することに直結した、極めて文化的で社会的な行為でなければならないのである。

第一次世界大戦直後の南西ドイツの地にシュタイナーによって蒔かれた、教育と社会の刷新のための小さな種は、一〇〇年後の今、しっかり大地に根を張り、豊かな緑の葉を広げる大木となっている。シュタイナー学校とそこでの教育については、芸術性に富む教育方法を中心に多くを学ぶことができることは言うまでもないが、本章で検討してきような、公的承認をめぐる持続的な闘いとそれが教育制度や社会の在り方の「肥沃化[43]」にも寄与している事実からも、貴重な示唆を得ることができるのではないだろうか。

注

（1）二〇一九年四月時点の Waldorf World List によれば、世界六六か国及び地域に一一八二校のシュタイナー学校が設置されており、このうちドイツ国内は二四五校となっている。https://www.freunde-waldorf.de（二〇一九年八月一五日閲覧）

（2）この点については、さしあたり次を参照願いたい。拙著（二〇〇四）『管理から自律へ　戦後ドイツの学校改革』（勁草書房）の第1章。

（3）Leist, Manfred（1998）: Entwicklungen einer Schulgemeinschaft. Die Waldorfschulen in Deutschland, Verlag Freies Geistesleben, S.44.

（4）ドイツにおけるシュタイナー学校の一〇〇年間の歴史的展開に関する詳細については、拙著の刊行を予定している。

（5）ドイツにおける私立学校の学校制度における位置づけの歴史的展開については、さしあたり次を参照願いたい。拙著『管理から自律へ　戦後ドイツの学校改革』（前掲書、第1章）。なお、一九一九年の最初のシュタイナー学校の詳しい創設経緯に関しては、次も参照願いたい。拙稿（二〇〇八）「シュタイナーの社会三層化運動と自由ヴァルドルフ学校の創設――人間認識に基づく教育と学校の自律性――」、『弘前大学教育学部紀要』第八五号、拙稿（二〇一八）「ルドルフ・シュタイナーの《自由の哲学》と自由ヴァルドルフ学校の創設」、『岩手大学教育学部附属教育実践総合センター研究紀要』第一七号。

（6）Steiner, Rudolf（1991）: Die Erziehungsfrage als soziale Frage. Die spirituellen, kulturgeschichtlichen und sozialen Hintergründe der Waldorfschul-Pädagogik. Rudolf Steiner Verlag,（GA296）, S.49-50. 今井重孝訳（二〇一七）『社会問題としての教育問題』（イザラ書房）、九七—九九頁。

（7）Schmerzer, Albert（1991）: Die Dreigliederungsbewegung 1919. Rudolf Steiners Einsatz für den Selbstverwaltungsimpuls, Stuttgart, S.156.

（8）ibid., S.232.

（9）ただし、七月一八日付の設置認可は暫定的なものであり、正式な設置認可は視学官による査察を経て、一九二〇年三月八日付で発行されている。Leber, Stefan（1974）: Die Sozialgestalt der Waldorfschule. Ein Beitrag zu den sozialwissenschaftlichen Anschauungen Rudolf Steiners, Verlag Freies Geistesleben, S.49.

（11）この一八三六年制定の民衆学校法は、一九〇八年に改正されたが、私立学校に関する条項の変更はなかった。Steiner, Rudolf（1975）: Konferenzen mit den Lehrern der Freien Waldorfschule in Stuttgart 1919 bis 1924, Erster Band, Rudolf Steiner Verlag, S.26.

（12）Steiner, Rudolf（1991）: Gegenwärtiges Geistesleben und Erziehung, Rudolf Steiner Verlag（GA307）, S.261.

（13）ナチズム体制の下でのシュタイナー学校の状況の詳細については、さしあたり次を参照願いたい。拙稿（二〇一七）「ナチズム体制化のヴァルドルフ学校に関する基礎的研究」『岩手大学教育学部附属教育実践総合センター研究紀要』第一六号。

(14) Götte, M.Wenzel (2006) : Erfahrungen mit Schulautonomie. Das Beispiel der Freien Waldorfschulen, Verlag Geistesleben, S.395.

(15) 例えば、私立の国民学校(Volksschule)の数は、一九三一年の六七九校が、一九四〇年には五七校に減少し、私立の中等学校も一九三一年の四〇四校から一九四〇年には八五校へと減少した。Eilers, Rolf (1963) : Die nationalsozialistische Schulpolitik, Köln, S.98.

(16) Werner,Uwe (1999): Anthroposophen in der Zeit des Nationalsozialismus (1933-1945), Oldenburg Verlag /München, S.76.

(17) ibid., S.137.

(18) ibid., S.236. なお、この言葉を残したザルツマンは、「ドイツは負ける」と語ったことが発覚したことから逮捕され、一九四五年五月八日(ドイツ敗戦の当日)、処刑されている。

(19) Leber, Stefan (1981): Die Waldorfschule im gesellschaftlichen Umfeld, S.16. なお、旧東ドイツ地区では、ドレスデン校が一九四五年一〇月に、かつての教師や父母によって再建されたが、一九四九年に旧東ドイツ政府(ソ連占領軍)の命令で閉鎖された。その後、ベルリンの壁崩壊の翌年の一九九〇年九月、ドレスデン校は二度目の再建を果たした。

(20) 一九五三年にエーリヒ・シュヴェブシュが死去した後、その後任として自由ヴァルドルフ学校連盟の代表に就任したのは、元ベルリン校の教師エルンスト・ヴァイセルト(Ernst Weissert, 1905-1981)であった。ヴァイセルトはその後一九六九年までの一六年間にわたり代表を務めた。

(21) Schwebsch, Erich (1948): Erziehungsreform und Waldorschule, In: Erziehungskunst, Heft 1, S.23-37, Ders. (1948): Erziehungsreform und Freie Schule, In:Erziehungskunst, Heft 3, S.141-150.

(22) Leist, Manfred, a.a.O., S.44.

(23) 基本法に「私立学校を設置する権利」が盛り込まれた経緯とヴァルドルフ学校運動の間接的な関与の詳細については、次の文献を参照願いたい。拙稿(二〇一九)「戦後ドイツにおけるヴァルドルフ学校の再建と『私立学校を設置する権利』」、『岩手大学教育学部附属教育実践総合センター研究紀要』第一八号。

（24）Parlamentarischer Rat. Bonn 1948/49 Schriftlicher Bericht zum Entwurf des Grundgesetzes für die Bundesrepublik Deutschland. S.558. なお、ホイスはこの発言に続けて、第二一回中央委員会（一二月七日）にゼーボーム議員が提出した、私立学校に対する公費助成を求める動議に言及し、公費助成を行うことは私立学校の「自発性という活動の性格」を奪ってしまうものであり、またドイツの子どもたちの教育制度に配慮するとの国家の義務を損なうことにもなるとの理由から、反対の発言を行っている。

（25）ibid. S.247.

（26）ibid. S.817. 一九四八年一二月四日開催の総則委員会第二九回会議。

（27）Heckel. Hans（1955）: Privatschulrecht. S.256.

（28）一例のみ挙げれば、基本法の代表的コンメンタールであるマンゴルトの著作（一九五三年）では、基本法第七条は「ワイマール憲法の教育条項への大幅な同化」が行われることで成文化されたものであることが指摘され、その解釈も基本的にはワイマール期の著名な憲法学者アンシュッツの理論を踏襲したもので、私立学校の設置が「基本権」として明記されたことに特段の意義は見出されていない。Mangoldt. Hermann von（1953）: Das Bonner Grundgesetz. Berlin und Frankfurt. S.73-78.

（29）Götte. M.Wenzel. a.a.O.. S.587.

（30）ibid. S. 606-609. この訴訟に関しては次も参照のこと。ドイツ憲法判例研究会（一九九六）「ドイツ憲法判例研究（四六）（井上典之筆）」『自治研究』第七二巻第一〇号。

（31）この訴訟の詳しい経緯に関しては次を参照願いたい。拙稿（二〇一三）「ヴァルドルフ教員養成の公的地位獲得と教員養成の国家独占の否定」、日本教育学会『教育学研究』第八〇巻第一号。

（32）この訴訟を含め、戦後ドイツの私学助成に関する判例や理論の概要については、次を参照のこと。結城忠（二〇一四）『憲法と私学教育　私学の自由と私学助成』（協同出版）（特に第Ⅱ部第3章）。

（33）一九五〇年代の南西ドイツ地区における私立学校法の制定と私立学校協議会の関与については、次を参照願いたい。拙稿（一九九九）「一九五〇年代南西ドイツにおける私立学校法の制定経緯とその教育史的意義」、日本教育学会『教育学研究』第六六巻第二号。

（34）ヘルムート・ベッカーの教育政策家としての活動については、次を参照願いたい。拙著『管理から自律へ　戦後ドイツの学校改革』。ヘルムート・ベッカーはシュタイナー学校や田園教育舎の顧問弁護士および全国私立学校協議会（現在の名称は全国自由学校協議会）の事務局長も務め、一九六三年に創設されたマックス・プランク教育研究所の所長に就任した。一方、フォーゲルは一九六三年以降、バーデン・ヴュルテンベルク州等の複数の州の自由学校協議会の会長、一九七〇年から一九九九年までは全国自由学校協議会の事務局長、一九六四年から一九九七年までは全国田園教育舎連合の事務局長として、数多くの裁判闘争の支援活動を展開するとともに、私立学校の法的権利を擁護する論文・著書も数多く執筆した。Institut für Bildungsforschung und Bildungsrecht e.V.（Hrsg.）(2012): Öffentliche Schulen in staatlicher und freier Trägerschaft. Ausgewählte Beiträge zum Schul- und Bildungsrecht von Johann Peter Vogel, Nomos.

（35）Gesetz zur Änderung des Privatschulgesetzes und dessen Vollzugsverordnung vom 27. September 2017, Landtag von Baden-Württemberg 16. Wahlperiode, Drucksache 16 /2732.

（36）この裁判闘争の経緯については、各裁判所判決文、それに関連した自由ヴァルドルフ学校協議会や各裁判所のホームページ記載記事および新聞記事等を参照した。

（37）Stuttgarter Zeitung, 09. März 2017（電子版）

（38）Landtag von Baden-Württemberg 16. Wahlperiode, 40. Sitzung, 20. Juli 2017（Plenarprotokoll 16/40, 20. 07. 2017）, S.2260.

（39）Esslinger Zeitung, 27.09.2017（電子版）

（40）Landtag von Baden-Württemberg 16. Wahlperiode, 40. Sitzung, S.2264.

（41）GA296., S.49. 邦訳書、九七頁。

（42）Steiner, Rudolf（1975）: Allgemeine Menschenkunde als Grundlage der Pädagogik（Taschenbücher）, Rudolf Steiner Verlag, S.214. 高橋　巖訳（一九八九）『教育の基礎としての一般人間学』（筑摩書房）、iii頁。

（43）Jach, Frank.-Rüdiger（2002）: Abschied von der verwalteten Schule, Luchterhand, S.92.　教育法学者のヤッハは、シュタイナー学校等の私立学校が果たしている公共的機能として、「教育制度の肥沃化」（Bereicherung des Bildungswesens）を指摘している。なお、筆者は二〇一九年九月七日にシュットガルトのリーダーハレで開催されたシュタイナー学校創立一〇〇周年記念式典に同席する機会を得た。来賓挨拶に立ったシュツットガルト市長クーン（Fritz Kuhn, 緑の党）も、ヴァルドルフ学校運動は「公立学校が改革を開始する際の原動力（Hefe）」になっていると指摘し、シュタイナー学校が果たしている公共的機能を称賛していた。

2

世界に広がるシュタイナー教育

池内耕作

1 発祥地　ドイツ

二〇代にしてゲーテ研究者として注目を浴びたルドルフ・シュタイナーは、その後の人生を通じて哲学、医学、建築学、農学、芸術論、教育学等々の広範な領域で思索活動を展開し、「人智学」と称する自身の思想を体系化するための著述活動を続けながら、生涯六千回に及ぶ講演活動に邁進した。晩年になると、彼の講演に感銘を受けたヴァルドルフ・アストリア煙草工場主エミール・モルトの懇願と資金援助を受けて、最初の学校となる自由ヴァルドルフ学校（シュツットガルト校）を一九一九年に創設した。二年後の一九二一年にはケルン校が、またその翌年の一九二二年にはハンブルク校とエッセン校が設立され、国外ではドルナッハ校（スイス・一九二二年）、キングス・ラングリー校（イギリス・一九二二年）、ハーグ校（オランダ・一九二三年）の三校が開学、シュタイナー存命中に設立された学校は以上の七校であった。

シュタイナーはこのドイツ国内四校、国外三校の設立後、一九二五年に享年六四歳で他界した。その翌年にはハノーファー校（一九二六年）が、さらにその二年後にはベルリン校（一九二八年）が開学。当初一〇年間の草創期に設立されたこれらの学校のうち、ケルン校はシュタイナー死去の年に運営が行き詰まり閉鎖され、ドイツ国内におけるその他の五校も、ナチス・ドイツが台頭した一九三三年から一九四五年にかけて閉鎖を余儀なくされるなど、一進一退の紆余曲折が続く。草創期はこのように、決して順風満帆な船出ではなかったが、第二次大戦後にはシュツットガルト校が直ちに再開され、その他の新設校も続々と産声をあげた。特に一九七〇年代以降は私立学校の普及を促進する行政的な条件が整えられ[1]、学校数が急速に増加した。

表1は[2]、世界全体のシュタイナー学校数について、過去一五年間の推移を五年ごとに示したものである。

二〇一八年現在、ドイツ国内のシュタイナー学校は二四二校を数え、世界のシュタイナー学校総数のうち二一パーセントを占めている。学校数の増加に伴い、入学者数の増加も近年著しい。ドイツ連邦教育研究省が公表する数値から、入学者数の推移等を抽出してみよう。

表2[3]はドイツ全体において、義務教育当初第一学年の児童数推移を示したものである。初等教育領域はシュタイナー学校、基礎学校、総合制学校、特別支援学校の四校種で構成され、合計値は六歳児人口の総数と考えてよい。シュタイナー学校を除く三校種はいずれも国公私立を合計した数値となっているが、シュタイナー学校のみが独立した統計項目として記載されていることがまず興味深い。

近年、移民女性の増加に伴う合計特殊出生率の向上により空前のベビーブームが到来していると騒がれるドイツだが、表2に示すとおり今世紀初頭から現在までは、六歳児人口が減少の一途を辿る時代であった。こうした人口減少の最中、本流とも言える基礎学校の入学者数は大きく落ち込んだが、総合制学校とシュタイナー学校は逆に入学者数を増やしている。とりわけ、総合制学校の入学者数は直近五年で倍増するほどの勢いとなっており、一二年間の一貫教育というシュタイナー学校の「かたち」を模したことがここにきてようやく功を奏していると言えるかもしれない。

その雛形となったシュタイナー学校も、今世紀初頭のドイツ全体で五五〇〇名程度であった入学者数が、二〇一七年には七〇〇〇名近くにまで増加した。この間、初等段階の全在籍者数（第一～四学年）も二万人から二万八〇〇〇人へと増えた[4]。前期中等教育段階（第五～一〇学年）でも、東西統一時には二万五〇〇〇人ほどであったが、ここ数年間は四万一〇〇〇人台となっている[5]。後期中等教育段階（第一一～一三学年）にいたっては、東西統一時に三学年総計で七八〇〇人だったものが、二〇一七年度で約一万六〇〇〇人とほぼ倍増している[6]。この数年の総合制学校ほど急激な増加ではないが、シュタイナー学校の在籍者数や全学校種に占める割合は、このように増加の一途を辿っている。その理由は何であろうか。

シュタイナー教育を担う学校群（主として就学前段階の幼稚園、初等・中等教育段階のシュタイナー学校、および教員養成関連施設）には、その運営や普及を主導したり命じたりする権限を有した組織（わが国で言えば学校法人における理事会に相当する会議体）が存在しない。各校とも、その設立は有志の人々によるボランタリーな設立運動によっており、設立後の運営も各校が独自に担っている。その一方、いずれの学校であれ、人智学に基づく教育理念の研鑽を更に深めてゆくことや、シュタイナーが生きた時代にはなかった新たな現代的課題にどう向き合うかの検討に向けて、互いに互いの連携を必

表1　シュタイナー学校の総数

順位	国　名	2003	2008	2013	2018
1	ドイツ連邦共和国	186	212	232	242
2	アメリカ合衆国	120	124	119	126
3	オランダ王国	93	92	84	103
4	オーストラリア連邦	32	33	37	52
5	スウェーデン王国	40	42	45	46
6	ハンガリー	18	23	25	40
7	ブラジル連邦共和国	17	26	31	35
8	ノルウェー王国	35	36	33	32
9	スイス連邦	35	36	34	31
10	ベルギー王国	19	22	28	31
11	イタリア共和国	21	33	30	30
12	連合王国（イギリス）	30	32	31	29
13	フィンランド共和国	21	25	26	25
14	オーストリア共和国	14	15	17	20
15	チェコ共和国	8	11	15	20
16	ロシア連邦	16	17	18	20
17	カナダ	17	21	17	19
18	イスラエル国	4	6	11	17
19	南アフリカ共和国	18	17	17	16
20	ルーマニア	13	14	11	16
21	デンマーク	18	16	16	15
22	アルゼンチン共和国	7	7	12	14
23	スペイン王国	2	5	7	14
24	フランス共和国	12	11	15	14
25	メキシコ合衆国	5	5	9	13
26	大韓民国			5	11
27	エストニア共和国	9	6	9	10
28	ニュージーランド	10	10	10	10
29	インド共和国	2	5	5	7
30	中華人民共和国			3	7
31	日本国	3	7	8	7
32	ポーランド共和国	2	5	5	6
33	スロベニア共和国	1	1	3	5
34	アイルランド共和国	1	3	4	4

※　順位は2018年度の校数による。同数のものは五十音順とし、台湾は連盟資料に従って一国として集計した。

順位	国　名	2003	2008	2013	2018
35	ウクライナ	7	6	4	4
36	コロンビア共和国	3	3	4	4
37	チリ共和国	2	3	4	4
38	フィリピン共和国	1	1	3	4
39	リトアニア共和国	4	4	4	4
40	タイ王国	1	2	2	3
41	中華民国（台湾）		2	3	3
42	ペルー共和国	2	3	3	3
43	ポルトガル共和国			1	3
44	アイスランド	2	2	2	2
45	クロアチア共和国	2	2	2	2
46	ケニア共和国	1	2	2	2
47	スロバキア共和国	1	1	1	2
48	タンザニア連合共和国		1	1	2
49	ネパール連邦民主共和国	1	1	2	2
50	ラトビア共和国	4	3	2	2
51	アルメニア共和国	1	1	1	1
52	ウルグアイ東方共和国	1	1		1
53	エジプト・アラブ共和国	1	1	1	1
54	カザフスタン共和国	1	1	2	1
55	キルギス共和国	1	1	1	1
56	グアテマラ共和国				1
57	ジョージア	1	1	1	1
58	タジキスタン共和国		1	1	1
59	ドミニカ共和国				1
60	トルコ共和国				1
61	ナミビア共和国	1	1	1	1
62	プエルトリコ自治連邦区				1
63	ブルガリア共和国				1
64	マレーシア				1
65	モルドバ共和国	1	1	1	1
66	リヒテンシュタイン公国	1	1	1	1
67	ルクセンブルク大公国	1	1	1	1
計		870	965	1,023	1,150

要としてきた。そのため、相互に対等の立場で集う学校連合組織が世界各地に存在し、なかでも発祥地ドイツで当初より活動してきた「自由ヴァルドルフ学校連盟」（Bund der Freien Waldorfschulen）が、各学校間の連帯・連携に重要な役割を果たしている。各国各地域の学校も、地域ごとに独自の団体を組織化していることが常ではあるが、そのほとんどはこの自由ヴァルドルフ学校連盟と関係を保ち、世界的な連携に参画することに努めている。

しかし、こうした組織はあくまで「連携」のための組織であって、学校の普及を主導してきたわけではない。むしろ事の順序は逆であり、いずれかの地域の人々が自らシュタイナー学校を設立した後に、任意で連盟に加入

表２　初等教育領域全校種第１学年の在籍者数（入学者数）

年度	計（人）	シュタイナー学校 Freie Waldorfschule		基礎学校 Grundschule		総合制学校 Integrierte Gesamtschule		特別支援学校 Förderschule	
1999/2000	850,734	5,524	(0.65%)	815,952	(95.91%)	4,402	(0.52%)	24,856	(2.92%)
2000/2001	825,471	5,539	(0.67%)	791,933	(95.94%)	3,989	(0.48%)	24,010	(2.91%)
2001/2002	800,012	5,446	(0.68%)	767,156	(95.89%)	3,943	(0.49%)	23,467	(2.93%)
2002/2003	818,350	5,689	(0.70%)	781,823	(95.54%)	4,145	(0.51%)	26,693	(3.26%)
2003/2004	854,700	5,910	(0.69%)	818,222	(95.73%)	4,438	(0.52%)	26,130	(3.06%)
2004/2005	834,736	6,107	(0.73%)	798,377	(95.64%)	4,041	(0.48%)	26,211	(3.14%)
2005/2006	828,767	6,338	(0.76%)	793,840	(95.79%)	2,660	(0.32%)	25,929	(3.13%)
2006/2007	803,218	6,312	(0.79%)	764,142	(95.14%)	2,513	(0.31%)	30,251	(3.77%)
2007/2008	762,033	6,091	(0.80%)	727,470	(95.46%)	2,436	(0.32%)	26,036	(3.42%)
2008/2009	742,653	6,091	(0.82%)	708,326	(95.38%)	2,351	(0.32%)	25,885	(3.49%)
2009/2010	733,130	6,193	(0.84%)	698,581	(95.29%)	2,861	(0.39%)	25,495	(3.48%)
2010/2011	713,920	6,129	(0.86%)	680,595	(95.33%)	3,184	(0.45%)	24,012	(3.36%)
2011/2012	718,182	6,244	(0.87%)	685,449	(95.44%)	3,714	(0.52%)	22,775	(3.17%)
2012/2013	696,632	6,179	(0.89%)	662,774	(95.14%)	5,314	(0.76%)	22,365	(3.21%)
2013/2014	696,739	6,261	(0.90%)	659,878	(94.71%)	9,066	(1.30%)	21,534	(3.09%)
2014/2015	719,141	6,409	(0.89%)	676,875	(94.12%)	13,382	(1.86%)	22,475	(3.13%)
2015/2016	720,151	6,529	(0.91%)	675,390	(93.78%)	16,400	(2.28%)	21,832	(3.03%)
2016/2017	737,244	6,961	(0.94%)	690,453	(93.65%)	18,458	(2.50%)	21,372	(2.90%)
2017/2018	729,161	6,900	(0.95%)	682,932	(93.66%)	17,602	(2.41%)	21,727	(2.98%)

するのが常となっている。連盟はその際、求められれば設立の相談に応じ助言も与えるが、指図はしない。むしろ、連盟が集約し広報する各地のシュタイナー学校の活躍の姿こそが人々の心を掴むことに（ひいては学校の普及に）大きく貢献していると見るべきだろう。普及の要因とはつまるところ、さまざまなところで広報されるシュタイナー学校の成果や内実が人々の心を捉えている、ということに他ならない。

なかでも、この学校を選択する理由としては大きな比重を占めていると思われる事柄のひとつに「学力的成果」がある。本稿執筆現在からおおよそ一三年前に筆者らが発刊した『未来を拓くシュタイナー学校』において、筆者はこの点を当時のさまざまな数値を用いて解説した。百周年にあたり、さらに最新の数値を確認しておきたい。

表3[7]は、ドイツ政府が公表する「一般大学進学資格」(Zeugnis der Allgemeinen Hochschulreife)

表3　一般大学進学資格取得者数の推移（第12～13学年）

年度	計（人）	シュタイナー学校 Freie Waldorfschule	ギムナジウム Gymnasium	総合制学校 Integrierte Gesamtschule	夜間実科学校 Abend-realschule	夜間ギムナジウム Abend-gymnasium	コレーク Kolleg	特別支援学校 Förderschule	その他 Externe
1999	225,845	2,054	204,117	14,239	121	2,199	2,778	66	271
2000	229,700	2,093	207,830	14,484	91	2,297	2,612	48	245
2001	214,007	2,225	192,473	14,158	-	2,318	2,511	64	258
2002	223,249	2,221	201,526	14,606	-	2,149	2,420	55	272
2003	222,293	2,304	199,692	15,125	-	2,176	2,716	63	217
2004	226,395	2,227	202,162	16,098	-	2,445	3,010	62	391
2005	231,465	2,514	205,337	17,245	-	2,846	3,210	62	251
2006	244,010	2,451	216,288	18,566	-	2,840	3,458	82	325
2007	258,980	2,630	230,856	18,357	-	2,989	3,677	68	403
2008	266,550	2,699	237,457	19,724	-	2,775	3,501	75	319
2009	268,558	2,780	239,821	19,728	-	2,578	3,310	58	283
2010	268,194	2,829	239,047	20,288	-	2,569	3,049	68	344
2011	311,166	2,896	280,957	21,358	-	2,537	2,992	71	355
2012	305,172	2,874	272,783	23,281	-	2,603	3,152	72	407
2013	319,293	2,988	285,333	24,834	-	2,490	3,186	67	395
2014	280,490	2,979	245,597	25,858	-	2,521	3,143	53	339
2015	287,862	3,202	252,838	26,382	-	2,229	2,831	65	315
2016	297,167	3,185	260,386	28,216	-	2,099	2,684	75	522
2017	287,298	3,207	249,982	29,098	-	1,953	2,492	58	508

の取得者数を各校種別に集計したものである。伝統的にギムナジウムの第一二学年または第一三学年の生徒達が通称「アビトゥーア」と呼ばれる国家試験を経て取得してきた資格であるが、現在は既に社会人となっている職業従事者のために夜間実科学校や夜間ギムナジウム、コレークといった場での資格取得機会も拡充されている。シュタイナー学校や総合制学校も、その中等教育段階はギムナジウム相当とみなされ、在学生に受験資格が与えられている。

その総計を見てみると、一九九九年以降、ドイツ全体の資格取得者は年々増加し、ここ数年ではおおよそ三〇万人弱となっている。依然としてその大半はギムナジウム在籍者が占めているが、シュタイナー学校も一九九九年当初の約二〇〇〇人から、直近で三〇〇〇人にまで増えた。

表4(8)では、直近七年間における取得率（在籍者数に対する取得者数の割合）を算出して示した。ドイツ政府が公表する人口統計では、ギムナジウムやシュタイナー学校等の第十三学年に相当する一八歳人口（その年度に満一九歳となる人口）が、二〇一七年度のドイツ全体で約八四万二千人であった。これに対し、ドイツ全体の取得者数は約二八万七千人、その割合

表４　一般大学進学資格の取得率

年度	全体			ギムナジウム			シュタイナー学校				
	第 13 学年相当人口に対する			第１３学年在籍者数に対する			第１３学年在籍者数に対する			参考値	
	第 13 学年相当人口※１	当該年度取得者数	取得率※３	第１３学年在籍者数※２	当該年度取得者数	取得率※３	第１３学年在籍者数※２	当該年度取得者数	取得率※３	第１学年時在籍者数※４	第１２学年時在籍者数※５
2011	819,000	311,166	37.99%	290,528	280,957	96.71%	3,502	2,896	82.70%	5,524	5,077
2012	797,000	305,172	38.29%	304,745	272,783	89.51%	3,561	2,874	80.71%	5,539	5,317
2013	793,000	319,293	40.26%	263,040	285,333	108.48%	3,510	2,988	85.13%	5,446	5,074
2014	826,000	280,490	33.96%	270,221	245,597	90.89%	3,745	2,979	79.55%	5,689	5,336
2015	873,000	287,862	32.97%	277,903	252,838	90.98%	3,795	3,202	84.37%	5,910	5,469
2016	853,000	297,167	34.84%	266,629	260,386	97.66%	3,787	3,185	84.10%	6,107	5,638
2017	842,000	287,298	34.12%	261,083	249,982	95.75%	3,915	3,207	81.92%	6,338	5,740

※１ ドイツ全体の当該年度 18 ～ 19 歳人口

※２ 当該年度の第 13 学年在籍者数。ギムナジウムは８年制の認定資格課程 Q2（Qualifizierungs-stufe Q2）在籍者数を含む。

※３ 第 12 学年から受験可能であるため、第 13 学年在籍者数を母数とした場合には 100％を超える場合があることに留意が必要である。ただしギムナジウムの場合、第 12 学年在籍者のうち例年 95％ 程度が第 13 学年に進級していることから、第 12 学年時の取得者は少ないと考えられる。またシュタイナー学校の場合はカリキュラム上、第 12 学年での受験者はほとんどいない。
受験を目指して第 13 学年に進級する者の割合は、第 12 学年在籍者のうちの 70％程度である。

※４ 当該年度から 12 年前の第１学年在籍者数。

※５ 当該年度前年の第 12 学年在籍者数。

は約三四パーセントである。

とりわけ、ギムナジウムの取得率は九五・七五パーセントと突出して高い。シュタイナー学校は八一・九二パーセントと、これも高い数値ではあるがギムナジウムには及ばない。しかし、この比較には次の点で注意が必要である。国民教育の本流と言ってよい基礎学校の卒業生のうち、ギムナジウムに進学できる者は三割から四割程度である。入学時点で選抜されたこの四割弱のうち、さらにその一定程度が進級過程の落第等によって減少し、最終的に第一三学年に辿りついた者がようやく大学進学資格を取得する。つまり、六歳のときに基礎学校の門をくぐった子どもがギムナジウムで大学進学資格を取得する割合は、先に示したドイツ全体の取得率約三四パーセントに限りなく近い。

シュタイナー学校では、入学段階でもそれ以降においても、学力的な選抜が一切行われない。二〇一七年に資格を取得した世代が二〇〇五年に第一学年であったと考えると、その際の在籍者数は六三三八人、その後の転入・転出を仮に考慮しないとすると、この在籍者数に対する卒業時の資格取得率は約六二パーセントになる。

今一度整理してみよう。基礎学校に入学した者のうち、ギムナジウムの最終学年に到達して大学進学資格を得る者は約三四パーセントであるが、シュタイナー学校入学者のうち大学進学資格を得る者は約六二パーセントとなる。この一三年間の学校間移動（転入・転出）の実態を考慮した値ではないが、「シュタイナー学校の卒業生が大学に進学するための資格を得る割合は、他の公立学校の二倍に相当する」[9]との従前の指摘が、近年も一貫して継続されている様子は、こうした概算で充分確認できるだろう。

2　アメリカ

アメリカにおける最初のシュタイナー学校は、一九二八年にニューヨークで設立された。当初は第一学年から第六学年までの初等教育学校（小学校）として開校したが、設立から二七年後の一九五五年、中等教育段階（第七～一二学年）を擁する一二年間一貫の体制を整え現在に至っている。ニューヨーク校を皮切りに相次いで設立されたアメリカのシュタイナー学校群は、二〇一八年段階で一二六校、世界の学校数に対しておよそ一一パーセントを占めるまでに普及した。初等教育段階（小学校）のみのもの、前期中等教育段階（中学校）までのもの、そしてニューヨーク校のように後期中等教育段階（高校）までの一二年間一貫教育にまで拡充されたものなど設置形態はさまざまであるが、一九六八年にはカナダやメキシコの学校群とともに「北アメリカ・ウォルドルフ・スクール協会」（AWSNA: Association of Waldorf Schools of North America）を結成し、共通の指針に基づいて連携活動を展開している。以下、アメリカのシュタイナー学校運動がドイツの場合に比して特徴的と思われることについて、大きく二点ほど指摘しておきたい。

第一に、これら全米一二六校のシュタイナー学校とは別に、運営費のほとんどが公的資金によって賄われるチャーター・スクール型のシュタイナー学校が、近年急速に増加している。「新たな公立学校」と呼ばれるチャーター・スクールが連邦と各州の双方において条件整備された一九九〇年代以降、行政からチャーター（契約）を獲得するシュタイナー学校が現れ始め、本稿執筆現在では一五の州に計五四校が存在している。[10] その半数にあたる二七校がカリフォルニア州に集中しており、チャーター・スクールとして認可された最初の学校もカリフォルニア州ネバダ・シティのユバ・リバー・チャーター・スクールであった。教育ジャーナリストのローラ・パッパノによれば、これらの学校のほとんどが当初は小学校としてスタートした。しかし、ビル&メリンダ財団（マイクロソフト創始者のビル・ゲイツとその妻メリンダが設立した慈善団体）の支援によりハイスクールの課程を具備した最初のシュタイナー学校（George Washington Carver School of Arts and Science）が登場して以降、徐々に一二年間一貫の学校も増えたと言う。さらに彼女は次のように述べている。「従来のシュタイナー教育は、アメリカの公立学校教育とうまく調和してきたわけではない。シュタイナー自身に濃厚なキリスト教色があり、能力評価や数値結果にも無関心だからだ。そのため、チャーター・スクール型のシュタイナー学校では、受難劇のようなキリスト教のイメージや称揚を除去することが徹底されてきた。さらには、子ども達が学んでいることを確固として示すことにもチャレンジしている」。[11] この言説は、シュタイナー学校をチャーター・スクールとして運用しようとする人々の考え方をよく代表しているものと思われる。代弁するなら、シュタイナー学校からキリスト教色を「脱色」するとともに、児童・生徒の学力到達度等を可視化してアカウンタビリティ（数値結果による説明責任）を果たそうとする、言わば「改定版シュタイナー教育」あるいは「シュタイナー教育の世俗化」の試みである。このことは、自由ヴァルドルフ学校連盟が公表する学校一覧資料にチャーター・スクールの名が一切見当たらないことに加え、チャーター・スクール側で別に「公立シュタイナー学校同盟」(Alliance for Public Waldorf Education)が組織化されていることの背景と言えそうである(ただし自由ヴァルドルフ学校連盟の学校一覧資料でも、公立シュタイナー学校同盟の名は紹介されている)。

第二に、シュタイナー学校の教育成果への関心が、ドイツ以上に高い。一連のアカウンタビリティ政策が根づいた国であるため、特に公費が投入された事業がどのような成果を生んでいるかについて国民の目が厳しい。そのためか、チャータースクールの場合はもちろん、従来型のシュタイナー学校も、こうした調査を積極的に行っている。

まず、一九九六年に設立されたシュタイナー教育研究所(RIWE: Research Institute for Waldorf Education)の調査を紹介しよう。同研究所は一九四三年から二〇〇五年までの卒業生に対する追跡調査を行い、その報告書を二〇〇七年に公表した。この調査では、過去六〇年間にわたる五五〇人分のサンプルを分析し、統計上の有意性が認められた卒業生全体の傾向について次の結論を導いている[12]。

◯シュタイナー学校の卒業生は、自分自身を見つめ直す機会や、新しいアイデアを実践に移す機会に価値を置いている。彼らは生涯学習を重視し実践しており、芸術に対して非常に発達した感覚を持っている。
◯持続的な人間関係を重んじており、他の人にとって役立つ機会を模索する傾向がある。
◯彼・彼女らは職業生活や私生活でさまざまなことを試みるとき、また数々の誘惑を乗り越えようとするときに、内的・道徳的な羅針盤に導かれていると感じ、自身が選択した職業に、高い倫理的原則を取り入れる傾向にある。

また、右の結論を裏付けるデータについても主要なものを引用しておこう[13]。

○シュタイナー学校の卒業生のうち、大学に進学した者の割合　九四パーセント
○そのうち、人文・芸術系学部に進学した者は四七パーセント、科学・理数系学部に進学した者は四二パーセント
○そのうち、大学を卒業した者または卒業見込者は八八パーセント
○生涯学習（継続教育）に価値を見出し実践している者は九一パーセント
○選択した職業に満足している者は八九パーセント
○職場で重視するものは、倫理原則（八二パーセント）、および他者を助けること（八二パーセント）

さらに同報告書では、進学先となる三五〇を超える総合大学やカレッジの大学教授に対する質問紙調査の結果も掲載されている。有効回答数は四四件にとどまっているものの、実際に大学等で接してきたシュタイナー学校の卒業生について、各教授らに次の八項目それぞれ五段階の評価（五点満点）を求めたものであり、興味深い。以下、その指標とともに回答された得点の平均を示した[14]。

○問題解決能力（Problem solving）　平均得点　四・五
○構想力（Initiative）　平均得点　四・八
○倫理性（Ethical standards）　平均得点　四・六
○判断力（Judgement）　平均得点　四・四

◯正直さ（Speaking the truth）　平均得点　四・七
◯コミュニケーション能力（Communication）　平均得点　四・七
◯リーダーシップと影響力（Leadership style and effectiveness）　平均得点　四・四
◯社会意識・他者への配慮（Social awareness - caring for others）　平均得点　四・八

シュタイナー学校の卒業生ではない学生との比較を目的としたものではないため、これらの数値をどのように評価するかは見解の分かれるところだが、四四大学分の評価平均としては、大変高い数値と言えるのではないだろうか。

また、スタンフォード大学の教育機会政策センター（SCOPE: Stanford Center for Opportunity Policy in Education）に所属する研究者らは、サクラメント統一学区におけるチャータースクール型シュタイナー学校（Alice Birney Waldorf-Inspired School）を二〇〇九年から二〇一三年までの五年間にわたって調査し、同校の児童・生徒と同学区内約一一万八千人分のデータを比較しながら詳細な比較検討を行なった。[15]この調査では、州政府が実施する学力試験において、同学区内の他の学校に比べ、同校の生徒達の成績が有意に高いことが明らかにされた。さらに特筆すべきことは、同校におけるアフリカ系・ラテン系の生徒の中退率が、他の学校に比べて一〇分の一程度にとどまることを示したことである。マイノリティの定着率（学校適応の度合い）の高さは、シュタイナー学校の実力を示す一指標として刮目に値しよう。

3　その他の国々

学校数が世界で三番目に多いオランダも含め、その他の特徴的な国々について概観していこう。表5[16]は、各国の総人口をシュタイナー学校数で除した値、すなわち各国でシュタイナー学校一校あたりの人口がどの程度となるかを集計したものである。一校あたりの人口が少ない国ほど、シュタイナー学校の、言うなれば「密度」が高いことを示す。

表5　シュタイナー学校1校あたりの人口（対 当該国総人口）

順位	国　名	学校数	総人口（万人）	1校あたりの人口（万人）
1	リヒテンシュタイン公国	1	4	4
2	エストニア共和国	10	132	13
3	ノルウェー王国	32	526	16
4	オランダ王国	103	1,718	17
5	アイスランド	2	35	17
6	フィンランド共和国	25	550	22
7	スウェーデン王国	46	1,022	22
8	ハンガリー	40	980	25
9	スイス連邦	31	842	27
10	ドイツ連邦共和国	242	8,289	34
11	ベルギー王国	31	1,132	37
12	デンマーク	15	578	39
13	スロベニア共和国	5	207	41
14	オーストリア共和国	20	880	44
15	ニュージーランド	10	476	48
16	オーストラリア連邦	52	2,499	48
17	イスラエル国	17	868	51
18	チェコ共和国	20	1,063	53
19	ルクセンブルク大公国	1	60	60
20	リトアニア共和国	4	281	70
21	ラトビア共和国	2	193	97
22	アイルランド共和国	4	476	119
23	ルーマニア	16	1,976	124
24	カナダ	19	3,650	192
25	イタリア共和国	30	6,060	202
26	クロアチア共和国	2	429	214
27	連合王国（イギリス）	29	6,565	226
28	ナミビア共和国	1	253	253
29	アメリカ合衆国	126	32,775	260
30	スロバキア共和国	2	544	272
31	アルメニア共和国	1	290	290
32	アルゼンチン共和国	14	4,427	316
33	プエルトリコ自治連邦区	1	320	320
34	スペイン王国	14	4,666	333

※1校あたりの人口が少ない順（総人口に対する学校数の比が大きい順）に示した。

密度を国別に見た場合、第一位はリヒテンシュタイン公国となる。当国は、首都ファドーツ隣接のシャーンに幼稚園を併設する九年課程のシュタイナー学校が一校存在するのみであるが、オーストリア

順位	国　名	学校数	総人口（万人）	1校あたりの人口（万人）
35	ポルトガル共和国	3	1,029	343
36	ウルグアイ東方共和国	1	343	343
37	南アフリカ共和国	16	5,672	355
38	モルドバ共和国	1	355	355
39	ジョージア	1	390	390
40	チリ共和国	4	1,805	451
41	大韓民国	11	5,127	466
42	フランス共和国	14	6,718	480
43	ブラジル連邦共和国	35	20,930	598
44	キルギス共和国	1	610	610
45	ポーランド共和国	6	3,842	640
46	ブルガリア共和国	1	708	708
47	ロシア連邦	20	14,680	734
48	中華民国（台湾）	3	2,359	786
49	タジキスタン共和国	1	890	890
50	メキシコ合衆国	13	12,920	994
51	ウクライナ	4	4,241	1,060
52	ペルー共和国	3	3,182	1,061
53	ドミニカ共和国	1	1,076	1,076
54	コロンビア共和国	4	4,907	1,227
55	ネパール連邦民主共和国	2	2,930	1,465
56	グアテマラ共和国	1	1,658	1,658
57	日本国	7	12,623	1,803
58	カザフスタン共和国	1	1,840	1,840
59	タイ王国	3	6,572	2,191
60	ケニア共和国	2	4,970	2,485
61	フィリピン共和国	4	10,098	2,525
62	タンザニア連合共和国	2	5,731	2,866
63	マレーシア	1	3,200	3,200
64	トルコ共和国	1	8,200	8,200
65	エジプト・アラブ共和国	1	9,304	9,304
66	インド共和国	7	121,057	17,294
67	中華人民共和国	7	139,000	19,857
計		1,150	503,733	438

とスイスに挟まれた総面積百六〇平方キロメートルほど（わが国の小豆島相当）の小さな国であり、総人口も三万七六八六人（二〇一六年現在）と少ないことから、計算上は一位となる。住民の約六割超がドイツ系（ゲルマン民族）の人々であり、主たる言語もドイツ語であることから、ほぼドイツ国内と同一の環境に所在する。ただし、国内においてカトリック教徒が八割近くを占めている点はドイツと背景を異にする。

二位となったバルト三国の一角を占めるエストニアには、一〇校のシュタイナー学校が存在する。特に首都タリンと古都タルトゥにはそれぞれ一二年の一貫課程をもつシュタイナー学校が存在している。国民の半数以上が無宗教、その他の人々もロシア正教やルター派プロテスタント等となっており、シュタイナー学校が宗派の壁（あるいは信仰・無信仰の壁）を超えて広まっていることを示す好例と言ってよい。総人口が青森県や奈良県に相当する一三二万人であることを考えれば、一〇校のシュタイナー学校が示す「密度の濃さ」を容易にイメージしていただけるのではないだろうか。

わが国の九州に相当する国土面積に、百を超えるシュタイナー学校を擁するオランダについては、その教育事情全般について、リヒテルズ直子著『オランダの教育』（平凡社）がよく伝えている。同著ではシュタイナー学校に限らず、「オルタナティブ教育（従来型の教育法に対して代替的な方法を提唱するさまざまな教育思想家によって作られた教育）[17]」の普及が目覚ましい制度上の背景が詳しく解説されており、その要点を抜き出せば次のとおりとなる。[18]

・公立校と私立校間の**財政援助の完全平等**が、憲法第二三条において保障されている。そのため、公立校および国が認可した私立校との間で、学費に**ほとんど差がない**。校舎・施設の提供を地方自治体に義務づけているため、私立校の設置申請者は基準となる入学者数を達成することだけに注力すればよく、認可されれば生徒一人あたりの額を基準として、公立校と同額の補助金が支給される。

・子どもが通う学校を保護者が自由に選ぶことを保障するため、**校区の概念がない**。遠方の学校を選択した場合は国が交通費の一部を補助するなどしてその権利を保障する。教育文化科学省が「小学校に通う子どもを持つ親のためのガイドブック」を発刊、子どもが四歳になったら市が公立・私立すべての学校に関する情報を掲載した冊子を配布する。

・教育文化科学省は、科目の種類や時間数、そしてその達成水準（目標）について、全ての学校が従わなければならない基準を設けているが、日本の学習指導要領と異なり、国が定めた目標に対しどのような方法を用いるかはそれぞれの学校に任されている。したがって、教科書検定の制度がなく、教科書使用義務がない。さらに、国が定める科目以外にも、学校独自の自由時間枠があり、その内容も法に反するものでない限り自主的な判断に委ねられる。

・以上のような制度的好条件によりオルタナティブスクールが普及発展している。その主なものは、モンテッソーリ教育、ダルトン教育、イエナプラン教育、シュタイナー教育、フレイネ教育の五種類である。

・シュタイナー学校は最初のハーグ校以来、国からの干渉を受けないという方針を貫いてきたため、長らく教育文化科学省とは緊張状態が続き、公的補助を一切受けないフリースクールの状態が五〇年ほど続いた。そのため授業料が高額となり、「金持ちの白人の子どもが通う、芸術重視の学校」とのイメージが定着。しかし、九〇年代後半になって、一部の保護者がシュタイナーの思想や教材の一部に人種差別と解することのできる内容があり、それを否定しない教師らの発言があると訴え、学校側がその弁明に追われるというスキャンダルが生じた。シュタイナー学校側も、決して差別教育をしているものではないとの大部の報告書を発表し、教職員に対する差別禁止規則をまとめて公表。この過程で、仲介に入った教育文化科学省との間で対話の機会が生じ、学校そのものの位置付けをめぐってさまざまな交渉に発展。最終的には一九九七年、国の学校体系、中核目標、試験プログラムを受け入れるとの合意に達し、公的な補助を受ける私立学校となった。ただし現在も、芸術性重視のプログラムをはじめとして多額の追加予算を必要としており、保護者にも多額の寄付を要求していることから、「金持ちの白人の子どもが通う学校」とのイメージは払拭されていない。

後段についてはシュタイナー教育の実情や課題を的確に指摘した内容であるが、全体として多くの領域で語られる「オランダ・モデル」（多様性の保障）が教育の領域においても健在であることがよくわかる内容である。

総じて、シュタイナー学校の世界的な普及状況を改めて概観してみると、背景の異なる多種多様な国々に展開していることがわかる。確かに、西側諸国（資本主義国）での展開は目覚ましいものの、現存する社会主義（標榜）国のうち、キューバ、ラオス、ベトナムでの設立は確認できない。しかし、二〇一〇年以降設立が相次いでいる中国（北京市二校、成都市一校、広州市二校、韓城市一校、珠海市一校、計七校および三九の幼稚園）については新たな展開として注目に値する。さらに、すでに取り上げた国々においてキリスト教諸宗派または無宗教の多様性が見られることに加え、イスラム教を国教とするエジプトやマレーシア、国教ではないが仏教を民族宗教とするタイ、同じくユダヤ教国イスラエル、ヒンドゥー教国インドと、やはり宗教上の垣根を超えて普及している様子がうかがえる。

4 日本でのシュタイナー教育の展開

自由ヴァルドルフ学校連盟が公表する学校一覧に掲載された日本の学校としては、現在までに七つのシュタイナー学校が設立されている。これらの学校の設立経緯や実情等については、大阪府立大学教授・吉田敦彦氏を研究代表者とする科研費プロジェクトの研究グループが、詳細な研究成果報告[19]をとりまとめて公表している。この資料や関係者からの聞き取り調査で得た情報、各学校のホームページ等を手がかりに、学校普及の概観をふまえておこう。

子安美知子著『ミュンヘンの小学生』が刊行された一九六五年以降、わが国においても急速に高まったシュタイナー教育に対する関心は、有志市民による講演会や勉強会といったさまざまな活動を全国規模で生じさせた。そうした最中の一九八一年、新宿区高田馬場の都営アパート一階テナント部分に、「シュタイナーハウス」と名づけられた部屋が設けられ、関心を持つ幅広い年齢層の有志市民が集い始めた。この人々の尽力により、

表6　日本のシュタイナー学校一覧（2018年現在）

法人格	法人名	所在地	開校年	前身
学校法人	シュタイナー学園	神奈川県相模原市	2005	東京シュタイナーシューレ（1987）
NPO法人	東京賢治シュタイナー学校	東京都立川市	1997	賢治の学校（1994）
NPO法人	シュタイナースクールいずみの学校	北海道虻田郡豊浦町	1999	
学校法人	北海道シュタイナー学園いずみの学校	北海道虻田郡豊浦町	2008	
NPO法人	京田辺シュタイナー学校	京都府京田辺市	2001	土曜クラス（1994）
NPO法人	横浜シュタイナー学園	神奈川県横浜市緑区	2005	
NPO法人	愛知シュタイナー学園	愛知県日進市	2009	土曜クラス（2005）、全日制フリースクール（2007）
NPO法人	福岡シュタイナー学園	福岡市南区	2009	

※自由ヴァルドルフ学校連盟による公表リストに掲載され、日本シュタイナー学校協会の会員校となっているものに限る。

※シュタイナースクールいずみの学校および北海道シュタイナー学園いずみの学校については、上記2団体の資料では同一の団体として扱われているが、ここでは法人ごとに区分して示した。

一九八七年にわが国初のシュタイナー学校「東京シュタイナーシューレ」が開校する。フリースクールとして、一年生八名を迎えての出発であったが、わが国ひいてはアジア全体の、シュタイナー学校史の発端に位置する出来事として重要である。以降、数度の移転を経ながら二〇〇一年にNPO法人格を取得。開校から一八年に及ぶ教育活動を展開したこの東京シュタイナーシューレを前身として、二〇〇五年、神奈川県相模原市に学校法人シュタイナー学園が開校した。わが国で初めて学校法人格を取得したシュタイナー学校であり、東京シュタイナーシューレ設置に引き続く同グループの快挙でもあるが、困難を極めたその設立経緯については同学園初代校長・秦理絵子氏が前掲書『未来を拓くシュタイナー教育』のなかで詳しく書いている[20]。

学校法人格認可申請の過程は、吉田氏らによる前掲の科研費プロジェクト成果資料でも詳しく取り上げられた。同校は小泉政権下で導入された「構造改革特別区域（特区）」制度を利用して申請され、とりわけ「学習指導要領の教育課程の基準によらない特別の教育課程の編成・実施を可能とする特例」に基づき、相模原市における「藤野『教育芸術』特区」として認可された。その後、時限的措置であった同制度の一般法令化が進み、同校は現在「教育課程特例校」として、所管する神奈川県の私学振興課と連携しながら鋭意、教育活動を展開している。認可当初は初等部と中等部からなる九年間の教育課程であったが、二〇一二年にはNPO法人シュタイナー高等学園を前身とする高等部の設置が認可され、一二年間の一貫教育課程を有する学校法人となった。(21) 筆者も同校を訪れ、これまでの数々の成功談や、ここに記すことのできないさまざまな苦労を拝聴できたが、総じて経理・経営面では順調であり、スタッフが一丸となって心厚い教育を展開していることに加え、児童・生徒達も実に伸び伸びと学校生活を楽しんでいる様子をうかがい知ることが出来た。願わくはいずれその実践面を中心に、そのプロセスや成果等について詳しく検証することを同校にお許しいただきたいと思っている。

東京賢治シュタイナー学校は、一九九七年、「東京賢治の学校」の名で立川市に設立された。公立学校で三〇年以上にわたり教壇に立った鳥山敏子氏が、公立学校での教育に限界を感じ、一九九四年に退職して長野県の若者のために立ち上げた「賢治の学校」を前身としている。「一人ひとりの人間が自分の中にある『本当の自分』を見つけ出し、自らの〈天の才〉を最大限に生かして生きていける時代が到来した……個の確立を通して自立した人間同士が、ともに世界を協力し合い、創りあげていく」(同校ホームページより)との理念について、同時代に生きた宮沢賢治とルドルフ・シュタイナーとで共通していることへの着目が、校名の由来となっている。二〇〇二年にNPO法人格を取得、二〇〇三年に校名を「東京賢治の学校自由ヴァルドルフシューレ」に変更し、さらに二〇一三年からは現在の校名となった。最初の卒業生(十二年生)を二〇〇九年三月に送り出し、大学進学を希望する生徒達のために同年四月、十三年生コースもスタートしている(十三学年までの課程編成はドイツのシュタイナー学校で一般的なものである)。なお、現在の校名となった二〇一三年、創設者の鳥山敏子氏はその年の一〇月七日に、肺炎のため他界している。公立学校時代から「いのちの授業」をはじめとする先駆的な実践に長け、数々の著書を刊行し、多くの人々から信奉されたことで著名な人であった。その功績の大きさに改めて敬意を表したい(22)。

シュタイナースクールいずみの学校は、一九九九年、北海道伊達市内で開設された。二〇〇一年に当初の関内町から同市内松ケ枝町に移転するとともに、NPO法人格を取得。二〇〇六年に「豊浦『自然と芸術』教育特区」の認定を受け、二〇〇八年に国内で二番目の学校法人となる北海道シュタイナー学園いずみの学校が設立された。現在、当初のNPO法人が幼稚園に相当する「こどもの園」および高等学校に相当する「高等学園」を運営し、後者の学校法人・北海道シュタイナー学園がいずみの学校初等部・中等部を運営する体制となっている。すなわちNPO法人と学校法人との連携により一五年の一貫教育を提供する体制となっていることから、自由ヴァルドルフ学校連盟による学校一覧および日本シュタイナー学校協会の双方において、一個の教育団体として記載されている。現在は寮を完備し、国内・国外から集まった約一二〇名の児童・生徒が学んでいる。「教育基本法及び学校教育法に基づくとともに、ルドルフ・シュタイナーの教育カリキュラムに基づいて、その年齢の子どもの発達にふさわしい教育内容を実施する」(傍点は筆者)との教育方針は、わが国においてシュタイナー教育に関心を抱いてきた多くの人々にとって長らく共通の願いであったと同時に、とうていこの国では実現不能ともみなされてきたことだが、前述した相模原市のシュタイナー学園とともに、学校法人となった同校の存在はそうした願いが結実した数少ない事例として、わが国における今後のシュタイナー教育の普及に一筋の光を放っている(23)。

京田辺シュタイナー学校は、京都の地で一九九四年に生まれた「シュタイナー学校設立を考える会」を契機とし、週一回の「土曜クラス」でシュタイナー教育の実践が開始されたことに端を発する。同会はその後、「シュタイナー学校設立準備会」と名称を変更し、二〇〇一年四月の全日制学校開校を目標として尽力、さまざまな困難を経て二〇〇〇年三月に「NPO法人京田辺シュタイナー学校」の設置認可を受けた。以降、校舎建築等の資金集めに奔走し、前述の東京シュタイナーシューレや横浜の土曜クラスに関わる人々からもさまざまな協力を得て、ついに目標どおりの二〇〇一年四月、開校に漕ぎ着けた。同校の設立経緯は二〇一五年発行の『親と先生でつくる学校――京田辺シュタイナー学校十二年間の学び』(せせらぎ出版)で詳しく紹介されているが、この書のタイトルにもある通り、シュタイナー教育を専門的に学んだ人々と、設立に向けて尽力しようとする一般市民との二人三脚で実現した「市民運動型」の設立事例と言える。現在、同校のホームページではそのトップ画面で、大勢の教員と保護者らが校舎壁面のメンテナンスにあたっている写真が掲載されており、「この学校は保護者達のそうした無償の継続的なボランティアによって存続しているといっても過言ではありません」と結ばれている。「保護者と教員がつくり続ける学校」とのアイデンティティは、前述した先輩校はもちろん、世界のシュタイナー学校の多くに共通する特徴でもあるが、特に同校の歩みにはその印象を強く感じる。同校の尽力は、わが国全体の課題ともいうべき「学校を媒体とする良好なコミュニティ形成」の一事例としても注目に値する。[24]

こうした姿は、横浜シュタイナー学園にも見られる。同学園は二〇〇三年四月、横浜市内で二〇名の有志市民が集い、「横浜にシュタイナー学園をつくる会」の発起人会が開催されたことに端を発する。当時、「よこはまシュタイナー教育の会」が主催する土曜クラスの教員であった長井麻美氏をはじめとする人々が、同会の活動を通じて二〇〇三年一二月にNPO法人格を取得。緑区で塾として使われていたビルを獲得し、これを改修して二〇〇五年に開校した。その設立趣旨書は右の経緯とともに同校ホームページに掲載されているが、そこでは設立にかける想いが次のように記されている。「横浜やその近郊では、父母や教師によるさまざまなグループによって、幼児や小中学生へのシュタイナー教育が小規模ながら一〇年年以上にわたって実践されてきました。私たちはこの地道な活動を足がかりとして、現代日本の社会のなかで、『地域社会と共に歩みながら成長できる学園』をつくることで、健全な社会建設の一端を担っていきたいと思い、全日制の教育実践活動を行う特定非営利活動法人横浜シュタイナー学園を設立します（平成一五年九月七日）」。現在、同学園は小中学校に相当する九年の課程で運営されており、本稿執筆時点で第六期生までが卒業している。当初から使用されてきた校舎（霧が丘校舎）が手狭であったため、二〇一一年にはこれより少し歩いた距離にあるマンションの一フロア全体を借り受け、六年生以降の教室として使用を開始した。この第二校舎（十日市場校舎）の準備にあたり、設計と基礎工事部分については業者に依頼したが、以降の内装等については保護者を中心とするボランティア工事に委ねたという。事務局の佐藤雅史氏によれば、二〇一〇年一一月の着工後、ボランティアによる内装工事は二〇一一年一月より三二回（述べ三二日）にわたり、教員・保護者・児童生徒・学園外からの協力者ら述べ四五七人の参加によって進められた[25]。筆者も両校舎を案内していただいたが、いずれもその内装は大変美しく、佐藤氏からうかがったボランティア工事の様子はどれも頭の下がるものばかりであった。こうした学校作りに対する保護者等の協力は、現在まで変わることなくさまざまな場面で継続されていると言い、設立準備段階から現在に至るまで、横浜シュタイナー学園においても教職員と保護者、そして地域の人々との協働の姿が根付いている。

愛知シュタイナー学園は、愛知県日進市において二〇〇五年、有志の関係者により土曜クラスが開設され、二〇〇七年に全日制フリースクールとして開校、そして二〇〇九年にNPO法人格を取得して現在の校名となった。木々に囲まれた自然豊かな田園地帯に立地し、初等部・中等部・高等部から構成される。同校ホームページではその運営について、「日々の運営や事務処理、将来計画まですべてを、学園にかかわる保護者と教職員で協力して行なっています」と綴られ、ここでも教職員と保護者との協働による運営がなされていることがわかる。さらにホームページ冒頭で掲載された次の言葉には、前述のふたつの学校法人が与えている影響をうかがい知ることもできる。「学校法人の認可基準の厳しい日本では、親や市民の力で始まった全日制シュタイナー学校は、すべてフリースクールとして出発しました。規制緩和の流れや教育の多様性を求める世論の高まりの中で、二〇〇四年に初めて特区学校法人として認可されたシュタイナー学園が生まれています。私たちも将来的に学校認可を取得できるよう、日本の各地の全日制シュタイナー学校と連携しながら、行政への働きかけを続けています」[26]。学校法人化に向けた今後の展開に是非とも注目したい。

福岡シュタイナー学園の開校年は、愛知シュタイナー学園と同じく二〇〇九年である。小中一貫の九年課程を有するシュタイナー学校としてスタートし、二〇一七年度には一期生が第九学年となる完成年度を迎えた。これに伴い、それまでの低学年児童を含むオイリュトミー発表会や六・七年生による狂言発表会に引き続き、いよいよ八年生・九年生による演劇発表会を一般公開するまでに至り、シェークスピア「十二夜」（二〇一七年七月）やモリエール作「守銭奴」（二〇一九年二月）といった演目で一般市民の耳目を引く。加えて待機児童問題解消のために二〇一六年度より制度施行となった「企業主導型保育所」制度に基づき、公的補助を受けて運営される乳幼児部が二〇一八年三月より開園している。[27] 先に、総面積が九州に相当するオランダには、百を超えるシュタイナー学校が存在していると書いた。福岡の地に生誕した九州で唯一のシュタイナー学校となる同校が、オランダのごとき普及史の冒頭に綴られる日が来ることを切に願う。

以上、見てきたように、これらの七校は世界じゅうの多くのシュタイナー学校と同様に、それぞれの地域で有志の人々が自ずと集い、ともに手を携えてさまざまな難題を克服しながら、草の根の苦労の末に設置してきた。その一方、各々の設置が場所的にも時期的にも異なっていたため、特にその設立が早かった学校は当然のことながら、ドイツやアメリカを中心とする先輩校や関係者らと連絡することはできても、国内において「横（学校間）の連携」を充分に得ることが久しく叶わなかった。

しかし、その状況にも徐々に変化が訪れる。その変化は前述七校の協働事業、日本シュタイナー学校協会の設立をもって実を結ぶ。その経緯については、先に紹介した横浜シュタイナー学園事務局の佐藤氏（現在、同協会事務局を兼務）が、前掲の吉田氏らによる資料Ⅱにおいて詳しく報告している。[28] 筆者も佐藤氏より直接お話を伺うことができた。以下、その内容を要約しておこう。

佐藤氏によれば、発端は二〇〇二年一二月、永田町の衆議院会館で「ＮＰＯ学校は可能か」と題して開催された市民集会だった。前述の構造改革特区制度に伴い、ＮＰＯ法人立の学校が正式に認可される道筋を考えるための集会で、佐藤氏をはじめ日本のシュタイナー関係者も参加し、会場の衆議院議員会館会議室からあふれるほど市民が集まったと言う。特区室や経産省、そして文科省の担当者と熱い議論が繰り広げられ、この集会を機に前述の二つのシュタイナー学校（シュタイナー学園といずみの学校）や、奥地圭子氏率いる東京シューレといったグループが、学校法人格の取得に向けて歩み始めた。その歩みの過程で、シュタイナー学校関係者の間でも情報交換の場を設けようとの機運が高まり、この目的で二〇〇四年四月二五日に開催された有志の会合では、学校運営全般を含めた情報交換の場の必要性が確認された。同年七月三一日、東京賢治の学校において、「全国シュタイナー学校運営連絡会」が正式に発足。この連絡会は日本シュタイナー幼児教育協会とも連携しながら、年三回のペースで各校を精力的に巡回し、学校間のつながりを確かなものとしていった。二〇一一年になると、東日本大震災のような未曾有の事態に耐えてゆく仕組み作りの必要性が関係者の間で認知され、翌年四月一日、全国のシュタイナー学校の教員や運営者が横浜シュタイナー学園に集った。「学校間のつながりのなかでの質保証」や「共同の意思決定」の必要性が確認され、同年八月、「学校間の横のつながりを強化し、それを軸に外の架け橋を構築するためのシュタイナー学校・教員運営者合同会議」準備会が発足。以降三回の同準備会開催を経て、ついに二〇一三年八月、「日本シュタイナー学校協会」が成立した。

佐藤氏によれば、協会発足に至る右の過程は、主として「学校運営者」のつながりによるものであったが、これと同時に展開したもうひとつの潮流、すなわち「教員どうし」のつながりがもたらした潮流も大きな機運になったと言う。二〇〇五年四月二九日から五月五日にかけて、台湾において「アジア太平洋ヴァルドルフ教員会議」という国際大会が開催され、日本からは五校の教員が参加した。佐藤氏は当時の状況を次のように振り返る。「普段、顔をあわす機会のなかった五校の教員が、国際会議の場で親密に語り合い、日本の文化紹介の出し物を共同でつくりあげた体験が、日本の学校間の教育的なつながりを用意したのです」（傍点は筆者）。このドラマティックとも言える出会いは、同年八月の「全国ヴァルドルフ教員の集い」開催につながった。第一回となった集いの会場は、藤野の地で最初の年を歩み始めていた学校法人シュタイナー学園であった。

二〇一八年六月現在、同協会はシュタイナー学園に事務局を置き、代表は同学園の初代校長・秦理絵子氏が務めている。副代表には京田辺シュタイナー学校の中村真理子氏、専門会員には協会代表の秦氏（海外担当コーディネーター）のほか、先に紹介した吉田敦彦氏（国内担当コーディネーター、教員養成担当）、今井重孝氏（領域横断コーディネーター）、安藤しおり氏（ヴァルドフル１００コーディネーター）、計四名が名を連ね、さらには各校の代表者らが世話人として多数参画。こうした役員・運営グループ・事務局体制のもと、七校が連携しながら日々の実践を展開している。協会パンフレット(29)の冒頭には、それぞれの共通の想いが次のように記載されている。

自由への教育
点数で はからない教育
芸術としての教育
自分で感じ、自分で考え、自分で行動する教育
子どもたちの周りにはいつも、たくさんの色、音楽、詩があります

注

（1）遠藤孝夫（二〇〇四）『管理から自律へ　戦後ドイツの学校改革』勁草書房、参照。

（2）次の報告書に基づいて筆者が作成。Vgl. Bund der Freien Waldorfschulen e.V.（hrsg.）(2003)，Übersicht über die nach der Pädagogik Rudolf Steiners Arbeitenden Schulen und Lehrerbildungsstätten, Vgl. Bund der Freien Waldorfschulen e.V. (hrsg.),（2008）WELTLISTE der Waldorf- und Rudolf-Steiner-Schulens sowie der Lehrerbildungsstätten, Vgl. Bund der Freien Waldorfschulen e.V.（hrsg.）(2013/2018)，Waldorf World List.

（3）Vgl. Bundesministerium für Bildung und Forschung（BMBF），Schüler/-innen an allgemeinbildenden Schulen nach Klassen- bzw. Jahrgangsstufen, Bildungsbereichen und Schularten 1960/1961-2017/2018.

（4）Vgl. BMBF, a. a. O.

（5）Vgl. BMBF, a. a. O.

（6）Vgl. BMBF, a. a. O.

（7）Vgl. BmBF, Absolventinnen/Absolventen von allgemeinbildenden Schulen nach Schularten und Art des Schulabschlusses 1999-2017.

（8）ドイツ全体の一八歳人口については次の資料を参照した。Vgl. BMBF, Bevölkerung in Deutschland nach Alter und Geschlecht 1990-2017. また各学年の在籍者数については次の資料を参照した。Vgl. BMBF, Schüler/-innen an allgemeinbildenden Schulen nach Klassen- bzw. Jahrgangsstufen, Bildungsbereichen und Schularten 1999/2000-2017/2018.

（9）Heiner Ullrich, Rudolf Steiner, the quarterly review of comparative education, UNESCO: International Bureau of Education, p.9.

（10）これらの学校一覧は、「公立シュタイナー学校同盟」の公式ウェブサイト（http://www.allianceforpublicwaldorfeducation.org/find-a-school/）で閲覧可能である。

（11）LAURA PAPPANO（2011)，Waldorf Education in Public Schools (Harvard Education Letter), Harvard Graduate School of Education.

(12) David Mitchell and Douglas Gerwin (2007). Survey of Waldorf Graduates Phase II, Research Institute for Waldorf Education, 9.

(13) Id. at 16.

(14) Id. at 28. なお、この平均値は極端値（最大値・最小値）を除いた統計処理値であることが原文中で注釈されている。

(15) Diane Friedlaender, Kyle Beckham, Xinhua Zheng, and Linda Darling-Hammond (2015). Growing a Waldorf-Inspired Approach in a Public School District, Stanford Center for Opportunity Policy in Education.

(16) 前掲の表1に示した二〇一八年現在の各国シュタイナー学校数をもとに、わが国の外務省が本稿執筆時点において公表する各国総人口の数値から筆者が集計。なお、プエル・トリコ自治連邦区の人口は米国国勢調査局の公表値を用い、本邦外務省が公表するアメリカ合衆国の数値から差し引いた。

(17) リヒテルズ直子（二〇〇四）『オランダの教育』平凡社、一二頁。

(18) リヒテルズ直子、前掲書全般を参照。傍点は筆者。特にオランダ全般の制度事情については「第一章　百の学校に百の教育」より、またシュタイナー学校については「第二章　オールタナティブスクールとその影響」（六九頁以降でシュタイナー教育）よりその趣旨を箇条書きのかたちで要約した。

(19) 吉田敦彦編著、今井重隆・西平直ほか著（二〇一二）『日本のシュタイナー学校Ⅰ〈社会とのつながり〉資料編（～２０１２）』せせらぎ出版（以下、資料Ⅰ）、および（二〇一六）『日本のシュタイナー学校Ⅱ〈架橋のこころみ〉資料編（二〇一二～〇一六）』せせらぎ出版（以下、資料Ⅱ）。この二つの資料集は次の科研費プロジェクトによる。資料Ⅰについては平成二〇～二三年度・日本学術振興会科学研究費補助金基礎研究（C）（一般）（課題番号：２０５３０８６２）「ホリスティック教育学の観点による日本のシュタイナー学校の実践事例に関する研究」（研究代表者・吉田敦彦、研究分担者・今井重隆／西平正、ほか研究協力者四名、研究補助員三名）。資料Ⅱについては平成二四～二七年度・同上（課題番号：２０５３０８６２）「日本のシュタイナー学校における公共的総合的な教育課程と自己評価方の開発と検証」（研究代表者・吉田敦彦、ほか研究分担者四名、研究協力者として各校関係者四名を含む計八名）。この資料集は、日本のシュタイナー学校の児童・生徒数の推移、各校の詳細な設立経緯、学校法人認可申請手続きの過程、ユネスコスクール認定の過程、ＮＰＯ立学校への公的支援、協会設立経緯、そして実践の様子等、わが国のシュタイナー教育全般に対する緻密な調査に基づき、体系的な整理を行った最初の研究成果であると思われる。

(20) 広瀬俊雄・秦理絵子編著、前掲書、第Ⅶ章2「日本初の公認・シュタイナー学校――学校法人シュタイナー学園の誕生」、二二五―二四九頁。本稿該当部分の記述に際しても秦氏によるこの論考を要約して記した。

(21) 吉田ほか、前掲資料Ⅱ、一五～三〇頁参照。当該頁では同校設置趣意書等の申請書類が掲載されている。

(22) この段落の記述は主として東京賢治シュタイナー学校ホームページを参照し、特に重要と思われる箇所はそのまま引用して鉤括弧を付した(https://www.tokyokenji-steiner.jp/about/sousetsusya/)。

(23) いずみの学校ホームページ(https://hokkaido-steiner.org)参照。

(24) NPO法人京田辺シュタイナー学校ホームページ(https://ktsg.jp/school/michinori/)参照。

(25) NPO法人横浜シュタイナー学園ホームページ(https://yokohama-steiner.jp)参照。

(26) NPO法人愛知シュタイナー学園ホームページ(http://aichi-steiner.org)参照。

(27) NPO法人福岡シュタイナー学園ホームページ(http://www.fukuoka-steiner.org)参照。

(28) 吉田ほか、前掲資料Ⅱ、『日本シュタイナー学校協会』設立の経緯」、九～一一頁。

(29) 日本シュタイナー学校協会パンフレット、二〇一七年二月発行版。

3

シュタイナー学校とＩＣＴ教育
――アメリカを中心に――

広瀬綾子

セバストポール・チャーター・ヴァルドルフ学校（アメリカ・カリフォルニア州）
Sebastopol Charter（Public Waldorf School, California）
http://www.sebastopolcharter.org/?/curriculum/technology

1　はじめに

今日ではテレビやパソコン、携帯電話のない生活を想像することは不可能である。総務省の「情報通信白書」（平成三〇年度）によると、世界のスマートフォンの出荷台数は、一五億台を超え、タブレットは一・七億台にのぼる。わが国においても、パソコンやタブレットの導入、電子黒板、電子教科書といったデジタル教材の活用が進み、二〇二〇年度から小学校においてプログラミング教育が必修となった。一方、こうしたコンピューターを用いた学習や活動は、子どもの学力向上や人間形成にどのような効果をもたらし、また、どのような弊害やリスクをも考慮に入れなければならないのか、検証はなされていない。

こうした中で二〇一一年一〇月、「コンピューターを使わないシリコンバレーの学校（A Silicon Valley School That Doesn't Compute）」との見出しで、シュタイナー学校がニューヨークタイムズ紙に取り上げられ、大きな注目を集めた[(1)]。IT企業が集積するシリコンバレーで、グーグルやアップル、ヤフーなど、いわば世界最先端のIT技術の開発に従事している社員たちが、こぞって自分の子どもを、この「コンピューターを使わない」学校に通わせているというものである。この事実は日本においても注目され、NHKクローズアップ現代（二〇一九年四月二五日放送）では、「AI時代の仕事と教育」の特集の中で、「ITエリートが通わせる学校 意外な教育法」として、シリコンバレーにおけるこの学校が取り上げられた。世界最先端のIT技術の開発に従事している人々が、自分の子どもを「コンピューターを使わない」シュタイナー学校に通わせるのは、この学校では、子どもたちが想像力や創造性、主体的な思考力などの核心的な能力を成長させることができ、こうした能力を学童期に身につけることは、IT機器や情報通信技術に精通するよりはるかに重要であると考えるからである[(2)]。

シュタイナー学校とICT教育の関係について言えば、上述のニューヨークタイムズ紙の記事が示すように、この学校では、コンピューターなどの情報機器は一切使用しないというのが従来の大きな見方であった。しかし、近年の急速なIT技術の進歩にともない、シュタイナー学校においても、コンピューターを含むIT機器や情報通信技術を導入した教育が行われるようになった。低学年・中学年（一～八学年）では、IT機器を用いた学習は行われないが、高学年（九～一二学年）では、IT機器や情報通信技術を用いた授業が必須となっている。これらは、シュタイナーの人間観および子どもの発達についての深い認識に基づくものである。シュタイナー学校では、子どもの発達段階に応じたカリキュラムの中で長期的な視野に立ち、ICT教育に向き合うのである。

本章では、IT技術の先進国であるアメリカのシュタイナー学校を取り上げ、シュタイナー学校がICT教育をどのようにとらえ、いかに向き合っているか、また、高学年ではどのようなICT教育が行われ、これを支えるシュタイナーの理論とはいかなるものかを明らかにしたい。

2 アメリカのシュタイナー学校におけるICT教育

すでに述べたように、ニューヨークタイムズ紙は、シリコンバレーにあるペニンシュラ・ヴァルドルフ学校(3)を「コンピューターを使わないシリコンバレーの学校（A Silicon Valley School That Doesn't Compute）」との見出しで取り上げた。その内容は以下である。

アメリカ合衆国に約一六〇校あるヴァルドルフ学校のうちの一つ、ペニンシュラ・ヴァルドルフ学校では、身体活動や創造的な手仕事を通しての学びを重視する教育哲学が推奨されている。この学校の主な教授手段は

> 少しもハイテクではない。ペンや紙、編み物、そして時折、泥も使う。コンピューターは見られない。スクリーンも全くない。これらは教室での使用が認められておらず、家庭で使うことも良しとされていない。（中略）地域の他の学校はネット環境に接続された教室を自慢する一方で、シュタイナー学校はシンプルでレトロなものを採用している。黒板やカラフルなチョーク、本棚に百科事典、木製の机にはワークブックが置かれている。(4)

このように、シュタイナー学校では、とりわけ低学年および中学年では、テレビやパソコンなどの情報機器、および画像や映像を授業で一切使用しない。また、オンライン授業などが行われることもない。シュタイナー学校の低学年および中学年でＩＴ機器や情報通信技術が用いられないのは、ＩＴ技術の導入によって、身体活動、創造的な思考、想像力、批判的思考力、他者との人間関係の構築などのいわゆる「非認知能力」の発達が阻止される、とみなされているからである。一九九三年から一九九七年までゴア元副大統領の政策アドバイザーを務め、クリントン政権の情報教育政策を監督していたというＧ・サイモンは、当時、自身の子どもをシュタイナー学校に通わせていたことに言及し、その理由を「人生における成功は、すぐに時代遅れとなる科学技術を学ぶより、想像力を発達させることの方にかかっている(5)」と述べ、「子どもたちに、頭だけでなく、手、心、身体を通して世界を経験させせよ(6)」と述べた。

一方、多くのシュタイナー学校の高学年では、一転してＩＴ機器や情報通信技術を用いた授業が必須である。シュタイナー学校の高学年におけるＩＣＴ教育は、一週間に一、二回程度、四五分間の授業で行われたり、毎日九〇分、三～四週間かけて行う、この学校独自の周期集中授業（エポック授業）として行われることもある。(7)ＩＴ機器や情報通信技術を用いた授業は「コンピューター・カリキュラム（computing curriculum）」と呼ばれ、その内容は以下に示すように多岐にわたる。ＩＴ関連の授業を担当するのは、コンピューター専任の教師、または

数学や科学の教師である。(8)

シュタイナー学校のＩＣＴ教育は、大きく以下の四つに分けることができる。その一は、基本的なコンピューター技術を身につけることを目的とするものである。たとえば必修科目として、「コンピューター概論（Introduction to Computers）」「パソコンの使い方について（Using the Personal Computer）」「タイピング（Typing）」「ワード入力（Word Processing）」「キーボードの使い方（Using a Keyboard）」といった科目がこれらに相当する。(9)

シュタイナー学校でのパソコンを使った授業風景
ヴァンズベック・ルドルフ・シュタイナー学校（ドイツ・ハンブルク）
（Rudolf Steiner Schule Hamburg-Wandsbek, https://waldorfschulewandsbek.de/paedagogik/fachbereiche/computerkunde/）

ここでは、Windows や Apple のソフトウェア、ワード、エクセルなどの基本的なソフトを使いこなせるよう学習する。またE-mail の作成や送受信、文書作成、プリントアウトの仕方などの基本的なコンピュータースキルを身につける。こうした授業は主に、ＩＴ機器や情報通信技術を用いた学習が始まる九学年において行われる。

その二は、「プログラミング（Computer Programming）」およびＩＴ技術を活用したより高度な活動である。アメリカの多くのシュタイナー学校の高学年では、プログラミング学習が必修であり、Java 言語やスクラッチ言語などのプログラミング言語を学びながら、たとえば自分たちのクラス旅行に必要な予算を割り出す簡単な計算プログラムなど、さまざまなプログラムを作成する。(10) さらにＩＴ技術を活用した応用的かつ高度な内容が選択科目となっている場合が多い。ウェブデザインやデジタル映像、デジタル音楽の制作、他のメディア機器との統合、手書きの絵をPCでデジタル化する作業などのデジタルとアナログの融合（コンピュータ―デザイン）などである。[11]

その三は、コンピューターが作動するメカニズムや仕組みを学ぶことを目的とするものである。コンピューターの作動システムについて学ぶ「コンピューターサイエンス入門（Intro to Computer Science）」や「インフォメーション・テクノロジー（Information Technology）」などの授業がこれらに相当する。ときには、コンピューターそのものを分解し、接続部品や配線の具合などを調べ、コンピューターを支える高度な技術の一端に迫ることもある。

その四は、「コンピューターリテラシー」あるいは「デジタルリテラシー」いわゆる情報モラルについて学ぶことを目的とするものである。これらは「メディア・リテラシー（Media Literacy）」および「情報倫理（Cyber Civics）」の授業名でカリキュラムに組み込まれている。[12]

「シュタイナー学校のカリキュラムは、従来の伝統によりかかるべきではなく、現代の生活の要請から生じてくるものでなければなりません[13]」との言葉に示されるように、この学校のICT教育は、子どもたちが、今日のデジタル世界で生活できる能力を獲得することを目指している。[14] ヴァルドルフ教育研究者G・シュトラウベは、今、まさにシュタイナー学校の存在価値が試されている「試金石（Prüfstein）[15]」であるとみて、今日の高度テクノロジー社会におけるシュタイナー学校のあり方を、次のような言葉で述べる。「今日の技術化、デジタル化された職業に、若い人たちが時代に応じてふさわしい準備ができるかという問いは、シュタイナー学校の存在価値を考えると、根本的に考えられなければならない問いである[16]」。

3　シュタイナー学校におけるＩＣＴ教育の方法原則

シリコンバレーのあるカリフォルニア州では、すべての公立・私立学校で学習環境のＩＣＴ化が進み[17]、最新のＩＴ機器やソフトウェアが導入され、全米屈指のＩＴ先進校がいくつもある。二〇一五年一二月、オバマ前大統領は、「コンピューターサイエンス（Computer Science）」を義務教育における必須科目として正式に位置付けた[18]。これらの背景には、ＩＴ技術の著しい進化にともない「子どもたちが実社会に出る前にコンピュータに慣れておく必要がある[19]」、「コンピュータを用いた学習は早ければ早いほどいい[20]」との見方があり、公立学校の小学校段階では、あらゆる科目を学ぶ際に必要なツールとして、また、中学校・高校段階で行われる高度で専門的なＩＣＴ教育への備えとして、ＰＣスキルを身につけるための科目が必須である。今日、テクノロジーを駆使する能力は、子どもが低年齢時から習得しなければならない、必須の新たな基礎能力であるとみなされるようになったのである。

一方、シュタイナー学校では、初等教育の段階（児童期）では、授業や教育活動にＩＴ機器や情報通信技術は一切用いられない。国際ヴァルドルフ教育フォーラムは、二〇一八年五月、「デジタル化時代の子どもの教育憲章」（Pädagoginnen und Pädagogen und die Digitalisierung der Kindheit - Charta der Internationalen Konferenz der Waldorfpädagogischen Bewegung）を採択し、コンピューターを導入したシュタイナー学校の教育のあり方について次のように言及した。「子どもの発達の課題と成長の歩みに基づくメディア教育のカリキュラムは、幼児期と小学校低学年では、原初的な実際の体験に重点を置く。たとえば手で書くことなどアナログメディアもそこに含まれる。この基礎の上に、後の学年において、デジタル機器を用いたメディアの学習を積極的に構築する[21]」。

シュタイナー学校の教師たちは、ＩＣＴ教育に対する見方や取り組みに際して、シュタイナーによる人智学的

シュタイナー学校での教師の指導
（P. Loebell（hrsg.）: Waldorfschule heute, 2011）

人間学・子ども観、つまり人間・子どもを身体（Leib）、魂（Seele）、および霊（Geist）からなる存在とみる見方、そして年齢の経過とともに変化するこの三つの結合関係から導き出される三つの時期、すなわち幼児期（〇～七歳）、児童期（七～一四歳）および思春期・青年期（一四～二一歳）の本性の特徴をその方法原則に据える。シュタイナーによる人智学的人間学・子ども観の根底にあるのは、子どもには、幼児期、児童期および思春期・青年期のそれぞれの時期に著しく発達するもの、およびその時期に特有の欲求や、育まれるべき力があり、それらを満たすことがその後の発達や成長にとって不可欠である、との見方である。このことをシュタイナーは、次のような言葉で述べるのである。「正しい時期に学習するということが人生にとってどれだけ深い意味を持っているか。正しい時期に正しい授業を行うことは、その後の人生全体のために配慮をすることなのです[22]」。

すでに述べたように、シュタイナー学校では、ＩＴ機器や情報通信技術を用いた学習を始めるのに「正しい時期」言い換えれば「ふさわしい時期」は、高学年以降であるとされ、それ以前の児童期でＩＴ機器を用いることは適切ではないとされる。それは、児童期でＩＴ機器や情報通信技術が用いられた場合、児童期に著しく発達する力およびその時期に特有の欲求や、育まれるべき力が阻害され、その後の発達や成長に悪影響をおよぼす可能性があるとみなされるからである。「健全なメディア教育（Medienerziehung）は、子どもの発達段階を考慮することから始まる[23]」。以下、シュタイナーによる見方に基づき、児童期に著しく発達する力およびその時期に特有の欲求や育まれるべき力とＩＣＴ教育との関係について、詳しく述べたい。

4　児童期では、IT機器や情報通信技術を用いない

（1）感情、意志の力をはぐくむ原体験、直接体験の機会を奪う

シュタイナーによれば、児童期は、思考・感情・意志に代表される「魂」が著しく発達するが、この発達をうながすのは、原体験および直接体験である。それゆえ、シュタイナー学校では、楽器演奏や編み物、木工、演劇、農園での麦の種まきなどの原体験および直接体験を重視する。子どもの思考、感情、および意志は、コンピューター上での疑似体験や間接体験によってではなく、原体験および直接体験によって、その発達がうながされるとみなされるからである。

たとえばシュタイナー学校の第六学年では、地理の授業の一環として、「鉱物学」を学ぶ。子どもたちは実際に鉱山や渓谷に行き、ハンマーを使って石を割り、化石を探したり、花崗岩、石灰岩などの岩石を採取する。[24] また、山道を歩きながら、石灰岩の大地が水に侵食される様子などを観察したり、氷河や地層をスケッチする。シュタイナー学校の鉱物学の学習で大切にされているのは、このように、原体験・直接体験を用いた学習活動であるが、それは、このような原体験・直接体験が、子どものうちに五感を用い、全身で味わう「驚き」や「感動」といった感情を沸き立たせ、自然や科学に対する興味・関心や探求心といった意欲や思考の形成を促すからである。シュタイナー学校では、写真や画像、iPadなどIT機器を用いて岩石を観察したり、インターネットで調べたりする学習は行われない。植物学や動物学、地理、物理などの学習活動にあっても、児童期ではIT機器が用いられることはないが、それは、画像やインターネット上での学習すなわち間接体験、疑似体験では、子どもの感情や意志の力は育たない、とされるからである。

文字の習得にあたっても、シュタイナー学校では、徹底した原体験・直接体験を重視する。すでに述べたように、アメリカの公立小学校ではワード、エクセルなどの基本的なコンピュータースキルを身につける「コンピューターサイエンス」が必須科目であり、子どもたちはワードソフトを用いて、すなわちアルファベットをコンピューターの画面上にキーボードで入力する授業を通して文字の学習を行う。一方、シュタイナー学校のとりわけ低学年では、コンピューターを一切用いない。子どもたちは、アルファベットを色とりどりのクレヨンで大判画用紙に自分の手で描く。キーボードでの文字入力を子どもたちが習得するのは、ずっと後になって、すなわち青年期である。重要な方法原則は、「まず実物を、次にアナログを、最後にデジタルを[25]」である。

シュタイナー学校の一年生における文字の習得の授業では、文字を書く学習・授業に入る前にまず行われる重要な学習がある。それは、単純な直線や曲線を用いて角、円、らせん形、楕円などさまざまな「かたち」を色とりどりのクレヨンで画用紙の上に描くこと、すなわち「フォルメン線描」とよばれる活動である。「アルファベットの字形はすべて、なんらかの図形や表象から生じたものである。（中略）書き方を教えるときには、形、特にアルファベットの字形の芸術的な「フォルメン線描」から始めなければなりません[26]」。

絵画的な線描学習「フォルメン線描」から文字に進む方法の特徴は、さまざまなかたちや色彩を用いて描き書くがゆえに、指・手を動かす時間がきわめて多いことにある。思いどおりの直線や曲線、正確な形を描くには、強力な「意志」の力が必要である。シュタイナーによれば、こうした絵画的な線描学習は、魂の中のとりわけ「意志」の力をめざめさせその発達を強く促すものである[27]。指・手を動かして学ぶ文字の学習、すなわち原体験および直接体験による文字の学びとは対照的に、キーボード入力を中心とするコンピューターを用いた文字の学習では、指や手全体を使うことはなく、意志の力は育たない。

（2） 教師を必要としないコンピューター学習

シュタイナー学校における児童期では、この学校の特徴の一つである八年間一貫担任制にみられるように、教師の存在がきわめて大きい。この学校で教師の存在を重視するのは、以下の二つの理由による。

一つ目は、シュタイナーによれば、児童期の子どもが自己の全体を権威者（教師）に従うことによって、発達させようとする本性を持つからである。シュタイナーによれば、児童期の子どもは、自分を投げ出して従っていくことのできる、信頼と尊敬に値する権威者を自分の側に持ち、この権威者について成長したいとの欲求を強く持つ。「七歳から思春期までの子どもは、権威ある存在の下で、知るべきこと、感じるべきこと、欲するべきことを学ぼうとしています」[28]。児童期の子どもはこのような本性を持つがゆえに、子どもが権威者すなわち教師と触れ、教師の人格に出会いこれを吸収することは何より重要である。

二つ目は、教師と子どもの結びつきが、「普遍的な人間愛（allgemeine Menschenliebe）」すなわち道徳性の育成につながるとみなされているからである。「権威者」を得た子どもの中に生まれるのは、教師への厚く深い信頼と尊敬の念であるが、この信頼と尊敬の念はことのほか重要である。シュタイナーによれば、ここから「教師への愛」が生まれてくるからである。「……権威者のもとでこそ、第二の徳性すなわち愛は成長するのです」[29]。子どもは教師を心から信頼し、深く尊敬するようになると、教師が大好きになり、教師を愛するようになる。シュタイナーによれば、この教師への愛を呼び起こすことはきわめて重要である。というのも教師への愛が生まれてくると、子どものうちに、クラスの級友を愛する友愛すなわち「普遍的な人間愛」が育つからである[30]。シュタイナー学校では、子どもと教師の厚く深い信頼と尊敬の念で結びついた関係を築くことは、「普遍的な人間愛」すなわち「道徳性」の育成につながるがゆえに、とりわけ重視される。道徳性の育成は、後述する「情報モラル」や「情報倫理」の育成とも深いつながりがあるがゆえに重要である。

以上の二つの理由より、シュタイナー学校における教師の重視は、あらゆる授業や教育活動においてなされなければならないものであるが、ＩＴ機器を用いた学習では、教師が必要とされないことが多い。コンピューターを用いた学習で子どもたちが向き合うのは、教師ではなく、コンピューターの画面である。子どもたちはコンピューターを作動させ、次々と現れる画面に従って画面を操作していく。アメリカの公立学校のある教師は、授業で教師が話す時間が減少し、その代わりに生徒にインターネット検索や学習ソフトを利用した学びを増やした結果、「知識を教える」という従来の概念による教師としての役割は消滅し、自らの役割が「コーチ」のようなものへ変化したと述べた[31]。また、子どもが大人の情報世界に容易にアクセスできるようになったため、教師の権威も危うくなったという[32]。これは、教師の存在が希薄にならざるを得ず、子どもたちが、教師の考えや人格に触れる機会を失いつつあることを意味している。コンピューターを用いた学習では、子どもの、教師の生きた魂・人格に接したいという欲求、そしてこれを吸収しながら、権威者について成長したいという欲求は満たされない。それゆえ、児童期では教師を必要としないコンピューター学習は行われないのである。

（3） 想像力の発達が阻害される

シュタイナーによれば、子どもは七歳を過ぎると、物事を想像する力すなわち想像力が以前よりも一段と活発に活動し始める。とりわけ九歳ごろまでの時期では、この想像力が他のいかなる時期よりも活発に活動する。シュタイナーは「シュタイナー学校では、人間の周囲の事物に関することがらのすべてを、第一学年の子どもには、想像力によって学ばせるようにしています[33]」と明言する。それゆえシュタイナー学校では、教師のお話や物語を聞いたり、絵を描く活動などを通して、想像力の育成に力を入れる。たとえば郷土科の授業では、教師がその土地に生息する動物や植物、山や川についての物語を聞かせ、イメージ豊かにその場面を絵に描く。豊かな想像力を持った権威者・教師のもとで想像の世界に生きることは、児童期において何より大切であるとみなされる。ニューヨークタイムズ紙のみならず、ガーディアン紙もまた、「コンピューターを使わない学校」としてシリコンバレーのシュタイナー学校を取り上げたが、そのタイトルは、「Tablets out, imagination in: the schools that shun technology」（タブレットを排除し、想像力を取り入れよ：テクノロジーを避ける学校）[34]との見出しで、「想像力」の重要性を強調したものであった。

シュタイナー学校で、コンピューターや映像機器などの視聴覚機器が用いられないのは、これらが子どもの「想像力」の発達を阻害すると考えられているからである。次々と繰り広げられる画像や映像は、子どもたちに想像力をふくらませる余地を与えない。スクリーンの画像や映像に依存することは、子どもたちが自分の考えや想像を視覚化する力を妨げてしまうことを意味する。[35]想像力は、「新しいものを生み出す創造的な力」[36]を生み出す。また、「既成の画像は、独立した思考人（independent thinkers）になるために必要な〝想像の筋力（imaginative muscle）〟をつける機会を子どもから奪う」[37]との指摘にみられるように、想像力は、青年期において著しく発達する「思考力」の形成にも大きな影響を与える。想像力は、創造力および青年期で著しく発達する思考力の双方の土台となるがゆえに、シュタイナー学校の児童期においては、想像力を十分に発達させることが不可欠である、とみなされているのである。

（4） コンピューターを用いた学習に不可欠な自立的・独立的な思考力および判断力は、児童期では未発達である

コンピューターおよびタブレットなどのデジタルメディアの急速な普及、そして私たちの日常生活への浸透は、効率性や教育の可能性をはじめとするテクノロジーの恩恵をもたらすと同時に、多くの弊害やリスクをもも

たらした。コンピューターゲームへの依存症、オンライン中毒、インターネット上での悪意ある書き込み、SNS上での誹謗中傷、出会い系サイトでのトラブル、フェイクニュース、写真など個人情報の流出・悪用など、子どもたちの心身に悪影響をおよぼすトラブルが後を絶たず、大きな社会問題となっている。こうした問題は、メディア時代を生きる子どもたちにとって避けて通ることができない道である。

急速に発展するデジタルメディア社会では、子どもたちが上述のような誘惑から自らを律する力、すなわち「自分のデジタルライフをコントロールする力」が強く求められる。同時に、「あふれる情報を取捨選択し、情報の真偽を判断する力[38]」やIT技術を適切に活用する能力が求められる。また、情報モラルや情報倫理についての理解も必要である。こうした力を身につけるにあたって不可欠なものが、自立的・独立的な思考力および判断力である。

シュタイナーによれば、この自立的・独立的な思考力および判断力の活動は、児童期においては活発ではない。かれによれば、児童期においては、すでに述べた「感情」の発達が主流であり、知的な思考力・判断力の活動はいまだ弱い。「思春期以前の子どもはまだ自分自身の判断を下すことはできません。まして、それ以前の時期に、子どもが自分で判断を下すのは不可能です[39]」。シュタイナーによれば、この「自立的・独立的な思考力および判断力」が本格的に活動するのは、後述するように、思春期以降、青年期に入ってからである。

子どもたちが、コンピューターを自らの意志で主体的に使いこなすには、自立した思考力および判断力が必要不可欠である。自立的に思考・判断することができるようなって初めて、子どもたちは、IT機器および情報通信技術の利便性と同時にリスクや弊害をも認識しながら、これらを使用することができるようになる。それゆえシュタイナー学校では、自立的・独立的な思考力および判断力が十分に育っていない児童期で、ICT教育が行われることはない。

5　青年期では、IT機器および情報通信技術を用いた授業が必須である

これまで述べてきたように、児童期での徹底したIT機器および情報通信技術の不使用に対して、九学年以降、多くのシュタイナー学校では、これらを用いた授業が必須である。シュタイナー学校の高学年でIT機器や情報通信技術を用いた学習を盛んに行い、これを重視する理由として、シュタイナーの見方に基づいて次の二つを挙げることができる。その一はIT機器や情報通信技術を用いた学習が、青年の内から湧き出てくる自然的欲求（Bedürfnis）、すなわち自身を現実の社会生活・実生活に接続させてこの中で成長したいという青年期特有の欲求を満たすからである。また、IT機器の操作や情報通信技術を習得することで、将来の生活のための準備、すなわち現代社会を生きるための力が育まれるからである。その二は、ICT教育が、青年期に著しく発達する思考力・判断力を強く促すとされるからである。以下、青年期の欲求、および青年期に著しく発達する思考力・判断力とICT教育との関係について述べたい。

（1）　青年の現実生活への接近の欲求を満たし、現代社会を生きるための力を育むICT教育

シュタイナーによれば、青年期の本性の特徴の大きな一つは、自身を現実の社会生活・実生活に接続させてこの中で成長させようと欲することである。シュタイナーはこの青年の欲求を「……人間の本性そのものによって要求される、生活における社会的な接続[40]」と表現し、また「……まさに人間の生涯の中の、思春期の時期では外的な現実の生活への移行も見出されるものです[41]」と述べる。

現実生活に接近しようとする青年の本性を教師はどのようにして育み満たすべきか。シュタイナーがその方法

として重視するのは、青年がたえずつながりを持っている実生活上の事物、つまり乗り物、住んでいる地域、生活必需品の製造工程……等々を理解し、これらについての知識を習得させることである。[42] また、単に知り理解し知識を持つだけではなく、実際に土地を測量したり、機械を動かすことが大切である。

シュタイナー学校におけるＩＣＴ教育は、こうした青年の欲求を満たすものである。今日、テレビやパソコン、スマートフォンなどのメディア機器なくしては、日常生活を送ることは不可能であり、パソコンや情報通信技術を使いこなすことは、高学年の生徒たちにとってきわめて実用的な活動である。[43] コンピューターに関する基本的な知識を習得し技術を身につけること、すなわち、ワード、エクセルなどのソフトを使いこなし、文書作成やメールの作成・送受信、プリントアウトの仕方などを習得することは、青年の、自身を現実の生活に接続させ、実技的なことや実用的な知識・技能の習得への欲求を満たすことに他ならない。また、こうしたＩＴ機器の操作や情報通信技術の習得は、シュタイナー学校を卒業したのち、現代社会、すなわち急速な発展を遂げる情報化社会を生きるにあたって必要不可欠であり、「人生への準備（preparing for life）」[44] である。シュタイナーは次のように述べる。「私たちは教育を通して、子どもの社会的、技術的な生活の欲求にも応じられるようにします。技術的な知識と技能を身につけ、自分の労働が社会にも自分にも意味あるものになれるように、人類社会と結びついて生きていけるように、教育します[45]」。

（2）　青年期に著しく発達する自立的・独立的な思考力・判断力を促すＩＣＴ教育

先に明らかにしたように、シュタイナーによれば、一四歳以前の児童期においては、すでに述べた「感情」および「意志」の発達が主流であり、知的な思考力・判断力の活動はいまだ弱い。また、この時期の子どもの特徴は、権威者につきしたがって学び自己を成長させたいという権威者への欲求を強くもっていることである。ところが、一四歳頃を境に、子どものうちに注目すべき変化が現れる。それは、シュタイナーによれば、権威者について成長したいとの欲求の減少・消滅および「自立的・独立的な思考力・判断力」の出現である。かれはこうした変化を次のように述べる。「子どもは思春期に入ると、……教師自身の判断を拒絶します」[46]。「思考は思春期においてはじめて独立的になります。それとともに私たちは正しい判断力をもつようになります」[47]。高学年でのＩＣＴ教育は、青年の思考活動に大きな刺激を与え、判断力の育成を活発にする。以下、シュタイナー学校におけるＩＣＴ教育の活動を三つ挙げ、青年期に著しく発達する思考力や判断力の育成との関係について述べたい。

一つ目は、「プログラミング（Computer Programming）」である。すでに述べたように、アメリカの多くのシュタイナー学校の高学年で必修となっているプログラミング学習では、プログラミング言語を用いて、さまざまなプログラムを作成する。周知のように、プログラミングとは、人間の意図した処理を行うようにコンピューターに指示を与え、設計者の意図であるプログラムに従い、高度な処理を遂行できるようにすることである。プログラムの作成にあたっては、プログラムがイメージどおりに動くよう、自分の意図することを、論理的に考えていく思考が重要である[48]。プログラムを、意図したとおり稼働させるのは容易ではなく、論理的に破綻していればプログラムは動かない。その都度生じる問題が、「論理的に考えなければならないステップ（logische Schritte）[49]」であり、繰り返し試行錯誤が求められる。このようにプログラミング教育では、論理的思考が強く求められるがゆえに、これを行う青年の思考活動を刺激し、活発にするのである。

二つ目は、コンピューターの分解や組み立てを行う学習である。すでに述べたように、シュタイナー学校では、コンピューターそのものを分解し、接続部品や配線の具合などを調べ、コンピューターを支える高度な技術の一端に迫る学習が行われる。コンピューターの分解や組み立てを行うこと、すなわちコンピューターが作動するメカニズムやコンピューターの基本的な仕組みを学ぶことは、コンピューター技術を支える原理や法則を理解することであり、この学習活動が青年の思考力に強く働きかける。コンピューターとは何か、なぜこれを使うのか、コンピューターは何をするのか、コンピューターの機能と人間の思考はどのような関係にあるのか、コンピューターがおよぼす人間社会や個人への影響とはいかなるものか。[50] こうした問いに向き合うことによって、生徒たちは科学技術が「人間の知性による産物である」[51] ことを実感すると同時に、「人間の思考能力によって理解され、統制され得るものである」[52] ことを理解する。また、コンピューターが作動するメカニズムやコンピューターの基本的な仕組みを学ぶことで、「コンピューターの奴隷になる（become slaves to computer）」[53] ことやコンピューターに「ハイジャック（hijack）」[54] されること、すなわち情報に翻弄されたり、過度に依存することを回避し、主体的なコンピューターの使用が可能になる。

コンピューターを分解し、構造や仕組みについて学ぶシュタイナー学校の生徒：サスケハナ・ヴァルドルフ学校
(Susquehanna Waldorf School, Pennsylvania, LANCASTERONLINE, 2019)

三つ目は、「メディア・リテラシー（Media Literacy）」といったいわゆる情報モラルについて学ぶことを目的とする授業である。マサチューセッツ州のモレイン・ファーム・ヴァルドルフ学校では、「情報倫理」の時間にある問題を取り上げた。[55]「フェイクニュース」すなわち虚偽の情報でつくられたニュースである。この学校の教師は、インターネット上のある「フェイクサイト」を生徒たちに提示した。「ホエールウォッチング」を取り上げ

た記事であり、写真には、水しぶきをあげて泳ぐクジラと、船上から望遠鏡を使ってホエールウォッチングをしている観客がともに写っている。記事の見出しは次のようになっている。"The Great Lakes is a fantastic place to observe the annual whale migration"（五大湖は例年、クジラの回遊を観察できる素晴らしい場所である）。生徒たちはこの記事について話し合っていたが、しばらくして、ある生徒が次のように発言した。「ちょっと待ってよ、湖に本当にクジラがいるの？」。上に述べたように、思春期を過ぎた生徒たちの中では権威者への欲求は消滅し、自分の力で物事の真偽を判断したり、思考したりすることができるようになる。自立的・独立的な思考力・判断力の出現である。ＯＥＣＤ（経済協力開発機構）のアンドレアス・シュライヒャー教育・スキル局長は、「インターネットの時代には、大量の不確かな情報の中で自分の考えを導いていく経験が必要だ」[56]と述べる。情報モラルや情報倫理について学ぶ中で、生徒たちは自立的・独立的な思考力・判断力を活発に活動させるのである。

6 おわりに

以上、アメリカにおけるシュタイナー学校を中心に、この学校のＩＣＴ教育について明らかにした。その特徴は以下の二点に要約することができる。（1）児童期では、授業や教育活動にＩＴ機器や情報通信技術を一切用いない。その理由は、①感情、意志の力をはぐくむ原体験および直接体験、②想像力の育成、③教師と子どもの信頼関係の構築、を重視し、ＩＴ機器や情報通信技術を用いた学習はこれらを妨げるとみなされているからである。また、ＩＴ機器や情報通信技術を用いた学習に不可欠な自立的・独立的な思考力および判断力は、児童期では未発達である。（2）九学年以降、多くのシュタイナー学校では、ＩＴ機器および情報通信技術を用いた授業が必須である。青年期におけるＩＣＴ教育の重視は、①青年の現実の社会生活・実生活への接近の欲求に基づくとともに、現代社会を生きるための力を育む、②ＩＣＴ教育が、青年期に著しく発達する思考力・判断力を強く促すとの見方に基づく。

シュタイナー学校で重視されているのは、ＩＴ機器や情報通信技術を用いるか用いないかではなく、発達段階のどの時期に、これらを用いた学びを導入すれば、それが子どもたちの成長のための力になるかという課題である。これまで述べてきたように、児童期においては、原体験・直接体験の重視および想像力の育成、教師と子どもの信頼関係の構築が重視されるがゆえに、これらを妨げるコンピューター学習は行われない。一方、青年期においては、現代社会を生きる上で不可欠なものとして、ＩＣＴ教育を積極的に導入する。適切な時期にＩＴ機器や情報通信技術を用いれば、これらを取り入れた学習は子どもたちの成長のための大きな力となるが、そうでなければ、子どもたちの成長を妨げるものとなってしまう。シュタイナー学校におけるＩＣＴ教育は、わが国におけるＩＣＴ教育、すなわち早い時期から、コンピューターを用いた学習が必要であるとの見方、ならびに論理的思考力を身につけさせようと、小学校段階でプログラミング教育の導入・充実を急ぐわが国のＩＣＴ教育に一石を投じるものであろう。世界各国の学校現場で、「コンピューター学習（computer lerning）を取り入れるのにふさわしい時期はいつか」との疑問がたびたび投げかけられている。シュタイナー学校のＩＣＴ教育の実践はこうした疑問に大きな示唆を与えるものである。

注

（1）*The New York Times*, A Silicon Valley School That Doesn't Compute, OCTOBER. 22, 2011.

（2）*The Guardian*, Tablets out, imagination in: the schools that shun technology, DECEMBER. 2, 2015.

（3）ペニンシュラ・ヴァルドルフ学校（Waldorf School of the Peninsula）は、一九八四年に開校し、二〇〇七年には高等部が設立された。幼稚園から高等部まで三二〇名以上が学び、卒業生の九四パーセントが大学に進学するとされている。

（4）*The New York Times*, OCTOBER. 22, 2011.

（5）*The New York Times*, Invitation to a Dialogue: Computers in School? OCTOBER. 25, 2011.

（6）同上。

（7）J. York, Results from a Survey on Computer Curricula in US Waldorf Schools, 2006. www.Waldorfresearchinsttute.org/pdf/RCCompCurrSurv. pdf#search=%27Results+from+a+Survey+on+Computer+Curricula+in+US+Waldorf+Schools%27（二〇一九年八月三〇日アクセス確認）

（8）同上。

（9）H. Gilbert and J. Mankoff（2018）, A computer Science Curriculum for Waldorf Schools, in: *Research Bulletin, Technology's Rightful Place: Selected Essays*, Waldorf Publications, p.183.

（10）G. Straube（2000）, Computer in der Waldorfschule?, *Erziehungskunst*, Heft6, S.657. Charles C. Weems（2018）, Computer Science for Ninth and Tenth Grades, in: *Research Bulletin, Technology's Rightful Place: Selected Essays*, Waldorf Publications, p.131. H. Gilbert and J. Mankoff, op. cit., p.188.

（11）G. Straube, a.a.O., S.656. J. York（2006）, Results from a Survey on Computer Curricula in US Waldorf Schools. www.waldorfresearchinstitute.org/pdf/RCCompCurrSurv.pdf#search=%27Results+from+a+Survey+on+Computer+Curricula+in+US+Waldorf+Schools%27（二〇一九年八月三〇日アクセス確認）

（12）J. York（2006）, Results from a Survey on Computer Curricula in US Waldorf Schools. www.waldorfresearchinstitute.org/pdf/RCCompCurrSurv.pdf#search=%27Results+from+a+Survey+on+Computer+Curricula+in+US+Waldorf+Schools%27（二〇一九年八月三〇日アクセス確認）

（13）F・カールグレン、国際ヴァルドルフ学校連盟編（一九九二）、高橋巖・高橋弘子訳『自由への教育』ルドルフ・シュタイナー研究所、五頁。

（14）E. Hübner（2019）, Medienmündigkeit, in: H. Brodbeck/ R. Thomas [Hrsg.], *Steinerschulen heute*, Zbinden Verlag, Basel, S.

160.

（15）G. Straube, a. a. O., S.650.

（16）A.a.O., S.650.

（17）村井万寿夫（二〇一三）「アメリカにおけるＩＣＴ活用教育の現状」『人間科学研究』（金沢星稜大学）、第七巻第一号、一八頁。

（18）八山幸司「米国における教育とＩＴに関する取り組みの現状」（ニューヨークだより、二〇一五年一二月）情報処理推進機構（ＩＰＡ）／ＪＥＴＲＯニューヨーク事務所。https://www.ipa.go.jp/files/000049960.pdf（二〇一九年八月三〇日アクセス確認）

（19）J. M. Healy（1998）. *FAILURE TO CONNECT, How Computers Affect Our Children's Minds——for Better and Worse*. SIMON & SCHUSTER, p.66. Ｊ・Ｍ・ハーリー（一九九九）、西村辨作・山田詩津夫訳『コンピュータが子どもの心を変える』大修館書店、七三頁。

（20）L. Cuban（2002）. *Oversold and Underused: computers in the classroom*. Harverd University Press, p.60. Ｌ・キューバン、小田勝巳・小田玲子・白鳥信義訳（二〇〇四）『学校にコンピュータは必要か』ミネルヴァ書房、六八頁。

（21）国際ヴァルドルフ教育フォーラム「デジタル化時代の子どもの教育憲章」https://www.waldorf-international.org/en/media-education/a-charter/（二〇一九年八月三〇日アクセス確認）

（22）R. Steiner（2005）. *Erziehungskunst.Methodisch-Didaktisches*, Rudolf Steiner Taschenbuch, Rudolf Steiner Verlag, S.219. Ｒ・シュタイナー、高橋巖訳（一九八九）『教育芸術１　方法論と教授法』筑摩書房、二一一頁。

（23）H. Brodbeck/ R. Thomas [Hrsg.], a. a. O., S. 161.

（24）本間夏海（二〇一七）「理科教育における主観的な体験の必要性——シュタイナー学校の六学年の鉱物学を事例として」『立教女学院短期大学紀要』第四九号、一二六—一二七頁。

（25）H. Brodbeck/ R. Thomas [Hrsg.], a. a. O., S.162.

（26）R. Steiner（2005）. *Erziehungskunst.Methodisch-Didaktisches*, Rudolf Steiner Taschenbuch, Rudolf Steiner Verlag, S.20. Ｒ・

シュタイナー、高橋巖訳（一九八九）『教育芸術一　方法論と教授法』筑摩書房、八頁。

（27）A. a. O., S.207.

（28）R. Steiner（1960）, *Allgemeine Menschenkunde als Grundlage der Pädagogik,* Verlag der Rudolf Steiner, S.128-129. R・シュタイナー、高橋巖訳（一九八九）『教育の基礎としての一般人間学』筑摩書房、一三九頁。

（29）R. Steiner（1989）, *Die pädagogische Praxis vom gesichtspunkte geisteswissenschaftlicher Menschenerkenntnis. Die Erziehung des Kindes und jüngeren Menschen,* Rudolf Steiner Verlag, S.119.

（30）A. a. O., S.120, 126.

（31）J. M. Healy, op. cit., p.40. J・M・ハーリー、西村辨作・山田詩津夫訳、前掲書、三四―三五頁。ここでいう「コーチ」とは、生徒たちに教科内容を「教える」のではなく、学習内容に対する子どもの興味・関心や意欲を引き出したり促す役割をいう。

（32）Ibid., p.40, 同上、三五頁。

（33）R. Steiner（1993）, *Die Erneuerung der pädagogisch-didaktischen Kunst durch Geisteswissenschaft,* Rudolf Steiner Taschenbuch, Rudolf Steiner Verlag, S.85.

（34）*The Guardian,* DECEMBER. 2, 2015.

（35）Vgl. E. Hübner（2011）, Waldorfpädagogik im Medienzeitalter, in: P. Loebell [Hrsg.], *Waldorfschule Heute,* Freies Geistesleben, S.261.

（36）A. a. O., S.261.

（37）D. Gerwin（2018）, The Sorcerer's Apprentice, in: *Research Bulletin, Technology's Rightful Place: Selected Essays,* Waldorf Publications, p.8.

（38）Charles C. Weems, op. cit., p.134.

（39）R・シュタイナー、松浦賢訳（一九九九）『霊学の観点からの子どもの教育』イザラ書房、三四頁。

（40）R. Steiner（1989）, *Die pädagogische Praxis vom gesichtspunkte geisteswissenschaftlicher Menschenerkenntnis. Die Erziehung des Kindes und jüngeren Menschen,* Rudolf Steiner Verlag, S.146.

（41）A. a. O., S.146-147.

（42）広瀬俊雄（一九八八）『シュタイナーの人間観と教育方法』ミネルヴァ書房、二七六頁。

（43）E. Hübner (2015), *Medien und Pädagogik*, edition Waldorf, S.377.

（44）E. A. Karl Stockmeyer (2017), *Rudolf Steiner's Curriculum for Steiner-Waldorf Schools*, Floris Books, p.214.

（45）R. Steiner (1986), *Menschenerkenntnis und Unterrichtsgestaltung*, Rudolf Steiner Taschenbuch, Rudolf Steiner Verlag, S.89. R・シュタイナー、高橋巖訳（一九九七）『十四歳からのシュタイナー教育』筑摩書房、一一八頁。

（46）R. Steiner (1993), *Erziehung und Unterrichts aus Menschenerkenntnis*, Rudolf Steiner Verlag, S.101.

（47）R. Steiner (2000), *Der pädagogische Wert der Menschenerkenntnis und der Kulturwert der Pädagogik*, Rudolf Steiner Taschenbuch, Rudolf Steiner Verlag, S.117-118.

（48）Vgl. G. Straube, a. a. O., S.657.

（49）A. a. O., S.657.

（50）E. Schuberth (2001), Mensch und Computer, in: S. Leber [Hrsg.], *Waldorfschule Heute*, Verlag Freies Geistesleben, S.208.

（51）V・クリストファー・クラウダー、マーティン・ローソン、遠藤孝夫訳（二〇〇八）『シュタイナー教育』イザラ書房、八三頁。

（52）同上、八三―八四頁。

（53）D. Gerwin, op. cit., p.8.

（54）Ibid., p.8.

（55）モレイン・ファーム・ヴァルドルフ学校（Waldorf School at Moraine Farm）HP：https://blog.waldorfmoraine.org/2017/01/musings-on-teaching-news-literacy/（二〇一九年八月三〇日アクセス確認）

（56）「社説　ネット時代の授業指針が必要」日本教育新聞、二〇二〇年一月一三日。

4

シュタイナー学校の理科教育
――予想・仮説からではなく、現実そのものから出発する理科教育――

本間夏海

スイスのアルプスで氷河と氷河湖をスケッチする
シュタイナー学校の子どもたち

1　はじめに

日本の理科教育では、実験前に行う予想・仮説を子どもに立てさせることを重視している。学習指導要領の解説では、「見通しをもって観察、実験などを行う」ことが指示され、小学校では、課題設定→予想・仮説→実験・観察→考察という流れで授業が展開されている。子どもが課題を設定し、予想・仮説を立てた上で実験、観察を行うこと、それは、小学校三年生から、分野を問わず、行われる。

しかし、課題意識をもち、自ら解決したい問題を見出すこと、そして、その解決方法を考え、実験を計画することは、子どもにとって困難なものである。さらに、四五分間、もしくは九〇分間という短い時間の中で、課題設定、予想・仮説、実験、考察が行われるのである。当然、教材の提示や課題設定にかけられる時間は、授業開始から数分間と短くなる。果たして、その短い時間で子どもが教材に興味を抱き、関心を高め、自分の解決したい課題を見出すことは可能なのだろうか。

さらに言えば、子どもから発せられた課題が、教科書に沿ったものになるとは限らないのである。にもかかわらず、その日の実験が教科書に載ったものとなり、決められた期間内に全ページが終えられる。系統的に組まれた学習内容がすべて計画的に進められるということは、教師が意図的に児童を誘導し、定められた実験へと誘い込んでいると考えざるをえない。そして、実験後の考察の時間が足りず、子どもたちが考えつく前に教師が学習をまとめて終わるという、お決まりのパターンを生み出しているのではないだろうか。

こうした状況が、「理科がわからない」という子どもの声につながっているのかもしれない。二〇一五年に実施された「全国学力・学習状況調査」で、学習に対する関心・意欲・態度に関する質問において、「理科の勉強が好き」と回答する児童・生徒数は、小学校六年生から中学校三年生までに、約二〇ポイント低下しており、「理科の勉強がわかる」と答えた児童・生徒も約一九ポイント低くなっている。(1) その数値は国語や算数・数学に比べ、倍以上の低下であり、「理科がわからない」と答える子どもの数は、圧倒的に多いことがわかる。これは、日本の理科教育が大きな問題を抱えていることを意味している。

こうした日本の理科教育と、まったく異なる教育方法を展開している学校がある。それは、シュタイナー学校（別名：自由ヴァルドルフ学校）である。この学校は、オーストリアの哲学者ルドルフ・シュタイナー（Rudolf Steiner, 1861-1925）によって、一九一九年にドイツのシュトゥットガルトで創設された。そして、一〇〇年経った今日でも存続し、教育実践を続けている。その理念と教育方法は、ドイツ、アメリカ、イギリス、オランダなど世界八〇か国で注目され、取り入れられてきた。学校数は、一〇〇〇校を超え、国際的な評価も高い。

こうした世界的な広がりの中で、シュタイナー学校は、多くの批判も受けてきた。例えば、スイスの新聞 "*STADT ZÜRICH*" では、「カリキュラムが時代に即しておらず、テレビ、コンピュータ、インターネットの代わりに、銅器、羊毛、靭皮が用いられている」(2) という批判記事が掲載された。また、アルバート・レブレーは、「シュタイナーの学説は、文明批判をまじえた形而上学的根拠による直観的洞察なのである。それは、〔中略〕ファンタジーの育成、芸術的教育及び人格育成を重視することによって理性的な側面（rationale Seite）をないがしろにしている」(3) との評価を下している。

一方、アメリカのニューヨークタイムズ紙は、ＩＴ企業の拠点があるシリコンバレーで、コンピュータもビデオも使わないアナログの教育を行うシュタイナー学校が人気を集めていることを報じた。(4) カリキュラムが時代遅れである、理性的な側面をないがしろにしている、という批判がありつつも、この時代において、科学技術の最先端をいく人々がシュタイナー学校を支持しているのである。この事実は、シュタイナー教育が科学へと向かう力を存分に子どもに与えうる、適切なものを有していることを示しているのではないだろうか。

シュタイナー学校が一〇〇年にもわたり支持され続けてきたのは、緻密に構築された教育理念と教育方法を貫いてきたことによる。よって、今日の理科教育において、当然のように用いられている教育方法であったとしても、この学校では行われていないものもある。その一つの例が、冒頭で述べたものとは異なる予想や仮説を立てさせないで、現象をみることから始める教育方法なのである。シュタイナー学校で実際に行われた六・七学年の物理の授業を見てみると、子どもに課題設定や予想をさせることなく、実験や現象を観察することから授業が展開されている。なぜ、シュタイナー学校ではそうした教育方法が採られているのだろうか。本章では、この点に注目することで、シュタイナー学校の理科教育の理論と方法を解き明かしたい。

その解明にあたって、筆者は、実際の教育現場に入り込み、授業を観察し、実践記録をとった。そして、子どもや教師、保護者の話を聞いた。調査は、一九九八年一一月二三日から一九九九年三月二七日の約四ヵ月間、そして、二〇一五年五月四日から七月一〇日の約二ヵ月間、二〇一六年一月四日から二月一一日の約一ヵ月間にわたって、スイスのチューリッヒ州にあるルドルフ・シュタイナー・シューレ・シーラウ（Rudolf Steiner Schule Sihlau）にて行った。チューリッヒ州には、ヴィンタートゥアー校、ヴェツィイコン校、プラッテンシュトラッセ校、そして筆者が見学したシーラウ校の四校がある。チューリッヒは、スイス最大の都市で、シュタイナー教育の拠点、ゲーテアヌム（Goetheanum）があるバーゼル州のドルナッハにも近いことから、この学校の実践がシュタイナーの理論により忠実なものであると想定される。シーラウ校は、チューリッヒ中央駅からSバーンで九駅、一七分ほど南へ下った郊外の小さな学校である。幼稚園が併設され、各学年一クラスずつの全九クラス、一クラスあたり二〇名前後が在籍する、全校児童・生徒数二〇〇名程度の学校である。

2　シュタイナー学校の理科教育の概要

それでは、六・七学年の物理教育が一二年間の教育の中でどのような位置づけにあるのかを、最初に述べたい。シュタイナー学校において、理科という教科の名前は存在しない。本章では、便宜上、理科教育に該当するもの、つまり、畑作り、動物学、植物学、物理、化学、生物学、地学を理科と呼ぶこととする。この学校の理科教育は、三学年の畑作りに始まり、四学年の動物学、五学年の植物学、六学年の鉱物学、物理と続いている。日本の中学一年生にあたる七学年からは物理・化学・生物・地学が並行して扱われ、高校段階になると、さらに細かな領域に分かれ、より深化された形で授業が行われる。

カリキュラムがこのような形をとるのは、子どもの本性と発達段階に合わせて学習内容が定められているからである。シュタイナーが、「子どもは、彼のうちにある成長する力と一致するように取り扱われなければならない[5]」と述べるように、カリキュラムは、子どものそれぞれの年齢で現れる特徴、すなわち、感じ方、思考の仕方、意志や欲求の変化に応じて構築されている。

子どもの発達段階は、シュタイナーが提唱する人智学的人間観において、大きく三つに分けられている。それは、七歳までの幼児期、七歳から一四歳までの児童期、そして、一四歳以降の青年期である。理科教育の観点から、子どもの変化として注目すべき年齢は、九歳、そして一二歳である。シュタイナーによると九歳は、「自分を周囲と区別しはじめる年齢、自分という主体と客体である外界の事物を区別する年齢[6]」であり、外界を外界として認識することができるようになる年齢である。よって、この学校では、三学年から自然について学ぶ理科を開始しているのだ。

九歳に続き、次に大きな変化がみられるのが、一二歳である。シュタイナーは言う。「もし私達が一一才になる前の子供に、テコの原理や蒸気機関の原理を教えこもうとしますと、その時には子供はこれらを、決して内的な体験として捉えることが出来ません。なぜならば、子供は自分の肉体の中に、まだ機械機構も力学機構も持っていないからです。私達が正しい時間に、すなわち一一、一二才の頃の子供に、物理学、力学、工学等を与え始めますと、私達は思考作用の中で、子供の頭の中へそのまま入って行くことの出来るものを子供の前に置いてやることになります[7]」。子どもは一二歳頃になると、大きく筋肉や骨が成長し、骨格がしっかりとしてくる。こうした体の変化に合わせて、筋肉の動きによって骨が動き、腕が動くという体の機械的な関係性を内的に理解できるようになる。それとともに、子どもの心の内で、外界を原因（Ursache）と結果（Wirkung）で捉えようとする欲求が高まる。それは、「因果関係に関する感情[8]」（Kausalitätsgefühl）と呼ばれる。外界の出来事を原因と結果という因果関係で解明する物理の授業が六学年から開始されているのは、こうした理由なのである。

3　シュタイナー学校の物理の授業

では、実際にどのように、物理の授業が行われているのだろうか。

筆者が観察した六学年の物理の授業は、クラス担任であるマルティン・フリーデベルク（Martin Friedeberg）氏によって行われた。彼は、長年クラス担任を経験し、理科の授業を得意としている。七学年の物理は、教科担任であるペッツァーニ・オーランド（Pezzani Orland）氏によって行われた。彼は、八学年までのクラス担任を過去三回経験し、その後、七学年以上の理科を教えるベテラン教師である。両者はシュタイナーの思想を深く学び、それを実践に移す典型的なシュタイナー学校の教師と言える。ちなみに、フリーデベルク氏は、現在シュタイナー関係の養護学校に勤め、治癒教育に従事している。

授業は、六学年では、全て教室で行われ、七学年では、理科室と教室の両方が使われた。物理の授業は、毎朝、一時間目の授業開始時刻七時五五分から九時四〇分まで、二コマ連続して行われた。それがともに四週間続けられた。六学年では、音響学、光学、熱学、電気学、磁気学の内容が扱われ、七学年では、それに力学の内容がつけ加えられている[9]。

次に、具体的な実験内容を示したい。

【六学年の実験内容】

・バイオリン、チェロの演奏を聴き、楽器を観察する
・のどの構造と声の高さを調べる
・弦の長さと音の高さを調べる
・細長い水槽に牛乳を加え、前や後ろからライトをあてる
・溶かした蠟や金属を水槽に流し入れる
・雪、塩を加えた雪が入ったバケツに手を入れる
・氷の柱におもりがついたワイヤーをぶら下げる
・琥珀を擦って静電気を発生させる
・児童が輪になって通電を体験する
・磁性を帯びた金属の棒を教室の天井からぶら下げる
・磁鉄鉱を水に浮かべる

【七学年の実験内容】

・音叉の先に針をつけ、煤を付けたガラスに音の波形を記録する
・木箱がついた音叉同士を共鳴させる
・穴の開いた金属板を回転させ、ストローで息を吹き込み、音階を変える
・チューブを回し、回転の速さで音の高さを変える
・弦の長さを測り、音の変化を調べる
・小さな穴を通過した光の像をみる
・銅版と亜鉛板を食塩水につけ、電気を発生させる
・滑車で人を持ち上げる
・てこを使って岩を持ち上げる

以上の実験内容は、"Vom Lehrplan der Freien Waldorfschule" や "Pädagogischer Auftrag und Unterrichtsziele-vom Lehrplan der Waldorfschule" に例示され、その具体的な実験方法については、"Klang, Helligkeit und Wärme"(10) で紹介されている。教師は、それらの資料を活用して自分で授業を組み立てている。

4 物理の授業の特徴

物理の授業を分析すると、そこには四つの特徴が見出される。それは、①現象を観察することから始まり、考察は実験の次の日に行われること、②実験が段階的で、系統的に行われること、③実験の内容が、「印象的で、直観的な」ものであること、④人間との関わりで自然現象を学ぶこと、である。以下、この四つの特徴について具体的に述べたい。

①現象を観察することから始まり、考察は実験の次の日に行われること

授業はまず、教師が行う実験を見ることから始まる。実験についての事前の説明は行われず、子どもには、後でノートに実験の様子を書くよう指示される。六学年の授業では、実験が行われる日と、考察やまとめを行う日とが繰り返された。七学年では、授業の前半部分で、前の日の実験についての考察が行われ、後半部分で、次の実験が行われた。

繰り返しとなるが、実験前に子どもたちに結果の予想をノートやワークシートに書かせることはしない。また、この学校では教科書が使用されないため、子どもが事前に教科書の先をめくり、実験内容やその結果を知る

こともないのである。

実験が行われた日は、実験結果についての話し合いや解説は行われず、子どもたちは、実験の様子を文と絵で記すだけである。そこには、実験についての考察を書くのではなく、自分が見たこと感じたことを、見たまま、感じたままに表現するのである。それは、聞き手や読み手にとって、実験の様子が鮮明に浮かぶものであった。

実験の考察は、次のように行われた。例えば、六学年の光学の実験では、水の入った細長い水槽に、牛乳を少しずつ加えていくと、後ろから当てた光が黄色から、オレンジ、そして赤色へと変化した。「なぜ、黄色い光が赤く変化したのだろう」という教師の問いかけに、子どもたちは、実験の中で教師が行ったことを思い起こし、その原因について考える。「先生は何をした」、「すると何が起こった」、という教師と子どもたちとの対話がくり返され、やがて、牛乳によって透明な水が白濁したことで、光が遮られたのが原因だと、子どもたちが気づく。そして、「牛乳で光が遮られたために、そこを通過する光の色が変化した」と結論づけられた。このようにして、子どもは光の色が変化して見える因果関係を明らかにしたのである。

板書する教師

②実験が段階的で、系統的に行われること
因果関係で物事を理解できるようになってきたとはいえ、具体的事実を抽象化し、法則化することはなお、子どもには困難な課題であ

る。そのため、教師は実験を細かく段階的・系統的に配置し、子どもが自分の力で現象から原理へと辿りつけるよう工夫している。例えば、七学年の光学の実験では、ピンホールカメラの原理を知るまでに、六つの実験を行うことでスモールステップを踏んでいる。では、その流れを詳しく見てみたい。

【光学の実験の流れ】

(1) ライトを黒板に向けると黒板は白く照らされる。

(2) 長方形に穴を開けたついたての近くからライトを当てても、黒板が白く照らされるだけであるが、ついたてから離してライトを当てると、黒板に長方形の形が映る。

(3) ついたてから離してライトを当て、上下左右に動かすと、上方の光は下方へ、下方の光は上方へと、対角線上に長方形の形が映る。左右も同様。

(4) ライトにL字型の穴を開けた画用紙を貼り付ける。そのライトを黒板に向けても黒板が白く光るだけであるが、小さな穴を開けたついたてを設置し、その穴の後方から当てると、黒板にL字が浮かび上がる。そのL字は上下左右に反転していることがわかる。

(5) 教室全体を暗幕で暗くする。窓側の暗幕に一ヵ所小さな穴があけられており、その約二メートル先に大きなスクリーンが設置されている。そのスクリーンには、外で遊ぶ子どもの姿が、上下左右逆に映し出されている。太陽の光が強くなると、色も識別できる。赤、緑、青の濃い色のTシャツを着た子どもを外に立たせ、どの色の順で並んでいるのかを見る。

(6) 段ボールで作ったピンホールカメラを覗くと外の景色がそこに貼られたトレーシングペーパーに映し出される。別のピンホールカメラでは、穴の大きさが変えられるようになっており、穴の大きさによって、鮮明度や色の濃度、画面の明るさが変化するのがわかる。

このように、六つの実験を段階的に行うことによって、「一つの方向の光しかピンホール（小さな穴）を通ることができないため、上下左右が反転した像が作られる」という光学の原理を子どもは知るのである。

スモールステップの工夫は、考察においてもなされている。一つの実験の考察は、一日で終わりではない。次の日、また次の日と数日かけて考察が進められる。考察を行う時、教師は決まって子どもに実験の様子を振り返らせ、先生が何をして、何が起こったのかを言葉で表現させる。もちろん、子どもはノートを見て答えるのではない。子どもは、尋ねられるたびに、頭の中で実験内容とその結果を思い返し、それを言葉に置き換える。教師は、少しずつ新しい内容を加えながら、子どもがより深く考えられるよう導いていく。このように、シュタイナー学校では、実験を段階的に行い、十分に考察に時間をかけることで、子どもが自分の力で法則性を導き出せるようにしていた。

③実験の内容が、「印象的で、直観的な」ものであること

次に、実験内容を見てみたい。実験はどれも深く印象に残るものであり、芸術的な要素を多く含んでいた。弦の長さを測り、音の高さとの関係を調べたり、銅板と亜鉛板を食塩水に浸して発電させ、電圧を測るなど、数値による科学的なものも含まれているが、色や音の美しさに触れ、体を使い、驚きを伴う実験が多かった。例えば、光学の実験では、黄色から赤へ、灰色から青へと光の色が変化し、実に美しく印象的であった。ピンホールカメラの実験では、真っ暗な教室に入った瞬間、スクリーンに外の景色が逆さに映し出され、驚きを覚えた。また、体育館で滑車をつかって友だちを持ち上げたり、銅板と亜鉛板を重ねたものを舌の先にのせ、感電を体験し

物理の実験の様子

たりと、直観的に法則性をつかめるものが多かった。もちろん、実験に、バイオリンやチェロなどの楽器、琥珀、雪や蠟など、実際のもの、自然のものが多く用いられたことも印象を高める効果をもたらしている。加えて、昼間の太陽によって輝く湖の水色と夕日の赤のコントラスト、色相環の鮮やかなグラデーションなど、教師が黒板に描く絵も美しかった。このように、教師は、実験が子どもに驚きや感激を与えるもの、直観的に法則性を認識できるようなものとなるよう、努めていたのである。

④人間との関わりで自然現象を学ぶこと

次に、実験内容について述べると、それらは子どもたちの身近な現象を扱ったものであり、生活と関わりのあるものとなっていた。先に述べた六学年の光学の実験では、普段私たちが見る、昼と夕方の太陽の色の変化の話へとつながり、弦の音の高さの実験は、人間ののどの仕組みと比べられた。塩を加えた雪の実験では、冬の道路の凍結防止の話へとつながり、滑車やてこは、生活の中での利用の仕方が話される。このように教師はいつも、子どもに自分たちの生活を振り返らせながら、実験と自分との関わりを感じられるよう教えていたのである。

5 実践を支える教育理論

これまで、物理の授業における四つの特徴を具体的に述べてきた。この授業実践を深く検討すればわかるように、その実践の背後にはしっかりとした教育理論、すなわち物理の授業の目的についての考え方、及びその目的達成のための方法についての考え方が存在する。以下、実践を支える教育理論を明らかにしたい。

（1）物理の授業の目的

シュタイナーは、物理の授業について、次のように述べる。「物理の授業を行うとき、実験室へ器材を持ちこみ、それを用いてあれこれと、実験の方法を学ばせるというだけでは、決して十分ではありません。たしかにそのようにして知識をひとつひとつ積み重ねていくことができますし、そのようにして一見非常に多くの成果を上げることができます。しかし大切なのは、一見して、多くの成果をあげたように見えるかどうかではないのです。大切なのは、若い人たちに、本当に人生のために役立つ何かを提供することなのです[11]」。

彼がこの授業で目指したのは、子どもにとって、人生に役立つものを身に付けさせることであった。それは、「科学する力」と「科学する心」と言える。「科学する力」とは、現象を観察し、原因と結果を知ることを通して、法則性を導き出す力である。そして、「科学する心」とは、自然や科学に対する関心、自然現象を因果関係で解明したいという欲求や探究心である。これらは、人生を切り開く重要な力である。もちろん、科学的知識や概念の習得も目標にしている。しかし、それ以上に、この二つの育成が重要視され、教師はそのことを意識して、授業を行っている。七学年の物理の授業を行った教師に、「もっとたくさんの題材や情報を扱う必要はないのか」と筆者は質問した。それに対し、その教師は、「それだけたくさんの情報を与えられて、大人になった時、すべてを覚えているの。忘れてしまうでしょう。それで何が身に付いたの？」と答えたのである。教師は、たくさんの題材を扱い、多くの情報を与えることが、子どもの科学的な思考力や、もっと知りたいという感情を高めるのではないことを知っている。たくさんの情報を与え、それらを覚えさせることよりも、自分と関わりのある一つの現象に集中して取り組み、時間をかけ、因果関係を解明する経験の方が重要だと考えるのである。その過程の中で、自分で謎を解き明かし、「わかった」と実感すること、そうした経験が「科学する力」と「科学する心」を育むからである。

（2）「科学する力」の育成

これまで繰り返し述べてきたように、授業は、現象を観察し記述する、そして、次の日に考察を行うという流れとなっている。シュタイナー学校の指導的な立場にいたトール・ケラーも、①実験を観察し、それを描写する、②法則性を獲得する、③日常生活で応用させる、という三つのステップ[12]で物理の授業を行うよう述べた。

予想や仮説を立てて実験を行うことを、シュタイナーは「事象の条件を人為的に作り、その条件から導かれる結果がわかった上で事実（Tatsache）を観察している[13]」と否定する。予想・仮説を立てた実験では、現実そのものに意識が向けられず、自分が見たいものを見ようとしてしまう。それは、自分が既にもつ概念を、実験を通して読み取っているにすぎない。認識されるべきものは、観察者の内部からではなく、観察される対象の本性の内より得られなければならない。

シュタイナーは言う。「ゲーテは次のような興味ある言葉を語りました。――私の書いた『ゲーテの自然科学論集への序文』を読んで下さい。――われわれは外界の諸現象について判断したり、仮説を立てたりすべきではない。現象そのものが理論なのだ。現象を正しい仕方で自分に作用させるなら、現象そのものが理論を語ってくれるのだ、と彼は述べているのです[14]」。

衛藤吉則が言うように、認識の出発点は、まったく色づけされていない「直接に与えられた世界像（unmittelbar gegebene Weltbilde）」でなければならない、とシュタイナーは考える。[15] 問いは開いたまま、ただ置かれている状態でなければならない。ゲーテが、「熟視は観察へ、観察は思考へ、思考は統合へとかならずや移行するものであって、だから世界を注意深く眺めているだけで、われわれはすでに理論化をおこなっていると言うことができる[16]」と語るように、シュタイナーも注意深く自然をみつめることで、その事物の本質を明らかにすることができる、法則性を見いだせると考えたのである。

そのため、こうなるだろうという自分の予想・仮説を通して現実を見ることを避け、純粋に目の前で起きた現象に向き合うことを、子どもに求めた。それをシュタイナーは、「大切なのは、自分が正しいと見なす事柄を、いわば現象の見えないところで、自分の魂の中からしぼり出すことではなく、自分を成熟させて、現実そのものから判断が生じるようにすることなのです[17]」、と表現する。

このように「科学する力」とは、眼の前の現象と向き合うことのできる力なのである。この学校のカリキュラムに、教師は、子どもたちの注目を感覚上の現象に向け、しばらくそこにとどまらせるようにと記述されているのも、シュタイナー学校の関係者である物理学者ヴァルター・ハイトラーが「出発点はむしろ、体験された現象でなければなりません[18]」と述べたのも、カルルグレンが現象を体験すること自体の価値を強調するのも、すべてこの理由によるのだ。そして、「理論が説明されることなく、まず第一に、ひとりで現象を体験する[19]」ことで、科学する力にとって重要な「観察力」を養うことができる。それにより、現象を捉える五感、すなわち、見、聞き、においを嗅ぐなどの、子どもの「知覚の質[20]」を高めるのである。

次に、「科学する力」に不可欠な科学的思考力の育成について考える。シュタイナー学校では、実験の考察を行うまでに一晩、時間を置いている。もし子どもが自分で法則性を思いつく前に、教師が解説を行えば、子どもは自分で考えようとはせず、ただそれを覚えようとするだろう。それでは、科学的な思考力は育たない。科学的思考力を培うためには、次のような経過をたどる必要がある。

実験が行われ、初めてその現象を体験した子どもは、そこに引き込まれ、たくさんの経験が混在する心の状態となる。それを冷静に捉え直し、法則性を考えられるようになるまでには、時間が必要なのである。次の日、子どもは、「昨日実験したことが、意識の中で生きいきと手にとるように繰り返され、そのすべてがイメージとして頭の中で生きている[21]」状態となっているとシュタイナーは言う。そして、その時こそ、「イメージをより意識化でき、〔中略〕そこに生じた事柄についての法則が学べるように、考察を進める[22]」ことが可能になるという。

実験が行われた次の日、子どもは頭の中に写真のような像をもって学校に来る。そこで今度は、感覚で得られたものを思考に訴え、法則にのっとった関連を形成していくのである。しかしまだ教師は、子どもに「なぜあんなことが起こったのだろう?」と問い、答えさせることはしない。その前に、もう一度子どもに全体をふり返らせ、どのような実験が行われ、どのような現象が起きたのか尋ねる。子どもは起こったことを何度も思い浮かべ、教師とのやりとりの中で、言葉へとかえていく。そして、自分の中のぼんやりとした思いを言語化し、それを原因と結果の関係で捉え直し、法則性を明らかにしていく。

このように十分に時間をかけることで、子どもは、自らの力で現象から原理へと到達する。現象をしっかりと体験し、自分で考え導いた法則とその道のりは、子どもの中にしっかりと刻まれる。カルルグレンが、「混乱するほど多様な感覚の印象を、思考がどのようにして整理できるのかを、できるだけひとりひとりの子供に経験させることが本質的に重要なのです[23]」と述べるように、教師はじっくりと時間をかけ、科学的に思考する力を身に付けさせているのである。

（3）「科学する心」の育成

実験についての考察を次の日に行うのは、「科学する力」を養うためだけではない。それは、子どもの「科学する心」を高めることをも狙っている。

考察を行うまでに、一日待つことで、子どもの心の内に「ふしぎだなあ」、「なぜ、あんなことが起こったのだろう」という思いがどんどん膨らむ。それはやがて、「原因を知りたい」という思いへと変わっていく。教師は、子どもの中で、経験した事実のカオスに、秩序・調和をもたらしたい、という欲求が生まれるのを待っているのだ。このように、授業は子どもの心の状態に沿った形で展開されている。

「科学する心」で大事なのは、子どもの「知りたい」、「学びたい」という思いを育てることである。それを引き起こすのは、実験を見た時の「驚き」（Staunen）であるとシュタイナーは言う。「驚き」の感情が、子どもの思考を突き動かす。トール・ケラーは、この「驚き」を、世界の秩序をはじめて意識するときの驚嘆と述べる。[24]「きっと誰でも、次のような経験を持ったことがあると思います。通りを歩いていて、何かにびっくりさせられた時のことです。そういう時、皆さんは頭や心臓だけでなく、肢体のすみずみまでもショックを受け、その余韻を肢体のすみずみで感じ続けたことがあると思います。その経験から皆さんは、感情を興奮させる何かに没頭することは人間の存在全体に働きかけるのであって、心と頭だけに働きかけるのではない、と考えることができるでしょう[25]」。シュタイナーがこう語るように、体にまで響くような感情の高まりが、実験に求められている。そのため、「驚き」の感情が沸き起こるように、あらかじめ実験についての説明をすることもなく、予想や仮説を立てさせることもしない。そして、写真やテレビ、コンピュータ等で学ぶ間接体験が行われないのである。

さらに、子どもの「もっと知りたい」という感情を高めるために、教師は子どもにとって身近な現象を扱うのである。「ある教材を扱う際に、今日好んで行われているように、もっぱらその対象に留まる、というだけではだめです。大切なのは、人間に眼を向けることなのです。物理から人間への関連を辿るのです[26]」。「生活から出発して、個々の物理学的現象、鉱物学的現象を考察することが重要です[27]」というシュタイナーの言葉どおり、自然や科学に対する関心や探究心を高め、思考を深めるために、子どもが自分との関わりで学べるようにしているのだ。

こうした子どもと教材との主観的な関わりへの工夫は、カリキュラムにも見られる。扱われる教材が、動物から植物、鉱物という順番になっているのも、それらが子どもにとって自分との関わりを感じやすい、感情移入しやすい対象だからである。そのため、物理や化学という無機的なものは六学年まで扱われないのである。六・七学年の物理について、「自然科学の授業は、生き生きと感情的に飾りたてることなく、人間にとって重要な自然科学の本質をつかむものでなければならない[28]」とカリキュラムに記述されているのに対し、五学年では、物語の世界のような、想像力豊かで道徳的感情に満ちたかたちで動物を扱うようになっている。こうした、自然の事物の扱われ方の変化も、子どもの発達段階に合わせたものであり、理科であっても子どもが、「現象との感情的な関係[29]」をもてるようにすることが大事だと考えられているのである。

最後に、「驚き」から認識に至ることの重要性について触れたい。シュタイナーの「驚き」という言葉には、より深い意味が込められているのがわかる。

「皆さん、この言葉を真剣に受けとめて下さい。本当に真理にいたろうとするには、驚いて立っている状態を体験しなければならない、ということを真剣に受けとめて下さい。真理探究の旅を驚きから始めるならば、地に播かれた種から植物が生長するように、認識が成長するのです[30]」。「驚きのあとに、畏敬が生じるのです。対象に対する畏敬から離れた思考は、真実に参入することができません」[31]。

彼によれば、世界の秩序と法則性を体験することで生じた「驚き」の感情が、やがて「畏敬」(Ehrfurcht) の念へと変化し、われわれを真理へと導くのだという。であるから、真理への探究の出発点は、「驚き」の感情でなければならないのである。であるから、シュタイナー学校では、理科教育において、「驚き」の生まれる実験や現象との出会いを、今日まで守り続けてきたのである。

6 おわりに

本章では、シュタイナー学校における六・七学年の物理の実践方法とその教育理論を明らかにした。そこには、日本の予想・仮説を立てて実験を行う授業展開とは異なる実践があった。予想を立てさせず、感覚的で印象的な実験を行うことで、子どもの「驚き」の感情を揺り動かす。現象との出会いから考察を行うまでに時間をかける。何日もかけ考察を行うことで、子どもが自分の力で法則性を見出せるようにする。それにより、子どもの「科学する力」と「科学する心」を育てようとしている。それが、現実そのものから自然を認識しようとする、この学校の教育方法である。そして、それは、仮説を立てず事実と向き合うことで生まれる「驚き」の感情を真理探究の出発点としている。

十分に実験内容の説明を受け、その結果について話し合い、散々こねくり回した後に現象を見ても、驚きや感激が生まれることはないだろう。それでは、眼の前の物に没頭する純粋性は失われ、予想をした部分にばかり観察の目が向けられ、現象全体を細かに捉えようとする姿勢も失われる。そうした、心が伴うことのない、ただ頭だけで学ぶ理科教育では、不思議な自然現象と出会う喜びや、法則性をみつけた時の楽しさを味わうこともないのだろう。はたして、そのような自然認識の仕方だけでよいのだろうか。このことを考えるに、シュタイナー学校の実践から学ぶことの重要性を、筆者は感じるのである。

註

＊本章は、日本キリスト教教育学会『キリスト教教育論集』第26号に掲載された論文に加筆修正したものである。

（1）「平成27年度全国学力・学習状況調査　調査結果のポイント」文部科学省国立教育政策研究所、平成二七年八月、五頁。(https://www.nier.go.jp/15chousakekkahoukoku/hilights.pdf). 2015.10.7 取得。

（2）STADT ZÜRICH Tages Anzeiger Dienstag. 16. März 1999, S. 1.

（3）Christoph Lindenberg（1975）, *Waldorfschulen,* Rowohlt Taschenbuch Verlag, S. 12. リンデンベルク、新田義之・新田貴代訳『自由ヴァルドルフ学校』明治図書、一九七七年、一八頁。

（4）The New York Times.（22.10.2011）. A Silicon Valley School That Doesn't Compute. (http://www.nytimes.com/2011/10/23/technology/at-waldorf-school-in-silicon-valley-technology-can-wait.html). 2016.7.20 取得。

（5）Rudolf Steiner（1987）, *Die gesunde Entwickelung des Menschenwesens* , Rudolf Steiner Verlag, S. 197.

（6）Rudolf Steiner（1989）, *Die kunst des Erziehens aus dem Erfassen der Menschenwesenheit,* Rudolf Steiner Verlag, S. 113. シュタイナー、西川隆範訳（一九九六）『人間理解からの教育』筑摩書房、一八一頁。

（7）Rudolf Steiner（1991）, *Die geistig- seelischen Grundkräfte der Erziehungskunst,* Rudolf Steiner Verlag, S. 115. シュタイナー、新田義之訳（一九八一）『教育の根底を支える精神的心意的な諸力』人智学出版社、一七〇頁。

（8）Rudolf Steiner（1981）, *Anthroposophische Pädagogik und ihre Voraussetzungen,* Rudolf Steiner Verlag, S. 76.

（9）Caroline von Heydebrand（2009）, *Vom Lehrplan der Freien Waldorfschule,* Verlag Freies Geistesleben, S. 38.

（10）Manfred von Mackensen（1992）, *Klang,Helligkeit und Wärme,* Bildungswerk Beruf und Umwelt e. V. an der freien

Waldorfschule Kassel.

（11）Rudolf Steiner（1986）, *Menschenerkenntnis und Unterrichtsgestaltung*, Rudolf Steiner Verlag, S. 18. シュタイナー、高橋巖訳（一九九七）『十四歳からのシュタイナー教育』筑摩書房、二〇―二一頁。

（12）Thor Keller（2008）, "Zum ersten Physikunterricht," Helmut Neuffer（Hrsg.）, *Zum Unterricht des Klassenlehrers an der Waldorfschule*, Verlag Freies Geistesleben, S. 794.

（13）Rudolf Steiner（1991）, *Naturbeobachtung, Experiment, Mathematik und die Erkenntnisstufen der Geistesforschung*, Rudolf Steiner Verlag, S. 10.

（14）Rudolf Steiner（1990）, *Die Welt der Sinne und die Welt des Geistes*, Rudolf Steiner Verlag, S. 26. シュタイナー、高橋巖訳（二〇〇三）『内面への旅』筑摩書房、三四頁。

（15）衞藤吉則（二〇一四）「シュタイナー教育思想の哲学的基盤（2）」、『HABITUS』一八巻、一〇六頁。

（16）J・W・v・ゲーテ、高橋義人訳（一九八二）『自然と象徴』冨山房、五一頁。

（17）Steiner（1990）, a. a. O., S. 27. シュタイナー（二〇〇三）、前掲書、三四頁。

（18）フランス・カルルグレン、高橋巖、高橋弘子訳（一九九二）『自由への教育』ルドルフ・シュタイナー研究所、一七九頁。

（19）Tobias Richter（Hrsg.）（2010）, *Pädagogischer Auftrag und Unterrichtsziele-vom Lehrplan der Waldorfschule*, Verlag Freies Geistesleben, S. 365.

（20）Ebd., S. 364.

（21）Steiner（1986）, a. a. O., S. 47. シュタイナー（一九九七）、前掲書、六二頁。

（22）Ebd. S.47. 同上、六二頁。

（23）カルルグレン（一九九二）、前掲書、一八二頁。

（24）Keller（2008）, a. a. O., S. 795.

（25）Rudolf Steiner（1990）, *Erziehungskunst Methodisch-Didaktisches*, Rudolf Steiner Verlag, S. 20. シュタイナー、高橋巖訳（一九八九）『教育芸術Ⅰ　方法論と教授法』筑摩書房、一八頁。

(26) Steiner (1986), a. a. O., S. 20. シュタイナー（一九九七）、前掲書、二二頁。

(27) Steiner (1989), a. a. O., S.115. シュタイナー（一九九六）、前掲書、一八四頁。

(28) Richter (Hrsg.) (2010), a. a. O., S. 363.

(29) Ebd. S. 364.

(30) Steiner (1990), a. a. O., S. 20. シュタイナー（二〇〇三）、前掲書、二六頁。

(31) Ebd. S. 22. 同上、二八頁。

5

シュタイナー学校の地理教育
——宇宙の現実の襞へと踏み入る世界市民の形成——

広瀬悠三

地形を測量するシュタイナー学校の生徒たち（第10学年）
H.Ganser, E.Gergely, T.Richer（hrsg.）:Das Wagnis Erziehung, 1985

1 はじめに

教育という場で子どもと関わるとき、当然のこととして通り越してしまうことがある。子どもの日常における、現実的な事物や事象との様々な結びつきである。それは、子どもによる世界への参入であり、世界との一体的交流でもある。教育は、子どもに働きかけようとする態度から出発するかぎり、「何」を「子ども」に「教える」かを、考える思考方法をはじめから前提として受け入れ、教育を構想する。しかしこの思考法では、子どもと世界との多様な結びつきを考慮に入れて考えることができない。思考法自体が、子どもの世界との結びつきを限定的に対象化せざるを得ないからである。果たして、このような所与とみなされがちな教育の思考法は、そもそも適切なのだろうか。子どもに何かを教えるという方法を前提にしない子どもの生や学びにこそ、子どもの成長や世界とのより多様な関わりが配慮されるのではないか。

シュタイナーの教育方法は、既存の教育方法の前提を一度留保し、世界との関係からくる子どもの成長変容を考察することを試みる点で、教育の思考方法自体を問い直している。そしてその結果拓けてくる地平、それが地理教育である。(1) シュタイナーは従来指摘されているような、オイリュトミーやフォルメン、演劇といった芸術的教育の重視とは異なり、地理教育を中心的な役割を担うものとして一貫して捉えていた。しかしその内実と意味は、特定のインパクトにおいてはるかに勝る芸術的教育に隠れ、ほとんど明らかにされていない。シュタイナー教育のより実践的な見地からは、シュタイナー学校の教師によって、地理教育は幾度となくその重要性が指摘されてきたが、(2)

シュタイナー教育を理論―実践的に捉える論考では、地理教育はいまだ隅に追いやられているのが現状である。[3]したがって本章では、この特殊かつ中心的な位置を占めるシュタイナー学校の地理教育の意義を明らかにし、さらにシュタイナー教育自体の独自性への眼差しの一端をも示すことを試みたい。まず第二節において、シュタイナーの地理教育が問われる地平を考察する。その上で第三節で、地理教育の基本的性質を吟味し、第四節において具体的にシュタイナー学校において地理教育はどのようになされているかを、教科としての地理教育と他の教科に見られる地理教育の両面から吟味することを通して、検討する。このことによって、シュタイナー学校の地理教育がもつ意義を第五節で明らかにし、さらに第六節において宇宙的な地理教育の意味を示す。

2　シュタイナー学校の地理教育（Geographische Erziehung）が問われる地平

（1）主知主義の弊害——戦争とニヒリズム

ドイツ観念論の反動として現れた一九世紀以降の実証主義は、新カント派や生の哲学といった反動を受けつつも、科学的な知識を最優先させる主知主義へと流れ込み、その主知主義は世界を席巻するようになった。その結果、複雑で多様さをもつ人間存在自体が、科学と切り離されるようになり、人間の精神生活と、科学が捉える日常生活が乖離するようになる。しかし科学は自らの特定の分野において、発展を続け、人間をもその発展に縛りつけ、歪めまわし、利用尽くした。この主知主義が行きつく一つの悲劇が、第一次世界大戦である。シュタイナー学校は、この世界大戦の直後の一九一九年にドイツ・シュトゥットガルトにて産声をあげることになる。世界大戦、そして主知主義への真っ向からの対峙。これがシュタイナーの地理教育が立ち現われる始原の地平である。「とりわけこの主知主義はわれわれを導いて、科学ではもはや現実を制御することができないようにしてしまった[4]」。人間は、戦争という形を取って物理的にも、またさらには精神的にも様々な傷を負うことになる。一方では戦争に、他方では自分の生の充実が失われたニヒリズムに陥る、という事態。このような場において、人間はそれでも生きるには、どのようにすればよいのか。もはや外的世界にも、そして内的な精神世界にもよりどころを見出すことなどできない。身体的で本性的な欲求の充足に向かうしかない。ここにおいて現われてくるのが、エゴイズム（利己主義）の横行である。

(2) エゴイズムの攻防

エゴイズムとは、単に自分の欲求や利益を追い求めることではない。それはすべての人間が行っていることである。それらの欲求や利益を最優先させることが、エゴイズムである。「今日の人間たちがいかに利己的に自分の世界観を構築しているか……つまり、現在に至る時代においては利己的なものが優先的に発展してきた……[5]」。しかしこのことは単に個人の内面的な問題にとどまらない。社会的な場である政治や、自分を超えた存在と関わる宗教にすらエゴイズムは浸透していく。「議会を通して、つまり代表制を通して人類の運命が取り上げられることはなくなり、それらの多数者によってエゴイズムが貫徹することになる。人々の中に生きているのはエゴイズムにかかわる関心のみであり、だからこそ、宗教的な信仰すらもエゴイズムに訴えかけられることになる[6]」。しかし興味深いことにシュタイナーは、エゴイズムをすべて否定しているわけではない。人間の精神の深い表現である芸術と、他者との共同生活において、エゴイズムが密接に関わっているというのである。「人間本性の不確定の根底から生じてくる想像力が生み出すものは、より高次の段階にあるとはいえ、身体的要求と同様に利己的な源泉をもつと言わなければならないだろう[7]」。さらには、「エゴイズムそのものが他の人々との共同生活、共同作業を求めている。それゆえ私たちが社会的に他の人たちと展開する多くの事柄は、まったくエゴイズムに基づきながら、しかも人間の最も高貴な徳に属することができる」[8]。このように、エゴイズムには、芸術や他者とのつながりに結びつくことなく、自分の身体的な欲求に閉ざされた皮相的なエゴイズムと、精神的な内的本性と、エゴイズムのもつ根本的な他者とのつながりを踏まえた開かれて深いエゴイズムがあり、自分の内面のみならず、他者とのつながりも断たれた、前者のエゴイズムが、人間の生をさらに蝕むことになるのである。

（3）日常生活と精神生活の乖離

閉ざされたエゴイズムは、人間の生を、限定し、さらに狭小化することになる。つまり、「エゴイズムにより影響を受けた結果、興味関心が狭くなっている……。この興味関心の狭隘化こそが、現在の私たちの生活において目立っているのである」[9]。われわれはもっぱら自分の具体的な利益のみ、唯物的、即物的に追求するようになる。それはしばしば自然科学的世界観とも結びつくが、それとは別の自分の生き方に根底的に関わる宗教的・精神的世界観を分離させ、両者は統一されることがない。「一人の人の宗教的世界観と自然科学的世界観がしばしば非有機的に並行して維持されているのを考えてもみてもらいたい。橋を架けることに対して不安や恥じらいがあるのである」。しかし、橋を架ける必要があることは明白である」[10]。こうして閉ざされたエゴイズムによって顕在化した最大の問題は、「日常生活と精神生活の乖離」である。これは主知主義や社会的課題と循環構造をなしている。つまり、主知主義によって戦争やニヒリズムが引き起こされるようになり、さらに閉ざされたエゴイズムへと人間を追い込むことになるが、このエゴイズムがさらには日常生活と精神生活を乖離させ、主知主義を助長させるようになるのである。このような負のスパイラルによって、人類は破滅への道を歩むことを強いられる。どこかでこの負のスパイラルに楔を打ち込まなくてはならない。シュタイナーが実際に行動することとして最も重視すること、それがこの日常生活と精神生活を結びつけることである。

日常生活と精神生活の結合、これは人類滅亡へ向かう負のスパイラルを断ち切る最大の挑戦であるが、シュタイナー教育の核心をなすものである。そしてこのことは、主知主義にはじまり、閉ざされたエゴイズムをも通る負のスパイラルであるが、その底流にあるシュタイナーの哲学は、カント哲学との根本的な対決を意味している[11]。現実的世界を感覚によって捉えることができる現象（Erscheinung）と、われわれには決して到達できない物自体（Ding an sich）に分けて捉えることで、シュタイナーは日常生活と精神生活の分離が根本的に用意されたと考える[12]。ここから負のスパイラルがわれわれにもたらされたのである。しかし希望がないわけではない。「実際の生活から排除された精神文化だけが、日常の生活を疎外するのである。実際生活に働きかける精神文化は、実践的なものにまで発展する[13]」。このような日常生活と精神生活の結合が、人間本来の総合的で統一的な人生を可能にし、人間に「至上の快感（seine höchste Lust）」と「人生の楽しみ（Lebensgenuss）[14]」をもたらすのである。それでは、この日常生活と精神生活の結びつきは、どのようにして現実にもたらされるのだろうか。シュタイナーは教育に望みを託すのである。「それ〔非常に多くの引き裂かれた人間の魂が歩き回っていること〕は教育制度の中に或る欠陥があるということから生じている。……人が本当に未来を社会的に構成したいと思うならば、人間の教育を通して準備したいと考える必要があるのである[15]」。これを実際にもたらすものこそ、地理教育である。

3　シュタイナー学校の地理教育の基本的性質

（1）総体的な広がり

シュタイナーにとって地理（学）（Geographie）とは、総体的・包括的な学問の一つの代名詞である。この地理は、現在の人文地理学と自然地理学の両方にまたがるものであり、大地の地表とそこでの営み・出来事を総体的に扱うことができる。ここでは、郷土から地域、世界の地誌、天文、さらには鉱物や植物、動物、そして人間の営みと多様な具体的事象が扱われる。地理（学）（geography）とは、ギリシャ語（γεωγραφια, geographia）で大地（gē）と記述する（gráphein）から成り立っている。それゆえ大地のすべてが分割され、限定されたままではなく考察することができるため、「このような広い関連性をもって教えられているがゆえに、地理は、一二年間を通してあらゆる自然科学を調和させ、総合することができるのである[16]」。そもそも地理的な事柄は、歴史に対して抑圧され、付加的に扱われてきたという状況があるが[17]、シュタイナーはそれが大きく変化しなければならないことを述べている。もちろん、歴史であっても地理であってもそれぞれの形で人間が関わっているが、「人間は本来的に空間なしにはまったく考えることができない[18]」のであり、それゆえに空間的事象を扱う地理は、単なる地理の学びを超えて、空間全体に広がる不可欠な学びとなるのである。

（2）総体性と個別性の交点

シュタイナーはこの地理を、子どもの学びとして位置づけようとし、二つの相反する側面を同時に含むものとして捉える。すなわち、総体的でありながら、個別具体的であるという両義性である。「ルドルフ・シュタイナーは地理を、他から独立した単独の科目とみなそうとはしなかった。むしろ教科の中でももっとも高い位置にあり、重要なものと見なしたのである[19]」。しかし他方でシュタイナーは、地理の授業を提案している[20]。この総体と個別の齟齬は、どのように理解すればよいのだろうか。

シュタイナー学校では、四年生のエポック授業から、地理の学びが取り入れられる[21]。つまり、形態としては独立した地理の学びが設けられている。しかしその内実は、決して独立した地理ではない。地域の地理的な特徴が扱われるとき、自然の景色や地形などの地図が描かれるが、それをもとにして、河川や運河、森や畑、また天然資源と、それらにまたがる経済活動と人間の営みが扱われる。ここには、単なる狭義の地理を超えた、様々な事物や事象との関連が見出される。つまり地理という科目の個別性を介した、様々な事象と連関するという総体性が、地理の学びでは保証されているのである。「地理は、現実的にあらゆるものがそこへ流れ込み、相当なものがそこから引き出されるところの大きな道になりうるのである」[22]。このように、形態として個別的な科目でありながら、そこにとどまることを拒み、あらゆる領野、他の科目との連関へと開かれている場所、それが地理教育である。これは、学校と世界との交点である。単に子どもを学校に囲うのでもなければ、子どもを世界に放り出すわけでもない。地理教育において、学校を崩しながら、世界を再構築することが行われているのである。

この他教科と比較しての地理教育の両義的独自性は、教育を実践するにあたって認識することが求められる重要な事柄である。「他のすべての授業を統合するものとして、地理の授業を利用することは本当によいことである。地理に起こりうる最悪のことは、それが厳格に区分された時間割のなかに組み込まれることである。これは、いずれにしても望むところのものではない」[23]。両義的であるからこそ、自然環境と人間の精神的な生活の結びつきを現実的に目の当たりにすることができ、子どもたちは自分の人生をどう生きるべきか考えることが促されるのである。

(3) 同心円的拡大の学びを超えて

シュタイナーの地理教育のはじまりに見られる総体性を概観したが、とりわけ注目すべきは、個別から全体へ、自分の存在する場所から近隣、さらには世界へと広がる同心円的な方法を単純にはとらない、ということである。

杓子常規に考える人はこう言うかもしれない。「最も身近な地理から始めて、同心円的に広げていくのが自然な方法だ」と。これはすでに杓子定規である。そのようにする必要はない。自然と人間の関係についての理解の基礎ができあがれば、別の事柄に目を向けてよいのである。[24]

四年生の地理の学びは、生きいきとした地図の描写からはじまる。個別的な丘の形状や、ある特定の工場の働きなどではなく、それらを含んだ地域の全体像から入る。もちろん、完全な全体ではなく、自分の住んでいる地域という意味で個別的ではある。しかしその個別的に限定された地域であっても、そこでの具体的なものを独立した対象として見ることから始めるのではなく、まずはそこでの全体から入り、その全体に布置された様々な具体的で特殊な事物や事象を、他の事物や事象との関連のもとで学ぶことができるように配慮されているのである。これは「現実的な全体からの学び」と捉えることができる。したがって、地域の全体とそこでの連関の中での具体的な事物や事象の営みが理解できれば、地域をさらに広域へと、同心円的に広げる必要はない。日本のある地域のことを扱った後に、ベトナムのある地域を扱っても、あるいはスイスのある地域を扱ってもよいのである。

また個別的にも全体から部分へと進む例の一つが、鉱物の学びである。地理の授業で、石灰岩の山と花崗岩の山の違いを教えておき、そこから花崗岩や片麻岩の塊を見せ、さらにそこに含まれる雲母などの成分物質に注意を向けさせる。こうすることで、鉱物を現実と結びつけて深く理解することができるようになる。植物を扱うときも、同様であり、こうすることは「あるまとまった事物全体が、いかに個々の部分に分けることができるかを理解させる絶好の好機でもある[25]」とシュタイナーも明確に述べている。子どもは完全な全体としての宇宙ではなく、そこでの個別的な全体としての小宇宙を学ぶことで、個別そのものの事象と宇宙という性質にともに触れながら、学びを深めることができるのである。

4　地理教育の実践の展開

（1）学年に応じた地理教育の実践[26]

それではこれから、世界との関係からくる子どもの成長変容を考慮した、シュタイナー学校の地理教育の具体を見ていくことにしよう。

①一年生から三年生

一年生から三年生までは狭義の地理教育はなく、一般社会（Sachkunde）と郷土学（Heimatkunde）の授業が行われる。これは、第二の七年周期（七〜一四歳）のはじまりである小学一年生から三年生までは、周囲の対象と自分をはっきりと区別できないのに対して、「九歳の危機」と呼ばれる四年生になってからは、世界にある事物と自分を明確に区別し始めるようになるからである。「ルビコン河を渡る」とも形容されるこの九歳は、シュタイナーの人間学的子ども観にとって重要となる時期であり、単に子どもの認識能力が高まるというものではなく、深い自己認識も目覚めさせられるようになる。[27]こうして、一般社会と郷土学では、子どもにとって自分とのつながりを感じられる身近な事柄を扱い、自分と世界との一体感を現実的に感じることができるような学びが行われる。つまり、「身近な事柄の説明に留まりながら、将来地理や博物誌の時間に取り上げるべきものをよく考えるように子どもの興味をひきつけること[28]」がなされるのである。

具体的に一年生では、空想的な話を子どもにするのではなく、本質的でファンタジーに溢れた話をするように心がける必要がある。二年生では、様々なメルヘンの物語を通して、人間と周囲の環境の結びつきを感じられるようにする。さらに学校への通学路や遠足で出会ったものに目を向けたり、鳥の巣や葉っぱ、花や石など、子どもが拾ってきたりしたものを、他のものとの関連を意識しながら、郷土の学びに活用することができる。三年生になると、大地と密に関係のある職業、つまりは農家、馬具職人、パン職人、鉱山労働者や、大工、また靴屋や漁師、猟師、家具屋や鍛冶屋などの基本的な職業とその活動を学ぶことを通して、周囲の世界と自分の生、活動との一体感を感じられるようにする。

一年生から三年生にかけての子どもにとっては、人間や動物、植物、石、太陽や月、また季節といった自分の周囲にある環境は自明なものとして存在する。これらを、常に再び新しく自分とのつながりの中で経験することで、子どもたちはこの世界に対して、信頼と感謝、安心、さらには愛を抱くようになる。こうして子どもは「世界はすべて道徳的である」[29]という基本的な気分を育み、世界に対して「世界はよい！」という根本的な気分をもつようになる。[30]とりわけこの信頼とは、教師とともに世界に権威を感じ取るということである。第二の七年周期において最も重要となるのは権威に従うことである。その権威への服従をどのように適切に行うことができるか。その鍵の一つは、この一年生からの地理教育である一般社会と郷土の学びに含まれている。

このように、ここで扱われる事物は、他のものとの関連を決して絶たれることなく、また抽象的な理解に終わることなく、世界と自分との結びつきを常に意識しながら学ばれる必要がある。このことは、九歳からの大きな変化の後にも世界と自分との基底的なつながりを断ち切らないようにするためである。それは取りも直さず、シュタイナーが最も重視した日常生活と精神生活の結合を、人間の形成的な変容過程から下支えすることを意味する。

② 四年生から八年生

四年生では身近な地域を、鳥瞰的な視点を織り交ぜながら全体から捉え、さらに自然と人間の相互関係や、多様な事物や事象、また活動の連関から経済活動などに注目しながら、地域を学ぶことがめざされる。ここでは、自然環境と自分とのつながり、また地域における多様な事物どうしの連関がより生きいきと理解できるように、絵画や粘土などの彫塑的要素、また音楽的要素も含んだ芸術的手法、さらには実物教授法も適宜取り入れられながら、学びが行われる。地図は手書きし、色を塗ることで、自分たちの地域に親しみをより感じられるようになる[31]。このような芸術的手法による学びは、八年生にいたるにつれて徐々に知的な要素が増してくるにせよ、基本的に変わることはない。

五年生においては、四年生で学んだ経済活動や交通からくる関係を、身近な地域を脱してより大きな生活空間、例えば海沿いや高地、低地などへと広げていくとともに、さらに人間と自然との多様な関係に目を向けさせる。こうして子どもたちは、より多くの民族や人々と一つの空間に共に生きていることを学ぶようになる。五年生以降八年生にかけては、物理的な空間としての大地に目を向ける郷土化（Beheimatung）と、そこから脱して精神的―文化的な広がりに向かう異化（Differenziertheit）という、運動と反動が起こるのである。

六年生になると、学びは自分の地域を含む広域（ドイツに住んでいればヨーロッパ、日本に住んでいればアジア）へと広げられるとともに、天体的な影響を踏まえての大陸についての体系的な概観が与えられる。「地球上の他の諸地方にも眼を向け、さらに風土的な関係から、……天体の関係への移行を見出すようにする」[32]。大陸は、地形的に、また形態的な比較によって（川の流れや山脈、気候、植生など）、それぞれの個別的な形態が対置され学ばれる。この体系的な概観は「全体としての地球（Die Erde als Ganzes）」として捉えられる。また鉱物や植物が、具体的に地理の学びに入り込むことになる。

七年生では、大地のそれぞれの場所での経済的な活動から文化的な活動へと学びの重点が移される。精神的―文化的なものの側面は、歴史的なものが地理の学びに入り込むことを意味する。「地理において天体の関係を継続して取り上げ、次いで地球上の諸民族の精神的な文化状況の考察を始める。地理を学習したそれまでの二年間に得た物質文化の諸事情、特に経済状況との関連の下に精神文化を考察する」(33)。ここでは、大航海時代と関連づけられ、今日の大地は決して不変で固定された絶対的なものではなく、発展することを理解させる。このような学びにおいては、多様な民族の性格や文化の状況を、表象に適った形でのみ理解することを避けるために、色彩的に、また芸術的で実践的な仕方を用いることが要求される。また伝記もこの実践に有効である。ヨーロッパから見れば、ここではとくにアフリカとアジアが、ヨーロッパとの関わりを絶えず意識しつつ学ばれる。

八年生になると、世界へといっそう深くなじむようになるため、世界の問題を自分の問題にしたいという欲求が生起する。しかし自

シュタイナー学校生徒の地理のノート：
アメリカ・サンフランシスコの金門橋（7年生）

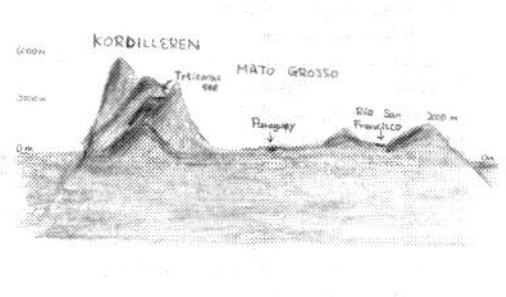

シュタイナー学校生徒の地理のノート：
アメリカのグランド・キャニオン（7年生）

分固有の問題が世界的な次元の問題であるため、地理の学びでは、「私―世界の相互関係」が考慮に入れられるようになる。様々な民族や人々の精神的な生活や文化、価値世界を学ぶことを通して、生徒たちは自分固有の精神的なものの探究に際して、指針を得ることができるようになる。また陸地が変化し、隆起することを目の当りにして、自然世界への固定的な表象や概念ではなく、生きいきとして成長する知識を得ることができるようになる。南北の大陸や原住民の移住と適応、さらにはスペインやポルトガル、またイギリスやフランスの植民地支配が、地下資源や技術、自然破壊など生徒自身の今日的な課題とも結びつけられて学ばれる。このような学びを通して、社会的、民族的な集団の異なった精神構造から、自分の精神的なあり方や生き方が吟味できるようになる。

③九年生から一二年生

九年生から一二年生の上級学年になると、子どもたちは八年間同じクラスを見ていたクラス担任と離れることになり、また地理もより専門的になる。何よりも、地球自体が全体として見られるようになり、鉱物や地球の生成（地球の器官としての植生や、地球の内部そして水と空気の生成過程）と、人間による地球・大地の変形・改造が取り上げられる。その際重視されることは、地球が有機体（Organismus）として理解されるべきであるということである。これは学問的にはゲーテ的な自然観を一つの前提にしているが、こうすることで、抽象的で価値中立的な知識や、因果論的に縛られた見方が強調されることを避けることができる。また共通して、この上級学年では地理の学びは、環境地理（Ökogeographie）へと発展することが求められる。様々に異なった地理的環境における人間の生活と環境的な条件、そしてそこでの順応した生活と経済形態が探求される。他方で、植民地主義的な搾取的経済からくる環境と社会文化的な構造の無視など、現実的な課題も浮き彫りにされる。こうして最後には地理は、地球の発展学にまでなることができる。このことを通して、未来を考える視点が、生徒たちのなかに醸成されるようになるのである。

（2）他教科に見られる地理教育

シュタイナー学校では、地理の学びに他教科の要素が含まれているだけでなく、他教科にも地理の学びが入り込み、浸透している。つまり、地理と比較して限定的な教科とみなされている歴史や国語、外国語、また理科や算数・数学、さらには手仕事や宗教などに、地理の学びが配慮されているのである。このことは、地理が本来的にもっている総体的な拡張・深化力を決して人為的に制限しないということであり、つまり地理自体を中心的な役割を担うものとして、どこまでも尊重することを意味する。

①歴史とことば

歴史は、地理の後にくる学びである。なぜならば、歴史とは時間の継起からくる事柄を結びつけて行う高度な思考の営みであり、その前提としては場所的な営みの理解が必要だからである。そのような点で、歴史は地理の母胎の上に、学ばれるということが理解できる。シュタイナー学校では、場所を絶えず意識しながら、歴史の独自性が語られている。

国語では、低学年から、抽象的で機械的な文章を用いるのではなく、身近な周囲の世界に関することを通して、ことばを学ばせる。「聞いた事柄を書き写せるようになったら、先生は動物、植物、牧場、森などの周囲の事柄について話して聞かせたことを短文にまとめるように促す[34]」。また九歳以前の子どもに授業するにあたっては、ファンタジーを大切にすることが再三言われているが、そこにおいても、地域的な事象との関連は不可欠である。「子どもの周囲にある植物、動物、鉱物が人間のように語り合い、ふるまい、憎みあったり、愛しあったりする、と話すことが必要である。想像力豊かに擬人化しなければならない[35]」。抽象的で空虚なことばではなく、生きたことばは、地理的世界と不可分である。

外国語では、各国のそれぞれの言語の構造自体、人間と世界との関係を表している。例えば、自分と世界が切り離せないとき、主語を作らず活動だけをただ名指すのであり（雨が降る Es regnet）、そうではなく容易に自分と世界の客体が分離しうる場合には主語が作られる（牧場は緑だ Die Wiese grünet）。つまり、外国語を学ぶには、このような外国語が体現している関係のただなかに自分も入り込む必要がある。それは現実の周囲の世界の中で外国語を学ぶことである。具体的には、「低学年〔の外国語の授業〕では、つぎのようなテーマをとりあげると大変効果的である。季節について。昼と夜について。自然の王国（鉱物、植物、動物）について。…三年生では、子どもがほかの授業で習っている買い物の仕方や時間の言い方などの日常生活のさまざまな活動についての知識を外国語の授業のなかにとりいれることができる[36]」。高学年では、「外国語教師は、子どもたちが『歴史』や『地理』のエポック授業で学んでいるテーマを自分の授業でもとりあげるならば、とても効果的な授業をすることができる。…生徒たちは、五年生あるいは六年生から外国の地理を学ぶが、言葉を学んでいる国の地理は、つねに、その国の言葉で教えられる。…また、もしもスペイン語の授業であれば、教師は生きいきとした仕方で、スペインの各地方の特色について、子どもたちの関心をかきたてる[37]」。外国語を学ぶことは、母国語とは異なる特定の現実的な地理的・文化的文脈を内包する言語ゲームの中に、自分の身を置くことを意味する。この学びはシュタイナー学校では一年生から、二つの外国語の学びによって行われる。これは、自分の属することばの世界を脱して、別の生活世界へと自分を移す訓練でもあり、地理的な態度を支える取り組みである。

②博物学と算数・数学

博物学（Naturkunde）の授業では、植物学（Phlanzenkunde）や動物学（Tierkunde）に関わるものが具体的な授業として教えられるが、ここでも地理的側面は前提されておりかつ内容的にも様々に関連している。例えば植物については、五年生では「生きる有機体としての地球に関連させながら、植物界の学習をする。ここでは、世界の各地域に見られる植物の気候学的・地質学的な依存関係を扱う」[38]。さらには六年生では、「植物を学習しながら、子どもたちは基本的な地質学として、地理と結びつけながら鉱物界の学習へと進む」[39]とされる。植物は、雄しべや雌しべの観察、というように、客体として個別的に行うことははじめにはなされない。むしろ、大地に根を張り、太陽の光によって、また季節の変化によって、変わっていく植物から学ばれる。地理的総体的な世界における植物が、取り上げられるのである。「あなたは植物を、…全自然、太陽、地球などの中において観察しなければならない。植物をいわば宇宙との関連の中に置くのである。そうすれば…子どもにもう理解できる考察が分かるのである」。このような前提のもとに内容が、地形や地質、また天文的な影響、さらには熱帯や温帯、寒帯などの地域の差にも目を向けながら学ばれるのである[41]。

算数・数学はどうだろうか。この教科ではとりわけ計算においては、直接の地理的な内容の事柄が盛り込まれるというよりも、その骨格である、全体から部分へと向かう事物や事象の関わり方が取り入れられている。「計算を例にとると、足し算から始めるのではなく、部分に分けることのできる合計から始める。ここでも、全体から部分へという流れをたどる。子どもたちを現実的にそして生きいきと世界へと導くことへと到ることが、教育と授業にとっての大きな長所なのである。なぜなら、世界は全体性をもっており、子どもは生きた全体と永続的な関係を持ち続けるからである」[42]。全体から部分への学びが重要となるのは、子どもの本性がそのように全体から部分を理解するという欲求をもっているからである[43]。そしてそのような本性的欲求は、有機的に全体において部分が生きているという世界そのものを反映しているのである。そしてもう一つの柱は、幾何学であるが、四つの点で、地理教育の要素が取り入れられている。（一）宇宙の運動、（二）形態感情や美的感情、（三）鉱物学や天体との関連をもつ内容、（四）地図の作成と測量、である。（一）に関してであるが、幾何学は人間の実際生活のどこにも存在しない抽象的な観念を扱っていながらも、それは宇宙との関連において学ばれることで、抽象性を脱する。「本当は三角形とは、人間が宇宙の中で無意識に行う運動の一つである。あなたがたが幾何図形を描くことによって、幾何学で心に留めるような運動を、あなたがたは地球とともに行っている。地球はコペルニクス的世界観が示すような運動をしているだけではなく、もっと全く別な芸術的な運動も絶え間なくしているのである。そしてさらにより複雑な、たとえば四面体、八面体、十二面体、あるいは二十面体等々の立方体の稜線のような運動もしている。それらの形体は考えだされたものではなく、現実であり、無意識の現実なのである。…人間は宇宙の中にまさにとても組み込まれている。その人間は幾何学を形作ることで、彼自身が宇宙の中で行う事柄を追形成するのである」[44]。さらには（二）のように、自然の模倣以前に幾何学と結びつく形態感情を目覚めさせることで、技術のうちにある美しさを実感できるようになる。このような美との連関は、音楽と線描と幾何の要素を特徴的に有するオイリュトミーにもつながるものである[45]。（三）と（四）については、幾何学の直接的な学びというよりも、その応用形態であるが、それでも地理が不可分であることを見て取ることができる。「やっと幾何学を用いて鉱物界を手掛けるときがやって来た。…さらに博物学と幾何学を使いながら地理がはじまる。博物学は物理学の概念と結ぶつくことによって、幾何学は地図を作成し、物理学の概念を関連させることによって地理の助けとなる」[46]。鉱物には、様々な形態、三角形や四角形、あるいは六面体、などの形がみられるが、それにとどまらず測量や、地図の作成にも、幾何学的な知識が重要な意味をもち、さらにそれらの地理的な見地が、幾何学の応用を含めた全体の学びを強化するのである。

③手仕事と実習

シュタイナー学校では、手仕事や様々な実習が重視されている。それは、「子どもが学校課程で学習するすべての事柄は結局のところ、人間の実生活とどこからでも結びつくように幅広く与えられるべきである」[47]という、大前提としての考え方に基づいている。手仕事は、編み物から入り、ニットの帽子や靴下などをつくり、さらには自分の洋服までも高学年、八年生、九年生になると製作するようになる。糸や毛糸、また布の性質から、様々な地域で作られたものに自分で実際に働きかけて、洋服などを仕上げ、それを現実の生活の社交の中で着る。これは自然と人間と社会が連動していることを実感する学びである。教師は、ときには子どもの生活に合わせて例えば、ボール遊びが好きな子どもには、ボール入れを作らせる。それは空間的・場所的な生活と連動させながら、手仕事が行われていることを意味している。また実習は、農業や福祉、また仕事と関連のある様々な場所で行われる。[48]「最も重要なことは、将来自分たちが生活したり職業についたりするとき、かつて覚えたことがあるとか、習ったことがあるとかいう感情を持つということである。こうした感情を持つということは、自分の行動に確信をあたえるし、社会でのふるまいの自信につながるのである」[49]。このように、地理的な活動と自分の将来のすり合わせがここでなされているのである。

④宗　教

最後に、宗教の授業はどうだろうか。シュタイナー学校では特定の宗教や宗派のみを教えることはない。しかしもちろん、聖書の学びを授業で取り入れることもあるし、聖書の特定の個所を劇として扱うこともあり、学校がある場所の文化的な背景も影響しながら、キリスト教が一つの中心に据えられているということはある。そのような中でも、宗教は地理的な要素と密接に結びついていることは十分に注意しなければならない。すなわち、「もしも、宗教の教師がいばらずにときどき他の科目の事項を自分の授業に取り込もうとするならば、例えば宗教の授業のまっ最中に、子どもに蒸気機関を説明しようとするとき、それを天文学的事象やきわめて世間的な物事などに結びつけるならば、宗教の先生がそうしているんだという単純な事実が、成長しつつある子どもたちの意識にとって測り知れない意義を持つようになるであろう」[50]。このことは、子どもの学ぶ宗教が極度に精神化し、狂信化することを避けることにもつながっている。かつ、精神的なものを一切排して、ただ事物にだけ注目することは唯物的でありそれもまた退けられる。宗教と日常生活との結合が、したがって求められるのであり、それゆえに宗教の授業において、地理的な事柄を結びつけることの重要性が指摘されているのである[51]。このことはまた、他の宗教への配慮ということにも通ずる。なぜなら現実世界では、様々な宗教が実際に存在しているという中で、自分の宗教を考えていく必要があるからである。チャイルズによれば、「ここで強調されなければならないことは、ほかの世界的な宗教やさまざまな宗派に対する敬意を払いながらも、宗派にとらわれない真の意味での『キリスト教』をカリキュラムの中心にすえたのは、ルドルフ・シュタイナーの意志によるものであるということである」[52]。また宗教の学びの具体としては、「この第一段階〔第一学年から第四学年〕は、自然宗教を概観することに費やされる。子どもたちが自然の中の聖なるものの働きを通して、叡智が表されていることを感じ取るように扱われる」[53]。さらには、「〔第十一学年および第十二学年では〕罪と償い、原因と結果などについての考えを通して、生徒たちとの話し合いが持たれる。さまざまな民族宗教の考察から、宗教の比較研究をする」[54]。地理的な学びとは、宗教教育の欠かすことのできない伴侶なのである。

以上、他教科に見られる地理教育を考察してきた。とくに特徴的なことは、様々な教科に地理教育は直接的に染み込んでいるということである。そのような中で、しかしながら前項で見たように、形式として独立した地理教育もまた一二年生まで行われている。学ぶ内容が世界へと開かれている教科としての地理教育を、さらに他の教科に浸透している地理教育によって補完することで、地理教育の形式的個別性を打破しようとしているのである。こうすることで、地理教育は、日常生活と精神生活の統合をより促すような、総体的な学びへと現実的に近づくことができるのである。

5 地理教育の意義

(1) 生きた概念とともに自分を創造する

地理教育によって、とりわけめざされていること、それは死んだ概念でなはなく、生きた概念を身につけることであり、そしてこの世界でこの世界とともに現実的によりよく生きることである。死んだ概念とは、固定した概念であり、定義によって与えられる概念である。定義によって満たされた授業は、死んだ授業である。他方、定義づけるのではなく、性格づけることで、概念は示されつつも、生きたものになり、変化し発展しうるものとなる。このように、定義づけをするのではなく、現実の事物や事象を性格づける授業では、事柄は様々な観点から考察される[55]。これこそ、総体的な教科としての地理とともに、他教科へも基底的に浸透する地理を併せもった、統合的な地理教育そのものに他ならない。博物学での動物の授業で、イカを扱うときは、イカだけでなくネズミを扱い、また人間と対照させ、さらにそのイカの住む場所や環境などを吟味しながらイカに迫る時、イカは定義づけではなく性格づけられる。その場合には、「相互の関係を通して様々な問題が出てくるので、定義づけではなく、性格づけを行わざるを得なくなる[56]」。こうして概念は、探究的に生きた概念となり、さらにはその概念は子どもによってさらに絶えず問い直されうるために、人間としての自分自身に結びつけられ、変化し続けながら、自分と相互に影響を与え合いながら発展していくのである。動物とは、世界とは、人間とは何か。子どもはこのような問いをその場所、その時々に、地理教育で身につけた思考によって、自分で性格づけながら、自分で絶えず吟味し、そしてその概念を自分の生きる信念と生き方に結び合わせながら、自分の現実の人生を絶えず切り拓き創造していくのである。[57] このような意味において、地理教育とは人間の現実のよりよき人生そのものなのである。

（2）大地の道徳教育

さらに地理教育には、道徳的な要素が二重の仕方で埋め込まれている点は注目に値する。地理教育がもたらす内容面において、そしてさらに地理教育という構造そのものにおいてである。前者については、子どもは様々な地域に住む異なった人々との空間的・場所的共存を理解するようになり、そのような隣人を愛するようになる。自然環境から影響を受けながら、その自然に働きかけながら文化を生み出し、生活をしている隣人は、突然現われてくる異質な他者とは異なっている。子どもは他者と、抽象的な異質な他者として出会うのではなく、まさにその地理的な場所に編み込まれた存在としてその世界への驚きとともに出会うのである。この他者は、敵や異邦人ではなく、同じこの地球に生きている存在としての隣人である。上級学年になると、エゴイスティックで偏狭な民族主義や地域格差を目の当たりにして、それらを克服して人びとが互いに理解し助け合う隣人愛・兄弟愛の精神が醸成されるようになる。「われわれが思慮的に地理を教える人は、空間で共にいることを学んでいない人よりも、隣人とより愛情深く向き合うのである。彼は他者のそばに共にいること（Danebenstehen）を学ぶのであり、他者を配慮するのである。これらのことは道徳的人間形成へと深く向かい、地理の抑圧は隣人愛に対する攻撃を意味することに他ならない[58]」のである。さらには、大地の摂理と豊穣さへの感謝の念が培われ、そこから大地への信頼と、さらには未来の大地・地球への責任が芽生えるようになる。[59] 後者については、地理という学び自体が、自然と人間、外的な日常生活と内的な精神生活の結びつきを強固にすることを前提にするがゆえに、両者の乖離からくる閉じたエゴイズムと真っ向から立ち向かう態度を根本的に求めている。地理教育における学び自体が、閉じたエゴイズムを超えるように構想されているのである。シュタイナーは単に地理教育は、総体的であるから、教科の中心と見なしているのではない。彼が究極的にめざす、日常生活と精神生活の統合を、現実において力強く成し遂げることのできる希望に満ちた教科であるからこそ、地理教育は中心なのである。

(3) 教育を創造する世界市民

そして子どもの学びと教師の活動、存在を地理教育は根本的に問い直していることを銘記しなければならない。地理教育は、教科を受け入れながら、教科を打ち破ろうとしている。地理教育の観点から見れば、例えば歴史で十字軍遠征中にSofaということばが東洋から伝来したものであると語る時、ソファーの製造工程の話をしたり、西洋の他の家具に思いをはせたりすることもできる。[60] これはとても子どもの学びにとって有意義である。なぜなら、それは「生命からの要請[61]」だからである。この学びは、一時間の授業内には必ず目標があり、それから外れることは削ぎ落とされる、という学校教育の授業形態自体を根本的に問うものである。これはさらに、子どもの生命からの要請のみならず、教師という人間の生命にも作用するものである。あらゆるものと関連づけることが可能な地理教育は、教師にどのように授業で扱うことを取捨選択し、関連づけるかという多大な責任を課すことになる。「最初から時間割を決めるような授業では、教師からの働きかけという技術を完全に無視している。そうであってはならない。教師こそが、学校体系全体における駆動力・賦活力とならなければならないのである。地理の教授法について私が話してきたことは、ひとつの好例である[62]」。これは、教師の限定的な専門職としての役割を超えるところにまで行き着く。教師は、様々な教授法や教育内容に習熟し、子どもに教えることができる存在であるだけでは不十分である。教師自身、あらゆる事物や事象が様々な関連のもとにある現実を自分自身で生きていなければならない。それは単にこの世界に生きているといったことを超えた、現実的な生の体現者でなければならない。外界と人間の生活の中で起こっているすべてのことが、私たちの関心を呼び起こすのでなければならないのである。「私たちは教師として、世界中の出来事と人間に関するあらゆる事柄に興味を持たなければならない。……私たちは人類の出来事に対して、それがどんな大きなことであれ、どんなささいなことであれ、興味を持つべきである。同様に、ひとりひとりの子どものすべてのことに興味をいだくことができるべきである。教師は、全世界と人間の存在に興味を持つ人でなければならない」[63]。教師は、このようにして、世界に実質的に開かれている世界市民でなければならないのである。この世界市民は、この現実の世界の只中に生きるだけでなく、この現実の世界の未来を洞察し、その洞察からくる理念のもとに行動することのできる存在である。そしてその教師によって働きかけられながらこの現実の世界に生きいきと生きる子どもは、世界市民として形成されようとしているが、そもそも子ども自体、すでに世界市民なのである。

6 おわりに——宇宙の現実の襞へ——

地理教育は、外的な日常生活と内的な精神生活を統合する総体的な現実において、人間が自分自身を創造して生きることを後押しするものである。地理教育が欠けていれば、日常生活と精神生活は分離・孤立し、現実は自然主義的、あるいは唯物主義的か、または宗教的、超越的にのみ存在するという理解に陥らざるを得ない。これはもはや、現実の世界の否定であり、その世界に生きる人間の生の破壊である。シュタイナーが捉える、この世界の現実は決して、客観的な世界でもなければ、自然科学的に捉えられた世界でもまたない。日常生活と精神生活が統合され、有機的な連関に絶えず開かれた総体としての世界。この世界は、人間のものではもはやなく、この世界には人類が息づいており、そしてまた、その人類的な人間は宇宙と結びついているのである。「ここに一人の子どもがいる。この子どもも全宇宙と結びついている。私が子どもの教育に関わるとき、一人ひとりの成長しつつある子どものうちに私は全宇宙のうちで意味のあることを見出し、全宇宙のうちで意味のあることを行っているのである」[64]。この世界の現実は、宇宙の現実であり、つまり、様々な結びつきを決して閉ざさない宇宙と人類の協働する場所である。シュタイナー学校における地理教育は、現実的に、この人類が存在する宇宙を子どもの前に触れ、経験できるものとして立ち現わせてくれるのである。

注

※邦訳のある引用文献については、基本的に邦訳を使用しつつ、必要に応じて訳の変更を行っている。

（1）教育思想史・教育史的に見て地理教育が重視されたのはシュタイナー教育がはじめてではない。ゲーテも幼少期に愛読した『世界図絵』を、世界初の絵入りの教科書として世に送り出したコメニウスや、身体的な行為とも結びつけて場所的自然を活用した数々の実践と考察を生み出したルソーは、早くから広い意味での地理教育の重要性に気づいていた教育者である。さらにカントは彼らから影響を受けながら、自分の教育学の母胎に地理教育を据え、単なる個人の道徳的人間形成を超えた人類の発展的形成を企図した点で、新たな道を拓いた。シュタイナー学校における地理教育は、この延長線上において、そしてさらに異なる次元へと跳躍する踏み台を内包しながら、生み出され、遂行されている。コメニウス（一九九五）、ルソー（一九六二―一九六四）、広瀬悠三（二〇一七）。

(2) Querido (1982), Childs (1991), Richter (Hrsg.) (2003).
(3) Brater, Hemmer-Schanze, Schmelzer (2009), Paschen (Hrsg.) (2010), Ullrich (2015), Dahlin (2017), Barz (2018).
(4) Steiner (2006), p.118: シュタイナー(二〇〇九)、一〇三頁。
(5) Steiner (1979b), p.104: シュタイナー(二〇一七)、一九八頁。
(6) Sterner (1979b), p.106: シュタイナー(二〇一七)、二〇三頁。
(7) Steiner (2006), p.188: シュタイナー(二〇〇九)、一六一頁。
(8) Steiner (2006), pp.188-189: シュタイナー(二〇〇九)、一六一頁。
(9) Steiner (1979b), p.105: シュタイナー(二〇一七)、二〇〇頁。
(10) Steiner (1979b), p.104: シュタイナー(二〇一七)、一九六頁。
(11) Cf: Dahlin (2017), p.46.
(12)「あらゆる認識行為を腐蝕してきたカント主義が極めておそるべき荒廃を引き起こした。一体カント主義とは何をすることなのか。それは初めから独断的に、周囲の世界を我々が直観しなければならず、我々の内にはもともとこの世界の鏡像だけしか存在しない、と主張する。このカント主義はすべての他の演繹に入り込む。カントは人間の知覚された環境が何であるかについて、はっきりした観念を持っていない。なぜなら現実は、環境の中にあるのでも、現象の中にあるのでもなく、この現実の獲得を通して次第に立ち現れ、そうして私たちに現われてくる最後のものこそのが現実だからである」(Steiner (1980), p.90: シュタイナー(一九八九a)、八七―八八頁)。
(13) Steiner (2019b), p.172: シュタイナー(二〇〇九)、一五五頁。
(14) Steiner (2005a), p.194: シュタイナー(二〇〇二)、二五七頁。
(15) Steiner (1979b), p.49: シュタイナー(二〇一七)、九六―九七頁。
(16) Querido (1982), p.42: ケリードー(一九九〇)、一〇六頁。
(17) Steiner (1978), p.51.
(18) Steiner (1978), p.52.

（19）Childs (1991), p.135: チャイルズ（一九九七）、二九九頁。

（20）Steiner (2005b), p.176: シュタイナー（一九八六）、一七五頁。

（21）具体的な郷土の学びを地理に含めると、四年生から地理の学びは始まる。逆に郷土を独立させると、狭義の地理の学びは五年生から始まる。ただし、一年生から始まる一般社会（Sachkunde）や郷土学（Heimatkunde）までも地理教育と捉えることができるため、広い意味では一年生から地理的な学びは行われる。

（22）Steiner (1990), p.187: シュタイナー（一九八六）、一八五頁。

（23）Steiner (2005b), p.185: シュタイナー（一九八六）、一八四頁。

（24）Steiner (2005b), pp.179-180: シュタイナー（一九八六）、一七八―一七九頁。

（25）Steiner (2005b), p.187: シュタイナー（一九八六）、一八五頁。

（26）以下の考察は、リヒターのカリキュラムの枠組みに基本的に依拠しながら、適宜筆者が解釈を施したものである。Cf: Richter (2003), pp. 221-234.

（27）Dahlin (2017), pp. 73-74.

（28）Steiner (2019a), p.196: シュタイナー（一九八九ｂ）、二一一頁。

（29）Steiner (1980), p.142: シュタイナー（一九八九ａ）、一四八頁。

（30）Richter (2003), pp. 217-218.

（31）「地図の把握の最もよい方法は、地図自体を色で塗ることである」。なぜなら、沿岸や、熱帯雨林、山地など様々な地理的事象が、まったく異なった色で塗られて、芸術的に表現されるため、子どもはよりそれらの特徴を感情を伴って実感的に理解できるようになるからである。Carlgren, Klingborg (1996), p. 172.

（32）Steiner (2019a), p.202: シュタイナー（一九八九ｂ）、二一六頁。

（33）Steiner (2019a), p.203: シュタイナー（一九八九ｂ）、二一六頁。

（34）Steiner (2019a), p.196: シュタイナー（一九八九ｂ）、二一一頁。

（35）Steiner (1979a), p.38: シュタイナー（一九九六）、六一頁。

(36) Querido (1982), p.73: ケリードー（一九九〇）、一七六頁。

(37) Querido (1982), p.77: ケリードー（一九九〇）、一八四—一八五頁。

(38) Childs (1991), p.186: チャイルズ（一九九七）、三九九—四〇〇頁。

(39) Childs (1991), p.186: チャイルズ（一九九七）、四〇〇頁。

(40) Steiner (2019a), p.126: シュタイナー（一九八九ｂ）、一三九頁。

(41) 植物を採集して、個々の植物を教室で鑑賞することは無意味であり、様々な連関の下にある現実の植物を扱うことの重要性をシュタイナーは指摘している。Steiner (1979a), p.43: シュタイナー（一九九六）、七〇—七一頁。

(42) Steiner (2005b), p.90: シュタイナー（一九八六）、八四頁。

(43) Steiner (1979a), p.84: シュタイナー（一九九六）、一三四—一三五頁。

(44) Steiner (1980), pp.57-58: シュタイナー（一九八九ａ）、五一—五二頁。

(45)「実際、オイリュトミーは幾何にも音楽にもとてもよく適応できる。二年生になったら、字母をオイリュトミーで取り上げ、それを三年生でも続ける。しかし、常に繰り返して、オイリュトミーを音楽と幾何と線描に結びつけることである」。Steiner (2019a), p.217: シュタイナー（一九八九ｂ）、二三四頁。

(46) Steiner (2005b), pp.164-165: シュタイナー（一九八六）、一六三頁。

(47) Steiner (2005b), p.193: シュタイナー（一九八六）、一九一頁。

(48) Ullrich (2015), p.56.

(49) Steiner (2005b), p.192: シュタイナー（一九八六）、一九〇頁。

(50) Steiner (2005b), p.197: シュタイナー（一九八六）、一九五頁。

(51)「最近人々は、どのようにしてあのように無宗教になったのであろうか。それは、今日説教されることがあまりにセンチメンタルで抽象的だという単純な理由のゆえであろう。……もし十三歳から十五歳の子どもを実生活へと導くならば、かれらは理想主義的な魂の要求に対する健全な態度をもち続けるであろう」。Steiner (2005b), pp.195-197: シュタイナー（一九八六）、一九三—一九四頁。

(52) Childs (1991), p.176: チャイルズ（一九九七）、三八〇―三八一頁。

(53) Childs (1991), p.176: チャイルズ（一九九七）、三八一頁。

(54) Childs (1991), p.177: チャイルズ（一九九七）、三八二頁。

(55) Cf: Dahlin (2017), p. 44.

(56) Steiner (1980), p.140: シュタイナー（一九八九ａ）、一四六―一四七頁。

(57) ダーリンは、シュタイナー教育における知識の役割として、現実の表象を構成するのではなく、感覚を通して受け取る経験とともに新しい領野を創造するものと捉えている。このことは、現実の描写と捉えられがちな地理教育にも当てはまることである。Dahlin (2017), p. 39.

(58) Steiner (1978), p. 52.

(59) Querido (1982), pp.43-44, pp.49-50: ケリードー（一九九〇）、一一〇―一一一頁、一二一―一二二頁。またダーリンは実証的な研究により、「シュタイナー学校の生徒は現在と将来の社会的あるいは道徳的な問題に対してより多くの責任感を感じている」と結論づけている。Dahlin (2017), p. 134.

(60) Steiner (2005b), p.197: シュタイナー（一九八六）、一九五頁。

(61) Steiner (2005b), p.198: シュタイナー（一九八六）、一九六頁。

(62) Steiner (2005b), pp.186-187: シュタイナー（一九八六）、一八五頁。

(63) Steiner (2005b), p.225: シュタイナー（一九八六）、二二六頁。

(64) Steiner (1980), p.158: シュタイナー（一九八九ａ）、一六五―一六六頁。

参考文献

Heiner Barz (2018). *Reformpädagogik- Innovative Impulse und kritische Aspekte*, Belz Verlag, Weinheim.

Michael Brater (2009), Christiane Hemmer-Schanze, Albert Schmelzer, *Interkulturelle Waldorfschule- Evaluation zur schulischen Integration von Migrantenkindern*, VS Verlag, Wiesbaden.

Frans Carlgren, Arne Klingborg (1996). *Erziehung zur Freiheit- Die Pädagogik Rudolf Steiners*, Verlag Freies Geistesleben, Stuttgart.

Gilbert Childs (1991). *Steiner Education in Theory and Practice*, Floris Books, Edinburgh. ギルバート・チャイルズ（一九九七）、渡辺穣司訳『シュタイナー教育　その理論と実践』イザラ書房。

J・A・コメニウス（一九九五）、井ノ口淳三訳『世界図絵』平凡社。

Bo Dahlin (2017). *Rudolf Steiner- The Relevance of Waldorf Education*, Springer, Cham.

広瀬悠三（二〇一七）『カントの世界市民的地理教育――人間形成論的意義の解明』ミネルヴァ書房。

Harm Paschen (Hrsg.) (2010). *Erziehungswissenschaftliche Zugänge zur Waldorfpädagogik*, VS Verlag, Wiesbaden.

René M. Querido (1982). *Creativity in Education: The Waldorf Approach*, H. S. Dakin Company, San Francisco. ルネ・ケリードー（一九九〇）、佐々木正人訳『シュタイナー教育の創造性』小学館。

Tobias Richter (Hrsg.) (2003). *Pädagogischer Auftrag und Unterrichtsziele- vom Lehrplan der Waldorfschule*, Verlag Freies Geistesleben, Stuttgart.

ルソー（1962-1964）、今野一雄訳『エミール（上・中・下）』岩波書店。

Rudolf Steiner (1978). *Menschenerkenntnis und Unterrichtsgestaltung*, Rudolf Steiner Verlag, Dornach.

Rudolf Steiner (1979a). *Die Kunst des Erziehens aus dem Erfassen der Menschenwesenheit*, Rudolf Steiner Verlag, Dornach. ルドルフ・シュタイナー（一九九六）、西川隆範訳『人間理解からの教育』筑摩書房。

Rudolf Steiner (1979b). *Die Erziehungsfrage als soziale Frage*, Rudolf Steiner Verlag, Dornach. ルドルフ・シュタイナー（二〇一七）、今井重孝訳『社会問題としての教育問題』イザラ書房。

Rudolf Steiner (1980). *Allgemeine Menschenkunde als Grundlage der Pädagogik*, Rudolf Steiner Verlag, Dornach. ルドルフ・シュタイナー（一九八九ａ）、高橋巖訳『教育の基礎としての一般人間学』筑摩書房。

Rudolf Steiner (2005a). *Die Philosophie der Freiheit*, Rudolf Steiner Verlag, Dornach. ルドルフ・シュタイナー（二〇〇二）、高橋巖『自由の哲学』筑摩書房。

Rudolf Steiner (2005b). *Erziehungskunst: Methodisch- Didaktisches*, Rudolf Steiner Verlag, Dornach. ルドルフ・シュタイナー（一九八六）、坂野雄二・落合恵子訳『教育術』みすず書房。

Rudolf Steiner (2019a). *Erziehungskunst: Seminarbesprechungen und Lehrplanvorträge*, 5. überarbeitete und Erweiterte Auflage. Rudolf Steiner Verlag, Basel. ルドルフ・シュタイナー（一九八九ｂ）、高橋巖訳『教育芸術２　演習とカリキュラム』筑摩書房。

Rudolf Steiner (2019b). *Soziale Zukunft*, Rudolf Steiner Verlag, Basel. ルドルフ・シュタイナー（二〇〇九）、高橋巖訳『社会の未来——シュタイナー１９１９年の講演録』春秋社。

Heiner Ulrich (2015). *Waldolfpädagogik- Eine kritische Einführung*, Beltz Verlag, Weinheim.

❻

シュタイナー学校にしみ渡る道徳教育

――その考え方と実践――

広瀬俊雄・広瀬綾子

担任教師と子どもたち（野外での誕生会：ウィーン・シュタイナー学校第３学年

シュタイナー学校には、教科としての「道徳」の時間は、ない。ないが、道徳教育は、学校の隅々まで行き渡っており、わが国の学校以上に重視されているといっても言い過ぎではない。

この学校の小学校と中学校段階、つまり児童期の道徳教育は、どのような考えのもとで、どのように行われているのか。

児童期の道徳教育の支えとなっているのは、シュタイナーの考え方・思想である。以下、かれの考え方と、それに基づくシュタイナー学校の実践を紹介しつつ、述べてみよう。

1　児童期の道徳教育の目標

児童期の道徳教育の目標は、子どもの本性から導き出される。シュタイナーによれば、人間の本性を深くみるとき、わかることは、道徳性を身につけて人間らしく生きたいという道徳性への欲求を持っていることである。教育においては、この欲求に注目し、これを満たすことを最も重要な課題としなければならない。道徳教育は、人間・子どもが内に持つその道徳性への欲求を十分に考慮して行われなくてはならない。世の一般的な学校のなかにその欲求を考慮した適切な道徳教育を見出すことは、容易ではない。あちこちに、適切さを欠く道徳教育が氾濫している。このような状況を憂えて、シュタイナーは、十分に適切な道徳教育が行われないとすれば、それは、人間の聖なる本性をないがしろにした「犯罪」であろう[1]、とまで言い切る。

思えば、教育の歴史が示すように、道徳教育は、人間・個人の道徳性への欲求の視点ではなく、国家の政治的な視点、産業界からの経済的な視点などから行われてきた。シュタイナーは、これを強く批判し、人間・個人の視点に立つ道徳教育を主張する。

児童期の子どもがその本性のうちで願い欲している道徳とは、一体、どのようなものか。その重要なものは、シュタイナーによれば、感謝と愛、とりわけ愛である。児童期では、子どもは、幼児期に強く現れる感謝への欲求をひき続き持ちつつ、他人を愛す他人への愛の欲求にめざめ、これをより強くより大きく広げようとする。シュタイナーは、この愛を、どのような人をも分けへだてなく愛する「普遍的な人間愛（allgemeine Menschenliebe）」と呼ぶ。かれは、この普遍的な人間愛への欲求・成長を児童期の子どもの中心的な欲求・成長とみて重視する。「……普遍的な人間愛、それは、児童期に成長してくるものです[2]」。

この普遍的な人間愛の成長は、この愛への欲求が眠ったままの状態からめざめるというかたちで行われる。このめざめは、子ども一人ではできない。それがめざめるには、教育つまり、外部からの手助けが是非とも必要である。この愛は、外部からの手助けによってはじめて眠りから目ざめた状態になって成長する。この愛は、外部からの手助けを必要としない異性間の本能的な愛ではない。それは、外部からのすぐれた手助けを必要とし、それによって目ざめる愛である。

シュタイナー学校の道徳教育では、この、目ざめる普遍的な愛の育成が教育の大きな目標にされる。シュタイナーは、「愛、それは、目ざめなければなりません[3]」と述べ、さらに「この普遍的な人間愛を目ざめさせるために、学校であらゆることが行われなくてはなりません[4]」と強調してやまない。

児童期の道徳教育では、普遍的な愛の育成のほかに、もう一つの重要な道徳性の育成がある。それは、道徳上のことがらに対する「感情」、詳述すると、「善への共感・好感・快感」および「悪への反感・不快感」の喚起である。

もとより、児童期の子どもの大きな特徴の一つは、物事を知的・論理的に認識することではなく、「感情」で受けとることにある。道徳上のことがらについて言えば、子どもは、善や悪を「悪とはこのようなものである、悪とはそのようなものだ」と知的論理的に理解し判断するのではなく、善に出会ったときに「深い快感を感じた」、悪に出会ったときに、「悪はとても不快だ」と感情レベルで受けとめ、感情レベルで判断するのである。シュタイナーは、この子どもの特徴を重視するがゆえに、こう言う。「道徳上の事柄についての感情レベルの判断（Gefühlsurteil）が、児童期に育成されなくてはなりません」[5]。この一節の「感情レベルの判断」とは、道徳上のことがら、つまり「善への好感」および「悪への反感」で善と悪をみていくということである[6]。

以上、道徳教育の目標について述べた。では、その目標はどのようにしたら達成されるのであろうか。次に道徳教育の方法について述べてみよう。

2　児童期の道徳教育の方法

（1）道徳教育の方法としての「権威者」

普遍的な愛、つまりどのような人をも平等に愛する博愛を子どものうちに目ざめさせるのにしばしば用いられる方法に、病弱な人々のために生涯を捧げた偉大な人―例えばナイチンゲールやシュバイツアーなど―の伝記の使用がある。

たしかにこのような方法は、博愛への目ざめの一つの刺激になることはありうることだろう。しかし、シュタイナー学校では、このような方法よりももっと重要な方法が用いられる。その方法とは、生身の教師自身が目の前の子どもに深い心からの愛を注ぐということである。この愛を注ぐとは、シュタイナーによれば、教師が、子どもから優れた権威をもった「権威者」として迎え入れられることである。

もとより児童期の子どもは、自分が心の底から自分の意志で従っていくことのできる、信頼し尊敬できる指導者を得て成長したいと願っている。シュタイナー教育では、このような指導者を前述の「権威者」と呼び、道徳教育においてもその存在をこの上なく重視する。「……権威者のもとでこそ、第二の特性すなわち愛は成長するのです[7]」。

断っておくが、ここで言う「権威者」は、子どもを未熟者とみて、権力や罰によって従わせようとする傲り高ぶった教師のことではない。シュタイナーは、当時のよくみられたそのような教師の存在に注目して「強制的に崇めさせることをさせられた教師の権威」と批判し、また「表面的な権威者」と皮肉る[8]。

では、教師が子どもの前に「権威者」として立つことができるためには、どうすればよいのか。そのためには、二つのことが是非とも必要である。一つは、教師が、内面をよくみがいて子どもの本性についての深く豊かな考え方・思想あるいは思いを持つことであり、もう一つはその考え方・思いを実行に移すことである。以下、これら二つについて詳しく述べてみよう。

(2) 確固とした子どもへの思い
――子どもに感謝と畏敬の念を持ち、芸術的欲求を尊重する――

児童期の教師も、幼児期の幼児の前に立つ教師と同じように、自分自身の内面をみがいて深く豊かな思想を持たなくてはならない。これは、シュタイナーの道徳教育の鉄則の一つであるが、その思い・思想は、大きくは、三つに分けられる。

その一は、幼児に対して持つのと同じように児童期の子どもに対しても「感謝」の念を持つということである。「……この感謝の念を絶対に持っていなければならないのは、誰よりもまず教師であり、教育者なのです[9]」。ここに記された感謝の念とは、「教育活動を行うに際して、一人の子どもが自分に与えられたという事実」に対する「感謝の念」と言いかえてもよい。シュタイナーは「教師は、この感謝の念を心底から持っていなければならない[10]」と強調するのである。

その二は、子どもに「畏敬の念」を持つということである。シュタイナーによれば、子どもは、単に物質体と精神（魂）から成る存在ではない。そうではなく、物質と精神にもう一つの本性、即ち「神的な霊的なもの」を加えた、三つの本性から成る存在である。この三つのうち、「神的なものの霊的なもの」に、教師は是非とも注目しなくてはならない。

そこに注目するとは、子どもを「神の被造物」とみて、子どもの内に神の力が現れていること、つまり神性を認識するということである。教師がそれを認識するようになると、教師のうちにある思いが出てくる。ある思いとは、子どもの神性に対する「信心深い、遠慮がちな畏敬の念（die fromme scheue Ehrfurcht）[11]」である。この念を持つことの大切さを、シュタイナーは、次のような言葉、即ち「子どもという不思議な存在に対しての畏敬の念……、これこそ、教育者が自分の課題に向かう際に持つべき心の姿勢の出発点なのです[12]」との言葉で主張するのである。

その三は、児童期の子どもが他のどの時期よりも、絵画的・造形的なものおよび音楽的なもの、つまり芸術的なものへの欲求を強く持っているということをしっかりと理解し認識することである。シュタイナーによれば、子どもは、このような欲求が強く大きいがゆえに、芸術家と呼んでもよい。「子どもは、児童期においては、一人の芸術家です。たとえその有り様が大人は違う子どもらしいものであってもです。……子どもは、いまやすべてのことがらを絵画的・芸術的な仕方で得ることを要求するのです[13]」。

確かに小学校入学以後の児童期に入ると、子どもは、知的な能力が以前よりも増すがゆえに物事を知的にとらえようとする欲求も強く出てくる。しかし、そうだからといって、子どもの芸術的な欲求を過小評価してはならない。教師が子どもの前に「権威者」として立つことができるためには、子どもを「芸術家」とみる子ども観を持たなくてはならないのである。

以上、教師が「権威者」となるのに必要な子ども観について述べた。次にもう一つの必要なこと、即ち具体的な実行・実践について明らかにしたい。

（3）心の中の思い・考えを実行・実践に移す
――教育・授業を芸術的に展開する――

シュタイナー学校では、教師は、同一クラスを八年間一貫して受け持つ。わが国のように担任が一～二年で変わることはほとんどない。この学校の教師たちは、感謝の念、畏敬の念および芸術的なものへの子どもの欲求を重視する思いをどのようなかたちで実行し実践に移しているのだろうか。その実行・実践には、わが国の学校に見られない、だが注目すべきものが多い。

朝、子どもを握手で迎えるシュタイナー学校の教師の実践は、子どもたちが学校にやってくる朝の登校時から始まる。毎朝、クラス担任の教師は子どもたちより先に教室に入り、教室の入り口で子どもたちを待ち受ける。「○○君、おはよう！」と言葉を一人一人にかけ、手を差し出し、握手をして迎え入れる。子どもを見る教師の目、子どもにかける言葉、そして握手する手は、すべて子どもへの感謝と畏敬の

朝の握手

念に貫かれた目であり、言葉であり、手である。思えば、わが国の学校では、こうした光景・教師の実践の姿は、ほとんど見られない。わが国の学校では、子どもよりも担任教師が先に教室に入って子どもたちを迎えることは、全くと言ってよいほどない。わが国では、まず子どもたちが先に教室に入って教師がくるのを待つ。子どもたちが待っているところに教師が入ってくる。わが国の朝の光景は、シュタイナー学校とは逆のものなのである。

このような違いは、道徳教育についての考え方の違いから生じる。シュタイナー学校では、子どもの道徳性の成長の根本は、教師の子どもへの思いと行為にある、と考えられているが、わが国ではこうした考えが中心になることはほとんどない。

子どもたちに、毎朝、歌う活動を

シュタイナー学校では、子どもを芸術的な欲求が極めて強い「芸術家」とみる見方に立ち、朝の授業のはじめから終わりまで、授業にふんだんに芸術的活動をとり入れる。授業で子どもたちがまず行う芸術的な活動は、「歌を歌う」活動である。子どもはどのような形で歌を歌うのか。

わが国の学校では、歌う活動は、「音楽」の時間で行われる。シュタイナー学校では、音楽の時間ではなく、毎日、国語、理科、算数をはじめとする主要授業の開始のときに行われる。子どもたちは、朝、毎日毎日、歌を歌い、その後に授業に入っていくのである。

この歌を歌う活動において指導し、けん引するのは、教師である。まず教師が身ぶりでタクトをとりつつ、声を出して歌って見せる。その後に子どもたちが歌を歌う。この場合、わが国のあちこちの学校でみられるようなＣＤの使用は、一切ない。ＣＤは一切使用せずなまの教師の声とタクトを振う身ぶりを重視するのは、その声や身ぶりには、教師の子どもへの感謝と畏敬の念がしみ渡っており、その声と身ぶりを通して教師の子どもへの心の中の思いが伝わるからである。

子どもの歌う活動は、子どもの内に宿る、歌いたいという音楽的な欲求をみたす活動である。教師がこの欲求を尊重しみたすがゆえに、子どものうちに、教師への信頼と尊敬の念が大きくなり厚くなる。その欲求は、子どもの内なる声と言い換えてもよい。毎日、毎日歌うことで、子どもは、先生は私たちの内なる声に耳を傾けてくれるとてもよい先生だ、との思いを持つようになっていく。先生大好きという言葉があるが、毎日の歌う活動は、大好きという感情・思いを呼び起こさずにはおかない。

授業に絵を描く活動を

朝の歌の活動の済んだ後、子どもたちは、二コマ続きの主要授業に入っていく。筆者がウィーンのシュタイナー学校で見た主要授業の一つ、動物の授業について書いてみよう。筆者が見たのは、動物のうちの「ライオン」を扱った授業である。[14] この授業も子どもの芸術的なものへの欲求を十分に配慮しみたす授業である。

わが国では、授業には、それに対応した教科書があり、それにもとづいて授業が進められていく。「今日の授業は教科書の○○ページから入りますのでそこを開いてください」、といった指示から始まることが多い。

シュタイナー学校の授業は違う。この学校の授業では、教科書というものは一切用いない。この学校には、わが国で用いられるような教科書は全くないのが特徴の一つである。

どのようなかたちで授業は展開されるのか。授業は、教師の「語り」から始まる。ライオンについての授業は、担任の教師がライオンについて語ることから始まる。教師は、語るに際しては、テキストを持つことも見ることもない。語る内容はすべて暗記しており、淡々と、時折、ジェスチャーをまじえて、ライオンについて語っていく。

「草原にかなり大きな動物がいます。その動物が頭を持ち上げると、その身体から、力や力強さ、つまり王者の威厳が放射されます。その動物の頭部は、この動物の強さを示すものです。頭部は、王様が着るマントで包まれているような感じで、そのマントは肩の上にたれ下がっています。見事なたてがみで飾られているのです。私たちはこのたてがみによって〝この動物はライオンだ〟と分かるのです。……（中略）……太陽が沈みます。少し涼しくなります。さまざまな動物たちが水辺にやってきます。このときがライオンが動きはじめる時機です。このときはじめてライオンは活動を開始するのです。……（後略）」。

こうした担任の教師による「語り」は、約一〇分ほどで終わる。この語りの内容は、教師自身の創作によるもので、テキストの類からとってきたものではない。

担任の教師は、語りを終えると、黒板の前に行き黒板を開く。この黒板について言うと、シュタイナー学校の黒板は、わが国の黒板と違い、観音開きの黒板である。黒板を開いたとき、子どもたちの眼前に現れたのは、文字ではなく、三枚のライオンの絵であった。中央には、夕日を背景にして堂々と歩く王者ライオンの絵がはりつけられている。右側にはライオンの力強い動きを描いた絵が、左側には獲物を仕留めた姿の絵が、それぞれはりつけられている。中央の絵は、三枚の中で最も大きい。ふつうの画用紙の七〜八倍の大きさの画用紙に描かれたライオンだ。もちろん、三枚ともカラーである。しかもこれらはみな担任の教師がクレヨンを使って自分自身の手で心をこめて描き上げたものである。他人の描いたものではない。

黒板にはられた三枚のライオンの絵を見たときの光景を私は今でも鮮明に思い出すことができる。教室のあちこちから「シェーン（美しい、すてきだ）！」の声があがったのだ。この子どもの声には、子どもの内なる思いがこめられている。「先生、こんなにすてきな絵を私たちのために描いて、見せてくれてありがとう。先生はすごい。先生が大好きです」。その「シェーン」の言葉には、担任の教師への感謝と尊敬の思いがこめられているのである。

黒板の絵を見た後、いよいよ子どもの心からの願い、即ち「絵を描きたい」という願いがかなえられる時間に入る。教師の若干の指示を聞いた後、子どもたちは、各々大判のノートを開き、黒板にはられた絵をモデルにしながらライオンの絵を描く作業に入る。教師の絵はあくまでモデルであるから、それと同じに描く必要はない。これをもとにしつつ自分の想像をつけ加えてもかまわない。教師は、子どもたちが描きはじめると、机の間をまわる。赤い夕日のかわりに、緑の草をいっぱい描いている子どももいる。教師は、その子どものところに立ちどまり、その絵をみて「ゼアシェーン！（とてもすてきな絵ですね）」とほめる。

教師が描いたライオンの絵

教師は、絵を描く作業の大部分は子どもの自由にまかせるが、大事なところや難しそうなところは指導する。机をまわりながら、ライオンのたてがみの描き方を指導していたし、力強い太い足の描き方も指導していた。絵を描くことに没頭する子どもの姿には、目を見張るものがある。みな喜々として実に楽しく、好物の食べ物を食べるのと同じように、夢中になってライオンを描く。

ライオンの授業の第一回目は、このように教師のお話を聞いて、黒板のモデルを見て自由にライオンの絵を描くことで終わる。この第一回目の授業では、教師が黒板に文字を書いて説明することは一度もなかった。子どもたちは、ノートにライオンに関することを一言も書いていない。文字を黒板に一字も書くことなく行われる「ライオン」の授業。お話と絵だけの理科の授業。わが国の学校ではとても考えられないことである。

シュタイナー学校でこのような授業が行われるのは、子どもの心からの願いである芸術的な活動をみたすことが、教師が子どもから「権威者」として慕われる大きな条件である、と考えられているからである。芸術的な活動をみたされる子どもたちはみな「先生は私たちの気持ちを分かってくれる。私たちの心の底からの願いを十分に実現させてくれる。だから、信頼し尊敬できる大好きな先生だ」との思いを持つようになるのである。

ライオンの第二回目の授業ではじめて文字を

ライオンについての授業の第二回目は、次の日の午前に行われた。第一回目は、文字を使う知的な学習は全くなかったが、第二回目になってはじめて文字の使用に基づく知的な学習が登場する。これについて書いてみよう。

第二回目も、はじめの一〇分間ほどは、教師のライオンに関するお話だ。子どもたちはしんとして聞き入る。それが済むと、教師は観音開きの黒板を開く。黒板の中央には、獲物を仕留め前足でおさえているライオンの絵の姿がはられている。教師は、左側の黒板にドイツ語で〝Löwe(ライオン)〟と書く。そして子どもたちに「ライオンが獲物をとったときのことについて書きましょう」と言ってまず〝schleichen（忍び歩く）〟という言葉をチョークで黒板に書く。次いで〝anspringen（とびかかる）〟という語を板書する。教師が書くのを見て、子どもたちもその言葉をノートに色鉛筆で書く。教師は「もっとありませんか」と問いかける。すると、あちこちで手があがる。先生はさす。子どもは答える。〝ducken（かがむ）〟。教師は「そうですね。ライオンはかがんで、それからとびかかるのですね」といって、子どもが言った言葉を黒板に書く。このような仕方で教師はさらに〝schleifen（引きずる）〟〝zerreißen（引き裂く）〟の二つの言葉を示す言葉を黒板に書く。

これらを書き終えると、今度はそのときのライオンを特徴づける副詞を書くことへと進む。その際も教師は子どもに問いかけ、それをもとに〝vorsichtig（用心深く）〟〝lautlos（音を立てずに）〟〝furchterregend（心を刺激して）〟〝stolz（堂々として）〟などの副詞を板書する。最後に主な獲物として「カモシカ」「シマウマ」「ハイエナ」「ウシカモシカ」「キリン」の五つの動物の名を書く。子どもたちはみなこれらをノートに書き写す。

粘土でライオンを作る

前述のように、シュタイナー学校には、教科書はないので、子どもたちは、教師の言うことや黒板に書いた言葉を写すときは、ことのほか真剣である。子どもたちは、ノートに書いた言葉を通して次第にライオンの概念を明確にして、知的な理解へと進んでいく。

このように第二回目でライオンについての知的な学習が入ってくるのだが、この学習においても、教師の心の中にある子どもへの畏敬の念は、話す言葉と板書を通して、子どもたちに伝わっていく。シュタイナー学校では、電子黒板等の教育機器を一切用いないが、それは、教師のなまの話し言葉と書き言葉こそが子どもへの畏敬の念が伝わるものと考えるからであり、教師を権威者たらしめるものと考えるからである。

第二回では言葉の知的な学習の後、再び子どもたちは、ライオンの絵を描く活動に入っていく。二回目で子どもたちのノートには、一回目とは違った姿のライオンが登場する。

ライオンについての授業は、五回で終わるが、三回目の授業も、子どもの芸術的な活動をふんだんにとり入れたかたちで行われる。わが国では考えられないことだが、理科のこのライオンの授業の三回目では、子どもたちは、粘土でライオンを立体的に作る芸術活動に取り組む。ライオンの大きさは、たて一〇センチ、よこ二〇センチほどの坐像である。教室でまず教師が自分で作ったライオンの坐像を子どもたちに見せながら、粘土で作るときの注意点などを説明する。次に配られた粘土を用いて、教師の作ったその坐像をモデルにして、各自作っていく。この作業では、教師のほかに二人の補助教師が入り、計三人で、子どもたちのライオン作りを手伝う。

この授業のはじめに、教師が自作のライオンの坐像を見せたとき、子どもたちは、ライオンの絵のときと同じように、感嘆の声をあげた。私は、教師に対する尊敬の念が一段と深まっているのをはだで感じた。子どもたちは、喜々として実に楽しくライオン作りに没頭し、制作完了後に教師のところに見せに行っていたが、かれらの表情には、うれしさと満足の気持ちがみちあふれていた。

四回目と五回目の授業で言葉・文章を書く

第四回目のライオンの授業では、一回目と二回目と同様にライオンについての教師の自作のお話からはじまる。教師の話しぶりと話す内容は、子どもたちの想像力を刺激し、ライオンの世界へと引き込んでいく。その語りの内容を少し詳しく書いてみよう。

「やみがアフリカの草原を襲いました。もう動物たちの声は聞こえません。ヒツジもウシもヤギも牧場に入って静かに休んでいます。牧場は、高いいばらの生垣で囲まれています。

突然、雷が大地にとどろいたようです。そうです。恐ろしいライオンの吠える声です。そのひと吠えで、寝入っていたすべての動物が目をさまし起きます。動物も人も死の恐怖に襲われます。かれらは、ライオンに襲われたらえじきになってしまうことを知っています。ライオンは、驚くべきことに、三メートルもの生垣を跳び越えることもできます。その強力なツメは、ウシの首に食い込みます。ライオンは、全身を使ってウシを引き倒し、その鋭い歯は頭部をかみ砕きます。ライオンの目は勝利の快感できらめき、その尾は大地をムチ打ちます。お腹をゴロゴロさせながら、ライオンは、ウシの命が絶えるまで待ちます。それから、ライオンは新たに全身を使って、そのウシをくわえて自分の隠れ場所に引きずっていき、そこでゆっくりと平らげるのです。

ライオンの四肢と胴体のあいだには、すばらしい均整があります。その動きは、しなやかで力強いものです。そして実に堂々としています。細長い背部に比べて、胸郭は強く広くなっています。ライオンの心臓と肺は特別につくられています。その鳴り響くとどろきとその大きな胆力がこのことを示しています」。

先生は一気にこう語り、それを終えると、語った文句をもう一度口に出しながら、白いチョークで黒板にゆっくりと書いていく。ワープロで文句を打ってそれをコピーしたものを子どもに渡すようなことはしない。

子どもたちは、みな自分のノートを開き、思い思いのカラーの鉛筆で黒板の文章を写し書いていく。その書く姿をみて、筆者は、子どもたちが心から楽しみながら書いているのを感じとることができた。

写し終わった後、子どもたちは、水彩画を描く準備に移る。ライオンを水彩画（えのぐ）で描くのである。まず教師が自分で描いたライオンの水彩画を子どもたちに見せる。次に子どもたちがその絵をモデルにしてライオンを描く。理科の時間に水彩画を描くことなどわが国の学校では考えられないことだが、子どもたちは何の抵抗もなく、楽しく描いていく。絵の多くは、ぼかし調で、歩く姿や走っている姿のものが多い。四回目のライオンの授業はこれで終わる。

五回目（五日目）の授業は、いわば「まとめ」ともいうべきもので、ライオンの特徴を言葉・文章でまとめる学習である。この最終回の授業では絵を描く活動はない。

教師は、子どもたちに問いかける。「ライオンはどのような特徴をもった動物ですか」。子どもの手があちこちであがる。子どもたちは答える。「ライオンのたてがみはすばらしいです」。「ライオンは、他の動物を震え上がらせる力を持っています……」。教師は一通り聞き終わった後、黒板に白いチョークではっきりと次のような詩を書く。

動物たちの王

ライオンは立派なたてがみを持っている。
そのうえ大きな鋭い歯を持っている。
ライオンは、日中はほとんど眠っている。
ライオンが起きて狩りに行くのは、夜である。
ライオンのえさとなるのは、シマウマ、カモシカ、それにキリンである。
ライオンはサルをもすばやく捕らえて食べる。
ライオンはすべての原始林と草原を支配する王である。
どんな動物もライオンをこわがる。
ライオンは、実に堂々としていて威厳のある動物である。

これが教師が黒板に書いた、ライオンについてのまとめの詩である。子どもたちは、各々カラーの鉛筆で、ノートにこの詩を書く。その後、教師と一緒になってこの詩を口に出して読む。ライオンに関する授業は、これで一応終了する。その後、教師による語り聞かせが行われ、これが済むと、教師は、教室の出口のところに立ち、子ども一人一人と握手をし、「さようなら、またね！（aufwieder sehen）」といって別れる。

以上、教師が、子どもから「権威者」として迎え入れられるためにはどうすればよいかを、子どもの芸術的な欲求を十分にみたすという視点で述べた。これまで述べてきたように、そのために是非とも必要なことは、朝の登校時から、子どもを、感謝と畏敬の念をもって出迎え、子どもが入室したら、歌とリズムの音楽的な欲求をみたし、授業では教師の生の言葉による語りを大切にし、絵を描く活動や造形などの芸術的な活動をふんだんに取り入れることである。

このようなことから、子どものなかに生まれるのは、教師への厚く深い信頼と尊敬の念であるが、この信頼と尊敬の念は、ことのほか重要である。ここから、「教師への愛」が生まれてくるからである。

子どもは、教師を心から信頼し、深く尊敬するようになると、教師が大好きになり、教師を愛するようになる。シュタイナーは、この、子どものうちに生じる「教師への愛」を重視してやまない。教師への愛とは、教師のために何かできることをしたい、という教師への手助けの心である。この心から「友愛」の心が育つ。

シュタイナー学校では、その教師への愛を呼び起こすことが、道徳教育の中心的課題になっており、この学校の教師たちは、教育活動、つまり国語、算数、地理、歴史、物理、生活科、家庭科その他あらゆる領域の教育活動を、この課題の達成を意識として持ちつつ、行っている。

教師への愛を呼び起こすに際しての鉄則は、前述のライオンの授業、つまりお話を自分で創作し、絵や坐像を自分の手で制作して授業をする活動に示されているように、まず教師自身が創造的な活動に生き実行することである。シュタイナー学校の教師たちは、実行に欠け、口先だけでは「権威者」になれず、教師への愛など生まれないことをよく知っている。

その鉄則は、筆者が見た野外体験学習においても見事に貫かれている。この学習の一環として、小学三年生二三名が畑で麦の種まきから収穫までの全工程を体験的に学んだが、その指導を中心的に担ったのは、担任の教師であった。教師は、農作業服に着替え、まず農機具（トラクターではなく、くわのような農具）を用いて土を耕すことから始める。子どもたちは、その教師の力強い耕作の姿に見入る。教師の指示の話が済むと、待っていましたとばかりに、喜び勇んで農耕具を使って土を耕す作業を行う。

収穫の作業も教師が、麦刈り用の農具を使って麦を刈る作業を子どもたちの見ている前で力強く行う。その後、子どもたちが、麦刈りをするのだが、農具の使い方については教師が子ども一人ひとりにつき添っていねいに教える。農家の人に来てもらって、麦刈りの指導を頼むというようなことは、一切ない。

たえずこのような教師と接し、教師を「権威者」と崇めるようになり、教師への愛が生まれてくると、子どものうちに、クラスの級友を愛する友愛が育ってくる。シュタイナー学校では、クラスは、「クラス共同体」としてとらえられ、子ども同士がお互いに仲良く愛し合って成長していく共同体が大切にされるが、この中核になっているのが、教師であり、子ども同士を愛で結びつけるみなもとになるのが、教師のもとで生まれる教師への愛なのである。この愛を育てることなしに、クラスの中に友愛・兄弟愛を育てることは、難しい。

3　道徳教育の方法としてのクラス劇

シュタイナー学校では、普遍的な人間愛を育てるという道徳教育の目標は、具体的にはクラスの子ども同士が互いに仲良くし合い、愛し合うこととしてとらえられる。この学校では、子どもたちが互いに愛し合う愛の力が育つように、誕生会、輪になって遊ぶ遊び、その他さまざまな教育活動が工夫されているが、その中で注目すべきは、クラスの子ども全員参加の演劇「クラス劇」である。以下、これについて述べてみよう。

自分とは違う級友への寛容な心

シュタイナー学校では、すべての学年でクラスの子ども全員参加の「クラス劇」が行われる。「クラス劇」を行うにあたって重点が置かれるのは、舞台上演ではなく、それに至るまでのプロセスである。

もともとよりクラス劇をつくり上げるには、台本の読み合わせ、演技、大道具や小道具の制作、衣装の準備、音響、照明などさまざまな活動が必要である。こうした共同作業の中で、子どもたちは級友の意外な一面を知ることがある。いつもはおとなしい子が、舞台の上では驚くほど堂々とした演技を見せる。上演に向けての練習や準備が進む中で、グループのまとめ役、アイディアの豊富な子、自分の役割は責任をもってこなす子どもなど、級友の意外な個性も見えてくる。シュタイナー学校の卒業生は、「級友を違ったふうに知ることは素晴らしかった」[15]と当時のクラス劇を振り返る。ときにはそれぞれの個性がぶつかり、葛藤が生まれることもある。そのなかで子どもは、自分とは異なる他者を受け入れ、級友との折り合いのつけ方を学んでいく。クラス劇では、互いに思いやり協力し助け合う態度が不可欠である。ある八学年の生徒は、「級友の演技がどんどん良くなっていくのを目の当たりにするのは楽しかった」[16]と述べ、自分の成長とともに仲間の成長を喜んだ。クラス劇をつくり上げる中で、互いに理解しあい高め合う態度が育まれるのである。

子どもと教師との厚い信頼関係

シュタイナー学校における児童期（一学年〜八学年）のクラス劇の指導・準備は、八年間一貫のクラス担任によって行われる。児童期のクラス劇では、上演作品の選定から、配役、演出に至るまで、教師が中心となって指導する。わが国の学芸会のように、子どもの自主性にまかせるとの名目のもと、子どもに何か大きなことを決めさせたり、話し合わせたりすることはない。それは、クラス劇においても、指導者・教師は権威者であることが求められるからである。権威者への欲求を満たすことは、クラス劇の最も基本的なことがらである。

シュタイナーは、「教師自身が自分の中に演劇的な要素（das dramatische Element）を持っていることが重要である」[17]と述べ、教師自身が演劇の素養をもつことの必要性を述べる。このシュタイナーの言葉が示すように、クラス劇の指導において必要とされるのは、子どもの前で教師自身が実際に演じ、やってみせることである。もっといえば、言葉・セリフ、身振り、動作などを音楽的、造形的・絵画的に、つまり芸術的に演じ示すことである。すでに述べたように、児童期の子どもは、芸術的なものへの欲求を強く持っているがゆえに、教師のもとで芸術的活動を行うことは、子どもの芸術的なものへの欲求を満たすとともに、権威者への欲求を存分に満たす。さらにこの欲求を満たしてくれる教師に「好感」を抱き、教師への愛と信頼を一段と深め高めていく。

シュタイナーによれば、子どもと教師の信頼と敬愛の関係の構築のために必要なことは、すでに述べたように、教師が子どもに感謝と畏敬の念をもって愛を注ぐことであり、子どものうちに「霊」の存在を認識することである。クラス劇では、配役の際には、教師は、子ども一人一人を深く洞察し、配役を決定する。配役にあたっては、希望する役がもらえる子どももいる一方で、そうではない子どももいる。しかし、子どもと教師の間に信頼と敬愛の関係が築かれていれば、不平不満が出ることはない。このことは、クラス劇を終えた後に記す手記の中で、多くの子どもが、担任教師の名前を挙げて、自分たちを導いた教師に対する尊敬と信頼の念、そして感謝の気持ちを述べていることからもわかる。「私はこのクラスの一員でよかった、このような〝素晴らしい〟教師のもとでやれてよかった」[18]。ウィーン・マウアーのシュタイナー学校六学年生によるクラス劇「魔笛（Die Zauberflöte）」は、この学校の月刊誌で、次のように取り上げられた。「舞台で演じ、歌い、動いている子どもたちは感動的だった。クラス担任の演出・指導のもとで若き芸術家たちは花開き、のびのびと表現していた」[19]。子どもたちと担任教師の間に信頼と敬愛の関係が築かれているからこそ、子どもたちは教師の導きに応え、存分に自分の力を発揮できるのである。

「一人はみんなのために、みんなは一人のために」

「一人はすべての人のために、すべての人は一人のために――私たちのクラス劇」。これは、ウィーン・マウアーのシュタイナー学校の八学年生が、クラス劇の上演終了後に、この学校の月報〝Moment〟に寄せた手記の表題である。この表題は、クラス劇では誰一人欠けても成り立たず、一人一人がかけがえのないクラスの一員なのだということを意味し、クラス劇がクラスという「共同体(Klassengemeinschaft)」のつながりを深める強力な力を持っていることを示している。皆で一つの舞台をつくり上げていくためには、自分の役を演じるだけでなく、各々が舞台装置や、音響、照明など責任をもって役割を果たし、皆が助け合い協力し合わなければならない。

上演前には、誰が言い出すわけでもなくクラス全員で円陣を組む。子どもたちの心が一つになる瞬間であると同時に、「私たちは一人じゃない」ことを実感する瞬間である。上演にはアクシデントがつきものである。誰かがセリフを忘れることもある。練習通りにうまくいかないこともある。それでもあきらめてはいけない。相手を信じて、仲間を信じて。間違えてもきっと誰かがフォローしてくれる。ある子どもは次のように記す。「ひとりひとりが、セリフをしゃべるあいだ、ぼくはずっと、その仲間の不安を自分の心にも感じとっていた。そして、ぼく自身が、舞台にあがるときには、そのたびに胸がドキドキして、冷や汗をかいた。(中略)舞台のうえでのぼくたちは、市民や役人や、そのほかいろいろな外見で登場していたけれど、心のなかでは、みんなひとつに結ばれていた。友情のきずなが、ぼくたちをしっかり結んでいたのだ」[20]。

クラス全員が団結し、一丸となって上演をやり遂げたときの一体感は、何物にも代え難い。苦しいことや困難をともに乗り越えた仲間ならではの深い絆と結束がそこにはある。ある子どもはそのときの思いを次のように記す。「劇が終わった今でも、仲間たちの姿が、ありありと目の前に浮かんでくる。ぼくは一生この仲間たちのことを忘れないだろう」[21]。また、別のある子どもは「上演を終えたとき、私は自分自身とクラスに対する確かな誇りを感じた」[22]と記す。クラス劇は、普段の学校生活では味わえない級友との深い連帯、そしてクラスの団結と結束をもたらすのである。

4　善への好感・快感と悪への不快感・反感をめざます方法

道徳性における重要な感情の世界、即ち、善への快感・好感および悪への不快感・反感は、児童期に入ると、動きが活発になり、外からの適切な働きかけによってめざまされ、喚起されるようになる。シュタイナー学校では、そのような道徳性をどのような方法で子どものうちにめざまし喚起しているのか。

この学校の教師たちが用いている方法で重要なのは、童話・昔話や教師自身の創作によるお話の語り聞かせ等である。DVDは用いない。

すでに触れたように、この学校では、主要授業の終わりに、約一〇分ほど、教師による語り聞かせがある。子どもたちは、毎日、この語り聞かせを楽しみにしている。

語り聞かせは、文字どおり語って聞かせる活動であり、わが国のあちこちで行われている絵本の読み聞かせとは異なる。教師は、子どもに絵を見せることは全くしない。童話等の本を子どもたちの前で開いて読むことも一切しない。教師は、童話等を何も見ずに暗誦してきて子どもたちの前に立って声を出して語っていく。英語（story telling）を日本語のカタカナにした「ストーリーテリング」という言葉があるが、語り聞かせは、これに相当する。

シュタイナー学校では、子どものうちに、善への快感・好感を呼び起こし、悪への不快感・反感を喚起する方法として、語り聞かせがことのほか重視されるのである。

語り聞かせは、先に触れたように、教師自身の創作による「お話」および「童話・昔話」を語り聞かせることであるが、それらは、どのような内容のお話や童話であろうか。

語り聞かせで大切にされるのは、善人と悪人の登場するお話であり、童話である。もちろん、善人や悪人は、やぎ、シカ、オオカミなどの動物であってもよい。もとより、善人には、やさしさ、正直、強い正義感、勇気、弱者への愛、悪に立ち向かう姿勢、等々の特徴があり、悪人には、嘘つき、不正、利己主義、盗み、詐欺、欺瞞、冷酷、嫉妬、傲慢、無慈悲、無情な仕打ち、残酷等々の特徴がある。シュタイナーの道徳教育を実践する教師は、これらの特徴を上手に組み入れて、善人と悪人の生きざまを想像・空想の世界で描いた童話・昔話についてしっかりと学んでおり、これらの語り聞かせなどを行い、自分からもお話を作って子どもたちに語り聞かせる。

思えば、児童期の九歳頃までは、子どもの想像力・空想力は力強く成長し、想像・空想の非現実的な世界を好む。それゆえ、非現実的な世界を描いた童話・昔話を子どもの道徳性、とりわけ善と悪に対する感情の喚起のために用いることは、極めて重要である。

悪への反感と善への好感を喚起する童話・昔話

童話・昔話には、悪人と善人が登場するものが数多くある。とりわけグリム童話には、これらが登場し、悪への反感・不快感および善への快感・好感の喚起に有効な注目すべきものが多い。その注目すべき童話として、しばしば『ヘンゼルとグレーテル』『白雪姫』『灰かぶり（シンデレラ）』『ヨリンデとヨリンゲル』などがあげられる。これらの作品のいずれにも、愛の欠落した利己的な悪人が登場する。と同時に心のやさしい善人が登場し、悪人からつらい仕打ちを受けて、苦しい日々を送ることを余儀なくされるが、最後には、悪人が罰を受け、滅ぼされて、善人が幸せな生活を送れるようになるさまが描かれている。ここで『灰かぶり』[23]をみてみよう。

この童話では、金持ちの男の先妻の、信仰心を持った気だての良い女の子と、意地悪な後妻およびその娘である姉妹二人が登場する。後妻とその娘二人は、女の子をいつもほこりにまみれた状態にしておき、きたない身なりにさせておいた。それで女の子は、灰かぶりと呼ばれた。その灰かぶりは、事あるごとに過重な仕事をさせられ、ひどい仕打ちを受け、満足な寝床さえ与えられない状態に置かれていた。後妻とその娘である姉妹二人は、いつもいわゆる「まま子いじめ」をくり返していたのである。しかし、心のやさしい女の子はそれに耐えて懸命に生きていた。あるとき、女の子が、亡くなった母親の墓前でお祈りをしていると、真っ白な小鳥が現れる。この小鳥との出会いが女の子に希望と救いを与える。後妻のまま母は繰り返し女の子にまま子いじめをするが、女の子は、小鳥だけでなく、山鳩や家鳩の手助けによって、そのいじめを切り抜ける。鳥たちの手助けによって、だれもが肝をつぶすほどの美しさをもった娘になり、王様の催す舞踏会に出る。そこで女の子は、国王の王子に見そめられ、結婚へと進む。だが、結婚に至るまでの道は平たんではなかった。まま母はくり返し邪魔をし、その娘二人は女の子を排除し、自分が王子の結婚相手になろうと、醜い企てをする。しかし、その企ては虚しく終わる。とともに、意地悪く心の汚れた姉妹は、鳩に両目をつつかれて、一生、目の見えない生活を送ることになる。

『灰かぶり』は、このような童話であるが、七歳頃の児童期の子どもに人気の高い作品である。人気が高いのは、まま母とその娘二人が「悪人」として描かれ、先妻の女の子が「善人」として描かれ、鳩などの小動物が「善い」協力者として登場しているからであり、またその悪人たちが罰を受け、善人が幸せな生活を送るさまが、空想の中で展開されているからである。

この童話をくり返し聞く子どもたちに特徴的なことは、悪人の悪行を思い浮かべて悪への不快感を味わい、悪への反感を強いものにすることであり、また善人の、悪人に屈することなく生きる生き方に共感をおぼえ、善への快感を体験し、善への好感を強くすることである。シュタイナー学校では、とくに九歳以下の子どもたちには、この『灰かぶり』のほかに前述の『白雪姫』『ヘンゼルとグレーテル』『ヨリンデとヨリンゲル』などの語り聞かせが、くり返し与えられるが、子どもたちは、それを通して悪への不快感を味わい、その反感を強くし、他方、善への快感を体験し、その好感をたしかなものにしていくのである。

そのような童話の語り聞かせが、子どもたちにどれほど強く大きな影響を与えるものであるか、を筆者は、シュタイナー学校の卒業生からの手紙を通して明確に知ることができた。この卒業生は、ウィーンのシュタイナー学校に通った筆者の長女の友人で、名をC・シュティフトと言う。「あなたが、シュタイナー学校時代に受けた語り聞かせは、あなたにとってどんなものでしたか」との筆者の質問に対して次のように答えたのであった。「一年生と二年生のとき、先生が語り聞かせてくれた童話、寓話および伝説をとても楽しく思い出します。それは、私の学校時代のほんとうにすばらしい思い出です。先生は、心から愛をこめて生き生きと童話を語ってくれました。私たちは、毎回、胸をわくわくさせて聞き入り、童話の中の悪人には怒りや憤りでとても不快になりました。悪者に対する憎しみで心がいっぱいになったこともありました。あの、心のやさしいヘンゼルとグレーテルが助け合って生き、魔女を滅ぼして幸福になる姿には、心からの拍手を送りました。ふつうの生活では体験できないことを童話を聞いていっぱい体験しましたが、それらは、ずっと私の中の中に残っています。今でもありありと思い浮かべることができます」。

このシュティフトさんの筆者あての手紙の中に看過できない一節がある。その一節とは、「先生は心から愛をこめて生き生きと童話を語ってくれました」である。ここには、童話を語る教師の心構えが記されている。教師は、「心から愛をこめて生き生きと」語るようにしなければならないのである。この心構えは、詳述すると、語る教師は、心の中で子どもへの畏敬の念を持ち、悪への反感と善への好感をしっかりと持って生き生きと語らなくてはならない、ということである。子どもは、教師の、目に見えない心の内面をも吸収して成長していくからである。

5 おわりに

以上、シュタイナー学校の道徳教育を、その目標およびその目標を達成するための方法の両面から明らかにしてきた。最後に、重要なことを一つ付け加えて本章を閉じたい。

重要なことは、この学校では、道徳教育が宗教心の育成との関係でとらえられていることである。子どものうちに、感謝、愛などの道徳性がしっかりと育つと、それは、神を信じる宗教心・信仰心の育成につながっていく。この考え方が道徳教育には深く織り込まれており、注目に値する。この道徳教育と宗教心の成長の関係については、筆者はすでに他の書[24]で述べているので、本書では割愛した。ここでは、両者が深く関係している、との指摘にとどめたい。

注

(1) Rudolf Steiner (1978). Die Erziehung des Kindes vom Gesichtspunkte der Geisteswissenschaft ＊ Ein Vortrag über Pädagogik ＊ Pädagogik und Kunst. Pädagogik und Moral. Rudolf Steiner Verlag. S.53.
(2) Rudolf Steiner Gesamtausgabe（以下、GAと略す）. 306 Band（以下では番号のみとする）. S.126.
(3) A.a.O., S.120.
(4) A.a.O., S.126.
(5) Rudolf Steiner, a.a.O.,S.57.
(6) Vgl. GA. 308, S.78.
(7) GA. 306, S.119.
(8) Vgl. GA. 307, S.133. GA. 306, S.95.
(9) ルドルフ・シュタイナー、新田義之訳（一九八三）『教育の根底を支える精神的心意的な諸力』人智学出版社、一〇四頁〜一〇五頁。
(10) 前掲書、一〇五頁、参照。
(11) GA. 307, S.135.
(12) ルドルフ・シュタイナー、新田義之訳、前掲書、一〇五頁、参照。
(13) GA. 308, S.36.
(14) 広瀬俊雄（一九九四）『ウィーンの自由な教育——シュタイナー学校と幼稚園』勁草書房、一九五頁〜二一一頁、参照。
(15) ウィーン・マウアーのシュタイナー学校卒業生A・コナス（A. Konas）の手記（二〇〇一年）。
(16) Rudolf Steiner-Schule Wien-Mauer（2006）. *Moment*（Monatsschrift von und für Eltern, Freundinnen, Lehreinnen und Schülerinnen der Rudolf Steiner-Schule Wien-Mauer, Freie Waldorfschule）, Mai, S.8.
(17) GA. 304, S.196.

（18）Rudolf Steiner-Schule Wien-Mauer（2001）, *Moment*（Monatsschrift von und für Eltern, Freundinnen, Lehrerinnen und Schülerinnen der Rudolf Steiner-Schule Wien-Mauer, Freie Waldorfschule）, Juni, S.9.

（19）Rudolf Steiner-Schule Wien-Mauer（2010）, *Moment*（Monatsschrift von und für Eltern, Freundinnen, Lehrerinnen und Schülerinnen der Rudolf Steiner-Schule Wien-Mauer, Freie Waldorfschule）, Juni/Juli, S.12.

（20）ベルン自由教育連盟編、子安美知子監訳（一九八〇）『〝授業〟からの脱皮』晩成書房、一二四頁。

（21）同上。

（22）ウィーン・マウアーのシュタイナー学校卒業生C・ハンマー（C. Hammer）の手記（二〇〇一年）。

（23）佐々梨代子・野村泫訳（一九九六）『子どもに語るグリム童話④』こぐま社、五四～七六頁、参照。

（24）広瀬俊雄・秦理絵子編著（二〇〇六）『未来を拓くシュタイナー教育』ミネルヴァ書房。

7

シュタイナー学校の教師として生きる

――八年間一貫担任を終えて――

若林伸吉

ＮＰＯ法人京田辺シュタイナー学校

1　はじめに　――シュタイナー教育への助走――

一昨年の三月、私は八年間持ち上がってきた子どもたちと「卒業セレモニー」を行い、シュタイナー学校での初等・中等部（一～八年生）担任第一回目を終えた。

非常に濃密で、充実した八年間だった。

しかし、実を言えば、私はもともと大学時代まで教師になろうと思ったこともなかったし、「勉強ができる」人間でもなかった。それどころか、「勉強」が好きでもなかった。

けれどもそんな人間が、後に熱い思いをもって教壇に立つことになる。

きっかけは小さな記事だった。

新聞か雑誌かはよく覚えていない。ページの一角にあった、シュタイナー学校を簡単に紹介した文。私はため息をついた。

「ああ、こんな学校に通いたかった。」

繰り返し読んだ。暗記中心のテスト勉強や細かな校則に反発し、批判ばかりしていた高校三年頃のことだ。教育だけではない。無くならない戦争や深刻化していく環境問題、そしてそれらの根本的な解決へ向けて本腰を入れようとしない（ように見えた）大人たちや社会そのものに、若い私は絶望しかけていた。

そこで出会ったシュタイナー学校の記事。それは遠い世界の夢物語のようだった。だが調べてみると、何やら奥の深い思想があり、それに基づいて教育以外の多様な分野でも実績を上げている。凍えかけた心の奥に、小さな灯がともった。

「灯」はか細かった。しかし、高校卒業後も私を導き続けた。私は多くの尊敬すべき人々と出会い、社会に向けていた批判の目を自己に向けるようになった。外から批評・批判するあり方ではなく、現場に身を置いてより良い道を探り、それを自ら実践してこそ現実を変革していけると考え、大学院在学中に、教師を目指すことを決意した。

その後教員免許を取り、まずは公立小学校担任となった。そして六年間、多くのことを学ばせていただき、いよいよドイツへ渡った。

2 ドイツでの教員養成

ドイツでは四年間、シュトゥットガルト自由大学（シュタイナー学校教員養成大学 Freie Hochschule Stuttgart-Seminar für Waldorfpädagogik）で学んだ。

教員養成で特徴的だったことは、思想的側面と実習、両面の学びが充実していたこともあるが、特筆すべきは芸術活動かもしれない。

私が受けたのは一〜八年生の担任コースだったが、体育や英語などの専科教員を目指す学生も皆、水彩や木炭画、彫塑、音楽、オイリュトミーなどの芸術科目を履修するのだ。シュタイナー学校では、個々の芸術に長けた人物を育てることは目標ではないが、たくさんの芸術活動を行う。それは子どもの本性的欲求を満たすことが主な目的だ。しかし、大人対象の教員養成でも芸術活動が非常に重視されているのである。

それぞれの芸術活動で、表面上の美は二次的なものだった。何より大切にされていたのは、素材や対象に入り込み、それが動的に生成（発展）していくプロセスを感じ、それに応じながら生成を「助け」、そこに関わることにより自己が変容していく過程そのものだった。芸術活動には、深い感受性や多角的な見方とともに、何かを新たに始めたり変革したりする勇気や柔軟な対応力が必要だということにも、体験を通して気付かされた。

今になって実感しているのは、この芸術活動は、育ちゆく子どもたち一人一人を観て、それぞれの育ちを援助する教育活動にとって、また教育活動を芸術的に組織するためにも、とても大事なことだったということだ。これは経験なしに理解することは難しいだろう。

他にも、実習や見学で訪れた各シュタイナー学校の多様性や、感覚論の奥深さ、時代の変化や教員の質の問題など、興味深かったことはたくさんあるが、紙幅の関係上、このトピックはここまでとしたい。

3　京田辺シュタイナー学校での実践

帰国した年の秋から京田辺シュタイナー学校に入り、翌四月、一年生の子どもたち二一名の前に立った。「満を持して」とは到底思えなかった。自信はゼロ。とはいえ、その時にできるベストを尽くす。ただそれしかなかった。それが八年間続いたと言ってもよい。一回り目の担任が終わり、二度目の四年生を持っている今でも、やはり毎朝、喜びと同じかそれ以上の緊張とともに教室へ向かっている。

以下、個々の実践を詳述することはできないが、シュタイナー学校での十年以上にわたる担任生活を通して感じ、考えたことを述べてみたい。

（1）「権威」――その内実と基盤――

「七～一四歳頃の子どもは、『自明の』権威者を求めている」というシュタイナーの説[1]は、自分の子ども時代を顧みて、もともと共感していた。実践を経た今、それは確信となった。

京田辺で教壇に立った時、私は「自明の権威」となれるのか、本当に自信はなかった。ところが始まってみると、子どもたちは一心に私を見上げてくれていた。神々しいほどの純粋な視線。可愛いというよりも美しく、尊い。私が黒板に絵を描き、また文字を書く度、それどころか直線を描くだけでも、「きれい！」「すごい！」と感心してくれる。

実は、子どもたちが「自明の権威」を求めているという実感を得たのは、この時だけではない。公立小時代にも、子どもたちが「先生をすごい人だと思いたい」「尊敬したい」と願っていることを強く感じていた。担任として子どもの前に立ったことのある人ならば、これは感じたことがあると思う。

しかし、その「権威」を保つことは簡単ではない。強圧的な態度で「権威主義」的に子どもたちを統率しようとしても、それは一年ももたないだろう。子どもたちが本当に求めているのは「自明の権威」、つまり心の底から従いたい、教えを受けたいという相手なのだ。

ならば担任は神のような存在でなければいけないのか。否。誰でもすぐにできる仕事ではないが、「自明の権威」であるためには複数のポイントがあったように思う。

公立学校時代にも、愛情と熱意はもちろん、一貫性（規律やノート指導など）や平等性、授業の面白さ（内容以外にも指示や発問の明確さ、リズム・テンポなどを含め）、一人一人をよく観ていること、ユーモア、大胆さなど、「人気」の先生方には似た特徴があった。そのような担任のもとで日々を過ごしている子どもたちは、安心感に満ち、幸せそうだった。

とはいえシュタイナー学校では八年間持ち上がりの担任である。そんなに長い間、権威を保つことができるのだろうか。

結論から言えば、保たなくてよい。「権威」に従ってきた子どもたちは、児童期（七～一四歳頃）終盤、それを批判し乗り越えていくものと私たちは考える。しかし「権威」は、そのあり方を変えながら継続していくとも言える。言わば、「完全なる権威」ではなく「必要最小限の権威」または「根底での信頼」へ。

私自身の経験を述べよう。

一～二年生では、担任はまるで神のような存在だった。絶対にあり得ないのだが、「先生は世界で一番絵と字がうまい」と言われ、何をやっても「やっぱり先生はすごい」……。「幻想的権威」と言いたくなるほどだった。三年生以降、子どもたちは徐々に目覚め視野が広がっていくとともに、さまざまな分野にわたる授業を展開する私に敬意を払いつつも、少しずつその不完全さにも気付いていった。

そして六年生の中盤くらいから反抗期に入っていくにつれて、担任は尊敬や憧れの対象から批判や反感の対象へと変わっていく。同僚から聞いてはいたが、最後の二年間は大変だった。その日その日で、また各生徒によっても違うのだが、ひどい時は、私が教室に入っただけで空気がどんよりとし、何をやっても「やっぱり先生はダメだ」「サイアク」といった様子。「仲吉先生だからじゃなくて、何か、ただ『担任の先生』という人が嫌なんです」という、ある女の子の言葉が救いに感じられたことさえもあった。

しかし、それだけ担任を感情的に「嫌い」で批判ばかりしていても、多くのメインレッスンでは笑ったり驚いたりして授業を楽しみ、やるべきことはやっているのだ。そして担任という枷をようやく脱ぎ捨てた後に、激しく反抗していた子どもが感謝してくれたりもするのだ。

実際のところ、八年間一貫担任制が成就されないこともある。国内だけでも一〇以上の例を知っているし、ヨーロッパでは八年担任制をやめたシュタイナー学校も珍しくない。やはり一年間や二年間の担任が当たり前の現代にあって、八年間も同じ担任が持ち上がるというのはハードルが高いのだ。実は私自身、毎年毎年、「この一年をやり遂げることができるだろうか」と思い、その年度が終わる度に、神や同僚、保護者の方々、家族、そして子どもたちに感謝したものだ。

では、何が「八年間」を可能にするのか。

公立時代に感じていた既述のポイントは、確かに重要だ。しかしそれだけでは難しいとも思う。私自身は「ぎりぎりもった」気もするが、その拙い経験からも、またベテランの同僚を見ていても実感している「八年」を支える重要なキーは、芸術、自由と責任、そしてシュタイナー学校のカリキュラム自体だ。

（2）芸術 ――自由と責任――

シュタイナー学校では、授業中に音楽や絵画、彫塑、詩など芸術活動を取り入れるが、それだけでなく、授業自体を「芸術的」に構成することを「必須」というほど重視する。これは子どもたちの本性がそれを求め、またそれが子どもたちを健全に育てると捉えているからだ。[(2)]子どもは世界を美しいものと感じたいということだ。

私も、例えば授業のリズムやテンポに緩急〔『収縮（集中）と拡散』とよく私たちは表現する。〕や変化を付けることを大切にした。それはスピードだけでなく内容や活動の構成においてもそうだ。五年生のある日の例（メインレッスン）を大雑把に述べれば、歌①（拡散）→詩の朗唱（収縮）→歌②（拡散）→口頭での計算練習（収縮）→ボール運動・ジャグリング（拡散）→漢字プリント（収縮）→リコーダー（拡散）→英語暗唱（収縮）→メイン「植物学」の話（拡散と収縮）→ノート（拡散と収縮）→片付けと歌③（拡散）→詩の朗唱（収縮）といった具合だ。収縮と拡散については単純な概念ではなくここでは詳述できないが、あえて単純化すると、収縮は静的・思考的な方向で、拡散は動的・イメージ的・芸術的な方向と考えている。それぞれの活動を細かく見るとそこにも収縮と拡散は存在し、併存することもある。イメージとしては、一つの授業や一日の流れが一曲の交響曲になるような感じが理想だ。

歌は毎日あらゆる場面で取り入れる。朝も食事前も帰りにも、また特に低学年では一人一人や全員への呼びかけや指示、合図などでも歌や単純なメロディーを用いた。

このような「音楽的な」授業・活動がうまく組めると、子どもたちは生き生きとし、集中して学び、話や指示をよく聞くことができた。

他にも、観音開きの黒板には、表に季節に応じた絵、内側には学習内容に関わる絵を常に時間をかけて描いた。

冬の黒板

教室は「季節のテーブル」を中心に、季節や美を感じられるように調え、自分自身の立ち居振る舞いから声に至るまで、明快さやユーモアだけでなく、美やリズムを意識して子どもの前に立った。

もちろん、授業内容においても芸術的観点は大切だ。人間の美しく崇高な行いや、動植物や鉱物の形態や色彩、そしてそこに潜む法則性などの美しさ、さらには数の世界に存在するリズムや美しい秩序など、世界の美や素晴らしさを授業に織り込めるよう、教材研究に勤しんだ。

子どもたちは素直だった。美しいものに出会った時、対象にのめり込み、喜びで輝く姿は、逆にこちらが息を飲むほど美しかった。聖フランチェスコの話を聞いて実際にゆかりの地アッシジを訪ねた子もいた。九九の「糸かけの星」や「数の秘密」では、「興奮しすぎてしまうよ」と喜び、動物学（四年）や植物学（五年）では「動物／植物学者になりたい」と目を輝かせ、六年生の物理学ではエポックの最後に拍手まで起こった。「もう権威は失った」と思った八年目でも、「骨格って、すごいな。何か、美しく見えてきたわ」「先生、絵と歌は上手いよな」という言葉。芸術に救われたと思ったりもする。

ところで、「芸術」だけでなく「自由と責任」とも書いた。これも実は八年間を支える大きな要素だと考えている。

芸術は、さまざまに他者から学ぶことはあっても、最終的には自己の内から創造するものだ。その点で芸術は「自由」な行為であり、「教育芸術家」を目指す私たちシュタイナー学校教員にも、教育内容や方法を創造・工夫する「自由」が与えられている。しかし、「自由と責任は表裏一体だ」という当たり前の言葉を超えて、私たちの担っている「責任」が目の前の子どもに働きかけている重みは実に大きいと感じている。

公立教員時代を思い返してみる。どの教科でも、専門的な高い識見のある方々が編纂した教科書や指導書がある。それにより、私たちは間違いや独善に陥らず、必要事項を漏らすことなく、効果的・効率的に授業を行うことができる。教え方が上手ければ、多くの子どもたちに「学力」を保障し、楽しく学ばせることもできる。

シュタイナー学校教員も教科書は参考にするが、それを用いて授業はしない。授業中、原則的にはメモすら見ない。もちろん準備は大変だ。毎回、エポック（毎日同一教科・テーマを学ぶ三〜四週間程度のまとまり）ごとに、数冊〜数十冊の本を読みあさり、インターネットや博物館等も活用して最新情報を確認し、授業内容への理解と熱を高める。その上で発達段階と実際の子どもたちに即して取り上げる中身を絞り込み、語りや発問、授業構成などを工夫して、暗記する。そして当日は子どもたちの状態や反応等により、一瞬一瞬判断を下し、対応していく。この繰り返しだ。

これでは、独断や間違いに陥ったり内容に偏りが生じたりする危険性があるのは否めない（もちろん教科書等はよく確認していた）。

だが、コンピューターではなく人間から学ぼうとする子どもたちが「自明の権威」と認めてくれる重大なポイントは、そこに潜む「責任」にあると、私は強く感じるのだ。

教科書は、他の権威が作ってくれたものであり、その内容などについて担任は直接の責任がない。それに対し、シュタイナー学校教員は、教える内容も細かな順序も、全て自分の責任において選択し、他者の手による本や絵や写真も用いずに（六・七年生頃から資料として写真や書物を活用することはある）、自分の語りと黒板絵のみによって授業を行う。ある日授業中にメモを見た時、子どもたちが残念そうにしていたのを覚えている。私たちは、子どもたちの前にいわば裸で立ち、たとえ授業後に忘れてしまうものであろうと、自分の内にあるものだけで勝負する。もちろん、教材研究の際には他者の助言や本などの「外的権威」に力を借りてはいるのだが、方法だけでなく内容自体にも最終判断はすべて自分で下しており、言い訳をする余地はないのだ。

この意味での自由と責任が、危険性をはらみながらも、担任の権威を支える重大な要素になっていることを、私たちは強く感じている。子どもたちはすべての言動に自ら責任を持つ「自立した大人」を求めているのだ。逆に、準備不足で自分のものになっていない内容を授業したり、自分の責任で判断せずに大切なことを伝えたりすると、子どもからの信頼が崩れていくということも、実感している。

教師の権威を支えるものについては、人間性や世界観、人間（子ども）観や、子ども一人一人を見取り対応する力など、重要な点は他にも多くあるが、ここでは以上としたい。

（3）八年間一貫担任制　――その意味と実際――

「八年間も持ち上がるなんて信じられない」と、一般校の先生方からは驚かれ、教員でない方からは、「クラスによって差が開くのではないか」とか「『ハズレ（担任）』を引いたら大変なことになる」などの反応を受けることも少なくない。一年交替が普通と言える昨今、八年間担任制のインパクトは大きい。

確かに、これらの危険性は否定できない。先に述べたように、担任が途中で降りた例もあるし、八年制をやめたシュタイナー学校もある。だが、京田辺シュタイナー学校では八年制を堅持している。

理由は、児童期の子どもたちに安定的な権威を保障するため、長期的な見通しで授業や教育活動を行うため、子ども一人一人を深く見取り、また家庭ともより深く協力関係を築くためなど、多くのものがある。

実際に八年間を経て、これ以外に感じたこともある。その最大のことは、一～二年では築くことが難しい「濃い」人間関係ができるということだ。初め大好きだった担任は、八年の間に良い点も悪い点（特に後者!?）も嫌と言うほど知り尽くした口うるさい親のような存在となっていく。そしてお互いにそんな「現実」を受け入れるしかない状態で付き合っていく。これは子どもたち同士も同じで、一年間程度なら「やり過ごす」ことができることも、八年間では互いにぶつかったり認め合ったりせざるを得ない状況で、人間関係を学ぶことにもなる。さすがに担任は、権威や信頼を本当に失ったら、続行不能となるが……。

ただ、これだけ濃い人間関係だからこそ、子どもたちは安心して反抗できるとも言える。それによって彼らは知性や自立性を鍛え、「担任を乗り越えて」青年期へ突入していく。その様子を見れば「担任の価値観や態度が強く影響しすぎないか」という心配は無用だと感じられるだろう。

担任を八年間やり遂げることは、継続的な努力と成長なしには不可能だ。やり遂げた教師たちを見るに、自分への厳しさをもつ人ばかりだ。もちろんどの教師も人間なので、不完全であり、子どもにとってマイナスな面もあるだろう。だが、それ以上にプラス面が多いということは多くの例から確信している。

即物的な見方をすれば、「当たり外れ」はあるのかもしれない。しかしシュタイナー教育では、担任と子どもとの出会いは「運命」的なものとして肯定的に考える。どの担任も長所・短所をもち、それぞれの気質や個性もある。だが、既に述べたように、担任には不断の努力と成長が必須であり、さらにシュタイナー教育のカリキュラムに沿って自分の責任で教育活動を行うのだ。この重みを理解した上で八年間を捧げようと決断した担任に対し、私は二児の父としても、担任を信頼し続けてきた。そして自分も担任として、さまざまな失敗はしたが、保護者の方々から支え続けてもらってきた。教育において、この根底での信頼関係は不可欠であると実感している。

（4）カリキュラム(3)

シュタイナー学校の最大の魅力はカリキュラムだと言う教員は多い。授業スタイルや教材研究の深さにも大きく関わることではあるが、子どもたちの多くが、授業（特にメインレッスン）で心を大きく動かされ、次の授業を楽しみにしているのは、カリキュラムが子どもたちの本性や発達段階に合っているからだと思う。

一・二年生では、国語も算数も、メルヘン的なお話（担任自作のものも多い）が中心で、そのお話の中に学びの要素が含まれる。子どもたちはお話が大好きだ。二年生では特に聖人伝や寓話など）が「昨日のお話の続きです」と言ったとたん目を輝かせ姿勢を正す。その様子はまるで、親鳥からの餌付けを待つ雛のようだった。ノートには、文字や数字などの他に、語られたお話と学習内容に関わったカラフルな絵があふれる。算数の学びも特徴的で、まずは一〜一〇あたりまでの数そのものについて、「『1』とはどんな数か」という問いに始まり、個々の数の特徴・個性を浮かび上がらせていったり、10＝3＋7という書き方で、一つの結果に至るあらゆる可能性（式）を探ったりしていく。詳述しないが、ここには後の人生において大切なことが含まれている。

ちなみにシュタイナー学校には「道徳」の時間はないが、お話の中や算数の学び方の中にも、そして他のすべての教科の中にも道徳教育的要素は織り込まれている。

二年生での九九も、ただ暗記する方法ではなく、身体を動かしながらリズムに乗って唱えていったり、それを「糸かけ」という方法で美しい図形に表したりして、身体から学び、数を抽象的なものではなく美や不思議の隠れた興味深いものとして学んでいく。

三年生では、「九歳の危機」と呼ばれる自我の目覚めがある。昨今、これは「九（一〇）歳の壁」と言われ、学業不振とも結びついて一般に語られることも多いが、シュタイナー学校では、このテーマだけで単著が出版されているほど、この「危機」をとても重要と捉えている[4]。大雑把に言うと、子どもは今まで自分も他者もすべて一体となった、ぬるま湯に浸かっているような、夢を見ているような感覚で、疑問や不安も特別な場合以外には意識しない状態だったのだが、この時期に急速に意識が目覚め、自分と他者との境界や違い、またさまざまな現実に気付き、意識的にせよ無意識下にせよ、強い孤独感や不安感を感じるというのだ。実際に、この時期、一人でトイレに行くことを怖がったり、母子分離不安が強まったり、また小さな反抗期のようになったりする子は少なくない。

この時期に、多くのシュタイナー学校では、創世記〜アダムとイヴの楽園追放の話をし、またその後、「現実世界」に投げ出された人間たちがどんな生活を送っていったか、旧約聖書の続きを話したりする。さらに、家作

3年　家づくり

りなど、衣食住の原始的な体験活動を「生活科」として行う。天国のような満たされた状態から地に落とされ、孤独の中、自力で生きていかなければならない状況が、九歳の危機を越えていく子どもたちに重なり合うため、これらのことを行うのだ。旧約聖書の話をした時、三年生の子どもたちは真剣そのものだった。これらに加えて、鍛冶や農業、毛刈りから糸つむぎ、織物など、職人業・手工業の基本についても体験的に学ぶ。子どもたちは、生き生きと体験活動を楽しみ、何だかたくましくなったような、自信を深めたような様子だった。

自他の分離が進み、客観的に物事を捉えたくなってくる四年生から、理科的な学び「博物学」が始まる。それは人間に近いものから無生物へ、つまり四年生で動物学、五年生で植物学、六年生で鉱物学という順で進む。これらの学びはその学年だけでなく、以後も地理や地球学などと関連づけながら継続していく。

動物学は八年間で一番好きだったエポックとして必ず挙げられるほど、子どもたちが大好きな学びだ。担任は、紹介する動物について、非常に詳しく調べ、自分の心が動いたところを大事にしつつ、子どもの心が大きく動くよう、その動物の生態や特徴、周囲の生物や土地との関わりなどを、目に浮かぶように語っていく。植物学等でもそうだが、とても詳しく扱うため、シュタイナー学校の子は、一般校の子よりずいぶん動物や植物、鉱物などに詳しいと驚かれることがある。

これらの学びで重視されていることの一つは、人間と関連づけることだ。例えば動物学では、人間の頭部＝神経・感覚系と胸部＝肺・循環器（リズム組織）系、下腹部・四肢＝代謝・肢体系の三要素を四年生に応じた形で学んだ後、さまざまな動物の特徴を、それらのいずれかの要素と結びつけて紹介したりする。植物学や鉱物学では、人間の成長・発達や文化的な事柄など、違った形で人間と結びつけて話をする。それによって、子どもたちは動物や植物たちに親しみを持って学び、より興味を深めていたようだ。それは、花の幾何学的形態など、美しさに着眼する学び方によってもさらに深まっていた。そして水彩画や粘土造形、詩や音楽などを絡めた芸術的な学び方は、学びをさらに重層化し、子どもの学ぶ対象への興味・関心や共感、沈潜具合を深めていった。毎回のエポックの終わりに、終わることを残念がり、もっと学びたいという子どもが本当に多かった。(5)

他にも、因果関係への理解力がついてくる六年生から物理学、七年生から化学を学んでいく。とてもたくさん実験を行い、不思議や美などをたっぷり体験させ、好奇心を揺さぶり、論理的な思考も徐々に鍛えていく。そしてそれらは、高等部での科学的・知的な理科学習の基盤を耕すことになっていた。

歴史については、五年生で、神話的な話も含めて内外の古代史を物語的に語り、体験活動も多く取り入れていく。六年生以降も世界と日本の人々の歩みをたどっていくのだが、一般校と大きく違うのは、人物中心の物語として語ることが授業の中心となることだろう。「毎回、一つの映画を観ているような感覚だった」と語る生徒もいた。年号や人物名の暗記はあまり求めないので、高等部に入るまでの子どもたちは、一般的なテストはあまりできないかもしれない。しかし歴史上のさまざまな人物の葛藤や行い、戦術や政治上の智恵などについて、話を聞いたときに動いた感情とともに覚えている子は多い。そして、歴史好きになる子どもが多いのも事実だ。

各学年で取り上げる時代についても、発達段階を考慮しており、例えば思春期に入り自力で新たな世界へ飛び出していこうとする七年生頃には大航海時代やルネサンス、日本史では戦国時代などを語る。そして八年生では現代までを語っていく。（本校ではさまざまな観点から、八年生では二〇世紀初頭前後まで学び、近現代史は高等部で学ぶという例が多い。いずれにせよ、どの教科でも、八年生までに特に感情に強い印象を残して学んできた事柄は、高等部で知的・思考的・抽象的に、再び違った角度から詳しく学んでいくことになる。）

地理は四年生の「郷土学」から始まる。教室の鳥瞰図から始めて、地域の歴史・文化・風土・特産物などを扱い、徐々に近畿地方～日本全国へと広げていく。六～七年生頃からアジア地理、続いて歴史の授業と関連づけたり「地球学／気象学」等と関連づけたりしながら世界地理へと進んでいく。適宜、動物学や植物学、鉱物学などとも関連づけていく。そして、特徴やデータの羅列ではなく、その地域の風土や自然、人々の生活や文化、思いや苦労・工夫などについて五感を通して想像できるような話や体験活動を取り入れて学んでいく。本校は外国からのゲストが多いので、現地の方に直接紹介していただくこともある。どの地域や人々を扱う際にも、根底に流れているのはその地域、人々への敬意である。

シュタイナー学校の授業では、担任が素語りをすることが中心となっている。だが、もちろん、子どもたちに発問をし、やり取りをしながら授業を作っていく方法や、調べ学習なども、学年に応じて徐々に取り入れていく。

八年生では、今までの学びの継続だけでなく、それまでの総まとめとなるようなエポックがある。例えば「地球学」では、物理で学んだ水力学、気体力学をもとに地球上の水の循環や対流、気流や気象について学び、それを地理的事象と結びつけたり、宇宙や地球の歴史を植物学や動物学、また人類の歴史と結びつけたりする。「人間学」では、その地球学をまた結びつけ、発生学、つまり生殖などについて、「下等生物」から植物、動物、そして人間について、順を追って学ぶ。すると人間の生殖というものが、奇跡的な確率で生まれてくるひとつの命を、どれほど大事に保護し育んで産むかたちになっているのかよく分かる。また人間がどれほど頼りなく生まれ、愛情と保護と教育が必要な生命なのかも理解できる。同エポック内で行う骨学では、体の仕組みに潜む深い叡智を感じるとともに、他の動物と人間との違いも明確になり、そこから、人間の果てしない可能性と責任を考えることができる。ここで詳述はできないが、思春期の子どもたちにとって、これらの授業は大きなメッセージとなるだろう。反抗期真っ盛りの子どもたちでも、話を本当によく聞き、感心し、心が動かされている様子が、授業をしていた私には伝わってきた。

８年　卒業演劇におけるオーケストラ演奏

八年生の最後のエポックは「卒業演劇」である。これもこれまでの国語や歴史、地理、音楽、美術、手仕事、木工など、すべての学びの総まとめとなる。演劇の専門性など持たない担任が、反抗期真っ盛りの八年生と本格的な演劇を作り上げるというのは大変なことだ。だが取り組みが深まるにつれて実感したことは、演劇には人間としての総合力が必要であり、また演劇に本気で取り組めば取り組むほど、その「総合力」も子どもなりに鍛えられていくということだ。「演劇は好きではない」という子が多かった私のクラスも、シェイクスピアの『十二夜』を熱演し、大好評のうちに卒業を迎えることができた。未熟な担任ではあったが、彼らが何らかのよきものを受け取り、これからも思い切り学び、活動して、自他をより幸せにしていってくれたらと思う。

シュタイナー学校のカリキュラムは、徹底的に発達段階（もちろんシュタイナーの発達観だが）に基づいている。本節の最後に、その特徴を、別の角度から述べてみたい。

一つ目は、一〜八年生では、世界の美しさ・素晴らしさをあふれるほどに注ぎ込むということだ。数学や幾何学にしても、植物学や鉱物学にしても、あらゆる分野で、美しさや面白さ、素晴らしさというものは見出すことができる。それを発見したとき、担任自身にも大きな喜びがあるが、子どもたちには全存在を揺さぶられるような感激があるだろう。私たちはそれをできるだけ子どもたちに体験させる。その一方で、環境教育や平和教育を非常に大事だと考えているからこそ、この発達段階の子どもには、戦争時の残虐な行いや環境問題の絶望的なデータなどを具体的に語ることをしない。この年齢段階までに、世界や人間へのプラスのイメージを十分に受け取り、世界への基本的な信頼や愛情を育んでこそ、後にそれらのマイナス面にまっすぐ向き合えると考えているのだ。七年生頃から、世界や人類の負の側面について少しずつ触れていき、次の発達段階である青年期（一四〜二一歳頃）に、それらの「現実」をしっかり教えていく。この教育法は一般的な方法とは随分違うように思われるだろうが、世界・社会と肯定的に関わりつつ、環境や外交など、社会問題に積極的に寄与しようとしている卒業生がとても多い事実をみると、功を奏しているように思う。

二つ目の特徴は、子どもたちの発達に応じて、人類の歩みを追体験させていくということだ。

例えば、文字を教える時、まずは絵から入り、そこから文字に抽象化していくという、文字ができていった過程を子どもにもたどらせる。三年生では、家作りや糸つむぎ、田畑での食物生産から調理・保存食作りなど、この地上で生きていく基本を体験し、長さや重さ、時間でさえも、それを測（計）る方法の歩み（標準化・普遍化への変遷）を追体験できるようにする。上の学年でも、例えば天文学ではガリレオの月の満ち欠けについての発見や望遠鏡の発明などを、一緒に辿れるように授業を組んでいく。手仕事（手芸）や木工・金工なども追体験の一環だ。これらによって、子どもたちは周囲にある物が、自分とは遠い「異物」ではなく、それぞれの物について、その基本原理を知っていたり、制作の苦労が想像できたり、何らかの親しみを感じたりするようになる。詳述できないので感性的な言葉になってしまうが、人類の歩みの追体験によって、子どもたちは、人類が長い歴史の中で発明・発見してきた文化・文明の上に、実感をもって、この時代に生きることができるようになっていく。今日、希薄化の傾向にある「人生・生命への実感」をもてるようになると私は確信する。

三つ目は、一〜八年生では、身体と感情を活発に働かせて学ぶということだ。身体の発育と精神・知的発達に密接な関連があることについては、現在、多くが明らかになっている。シュタイナー学校では、一〇〇年前からそれを重視してきた。特に低学年では指遊びや全身運動（スポーツではなく、協調運動や伝承遊びなど）が非常に多く取り入れられる。子どもたちはとても楽しんで取り組む。身体を動かすことは、意志（一般的な、『考えを曲げない』意思とは異なる）を強めるためにも重視されている。また感情を豊かに動かすことも、その後の知的発達や心身のバランスのとれた発達に重要だと考えており、既述のように、心の動く授業を心がける。

最後に挙げたいことは、授業内容に、よりよき人生を送り、世界をよりよくしていくための基盤や智恵のようなものが織り込まれていることだ。一・二年生で語るグリム童話や昔話、動物寓話や聖人伝などに始まり歴史上の人物伝に至るまで、子どもたちは叡智あふれる話を八年間で大量に聞く。また古今東西の名詩と担任から一人一人に贈られる詩を、毎日唱えたり聞いたりして身体に染み込ませていく。それだけではない。私自身、八年間の教材研究の中で、何度も何度も感激し、心躍らせてきたのだが、歴史や文学、芸術等からは、人間の素晴らしさと限りない可能性（善悪両方向だが）を感じることができるし、理科、自然科学等の分野からは、自然に潜む叡智や人生への隠喩のようなものを見出すことができる。後者について、例えば植物の花の形態や葉の付き方に関わる幾何学的法則性や、鉱物結晶のでき方、フィボナッチ数列や惑星配列に関するティティウス・ボーデの法則（これは高等部で学ぶ）など、調べれば調べるほど、この世界には神の叡智が働いていると感じざるを得ないほどの素晴らしい仕組みや原理、法則が隠れている。物理学の光と闇の授業では、例えば、暗室で光が少し漏れて入っている場所があっても、そこに光があると信じていない子にはなかなか光が見えなかったり、真っ暗闇で光を照らしても、そこに具体的な物が来なければ光があることを認識できなかったり（つまり、真っ暗闇に見える所にも光が存在しているかもしれない）ということを体験する。この人生への暗喩のようなことを、思春期の混沌、つまり闇へ向かう六年生に驚きとともに体験させるのだ。授業はあくまで「科学的」に行われる。だが、その中に美や世界・人生の真理のようなものが織り交ぜられている。これらの「科学性・学問性」と「教育的観点」、そして子どもの発達段階と実態を視野に入れて、担任は教材研究をする。それは困難でありながらも喜びと感動のある作業であった。そして授業で子どもたちに何らかのものが伝わった時の喜びは、何物にも代えがたいものだった。

ちなみに、「基礎学力」と一般に言われるものについてはどうかと言うと、二年生くらいから読本に取り組み、四年生あたりからドリル的な練習も増えていき、七・八年生くらいにはかなりハードに学習する。本稿では高等部のことは紹介できないが、高等部のカリキュラムを楽しみ味わうためには、「基礎学力」も必要なのだ。

以上、シュタイナー学校初等・中等部のカリキュラムについて、いくらかの面から述べてきた。このくらいでは、その一％も伝えられていないだろう。そこには単に知識や常識を詰め込んだり、ただ技術をつけたり、もっぱら「適性を伸ばし」たりすることとは次元の異なる学びがある。やはり今でも、私は「こんな学校に通いたかった」と思う。

子どもたちは、以上のようなカリキュラムのもと、外界、つまり世界や社会への基本的な信頼感（プラスのイメージ）を育み、高等部で「現実」を知り、バランスを取りつつ現代の人類の課題を「自分ごと」として学んでいく。

(5) 信　頼

それと対になって大事なことは、内界、つまり自己への信頼感（自己肯定感）であろう。シュタイナー教育ではもちろんそれをとりわけ大事にしている。例えば、テストや体育などでの順位付けや競争を四・五年生頃までは行わず、子ども同士の比較をすることがない。それどころか、年例祭（学習発表会のようなもの）では、二年生まで、観客を意識せず、客席に背中を向けていようと授業でやっていることをそのままステージ上で行う。このようにして自己意識そのものをゆっくり目覚めさせていく。誕生会は一人一人、誕生日かその近い日に行い、家族や周囲から大切にされてきたエピソードを語ってあげるなどして、皆でていねいに祝う。話し合いでは、安易に多数決を取らず、クラスの一人残らずが納得できるまで対話を重ねる。八年間も一緒に居て多様な活動をしていると、それぞれの子の持ち味をお互いに知り、認め合うようになっていく。

もちろん、思春期や高等部にもなると自分を他者と比べて劣等感を持つ子も出てくるのは確かだ。だが、一二年間の濃いつきあいの中で、また演劇や卒業プロジェクトなど、ここでは語れなかった高等部のカリキュラムの中でも、子どもたちは多様な個性を持つ他者とつながり、心のバランスを取り戻し、満ち足りた顔で卒業していく。もちろん一人残らずそのようになるとは断言できない。家庭の状況等により苦難の道を歩む子もいるだろう。しかし、本当に多くの子が幸せそうに卒業していくのだ。

さて、「信頼」についてもう一つ、保護者・教師間の信頼関係についても、教師であり同時に保護者でもある者として、述べておきたい。

既に簡単に触れたが、私は、自分の子どもの担任が「授業がうまいから」とか「一人一人をよく見てくれるから」とか、「子どもから好かれているから」などの理由で信頼しているわけではない。そのような「信頼」は、相手の能力や属性が自分の考える一定基準を超えたときにのみ「信頼させてもらえる」というエゴイスティックなものだと考えている。そのような「信頼」関係は、八年間もの長い間、持続するのは難しいだろう。私は、担任は、自分の子どもや他の子どもたち、そして世界を共によりよくしていく同士であり、不完全さをもつ人間であると考えている。だから、担任が「シュタイナー教育に本気で取り組もう」としているならば、能力はどうあれ、また足りないものがあったとしても、意志を持って信頼し、共に歩もうと考える。「相手任せの信頼」ではなく、「主体的な信頼」と言えようか。その担任と出会うという運命には、必ず何らかの意味があるとも考えている。これらは、シュタイナー教育にどっぷりと浸かってきた者だからこそ、またシュタイナー教育が教師に求めるものが非常に高いことを実感しているからこそ、こう考えられるのかもしれない。だから、この態度を一般の保護者の方に求めることはできない。しかし、保護者の方々が、私の多くの失敗を知りながらも、私を応援し、支え続けて下さったことも事実で、それがなければ八年間を乗り切ることは困難だったと思う。私たちの学校には、そんな、深みのある信頼関係があると思う。それなしには、この学校が二〇年も続いてくることも難しかっただろう。

4　おわりに

私たちの学校の卒業生は、もうかなりの数に上っており、彼らの「現在」を切り取った冊子も二冊刊行された。それを読んだり、他の卒業生の話を聞いたりすると、本当に素敵な人たちが育っていると心から思う。物事をグローバルに考えながら地に足がついていて、優しく、人とつながりながらイニシアティブもとれるような人、そして個性的な人が多い。

まさに「手前味噌」だが、本当にそう思う。

さて、私たちの学校はＮＰＯ法人だ。法的には「学校」ではない。教育内容や方法の自由を確保するため私たち自身が一条校を目指さないという理由もあるが、主には大金を持ち一定の土地と施設が整っていないと「学校」と認めない学校設置基準や、学年ごとに学習内容が決められた学習指導要領と本校のカリキュラムが細部で一致していないなどの障壁があるためだ。「学校」として認められないということは、普通億単位で各校に支給されている補助金が一切ないということだ。「学校」なら免除される諸々の消費税もすべて払っている。子どもたちは電車の学生定期券を買うこともできない。学校運営にかかる毎年二億円近くの予算は、保護者が賄わざるを得ない。学費（『参加費』と私たちは呼んでいる）の相互扶助制度もあるが、保護者の経済的な負担は非常に大きい。これらの事情から、本校では体育館やプール、広いグラウンドなどはなく、常勤教職員数も非常に少なく、給与も一般校と比べたらとても低い。経済的な状況はずっとぎりぎりである。

京田辺シュタイナー学校は、二〇一〇年に「ユネスコスクール」に認定された。そして二〇一六年には、文科省の「ＥＳＤ重点校形成事業」で全国二四校の「サステイナブルスクール」の一校として選ばれた。とても喜ばしいことだ。事務室には文科省の銘のある認定証が貼ってある。だがそれを見る度に思う。「学校」と認めていないのに「貴校をサステイナブルスクールとして認定いたします」とは、一体どういうことだろう？

この学校、この教育の灯を消さないためには、経済的援助は不可欠だ。

「こんな学校に通いたかった」と三〇年近く前にため息をついた私は、今、その現場に立ち、そんな仕事に携われることに感謝しつつ、「この学校、教育自体をサステイナブル（持続可能）にするにはどうすればよいのだろう」と、折々にため息をついてしまうのである。

注

（1）Vgl. GA306. S.60. R・シュタイナー（一九九四）『シュタイナー教育の実践――教師のための公開教育講座』イザラ書房、七六頁以降、等参照。

（2）Vgl. GA307 S.122. R・シュタイナー（一九八五）『現代の教育はどうあるべきか――現代の精神と生活』人智学出版社、一六四頁以降参照。

（3）本節全般に関して、京田辺シュタイナー学校（二〇一五）『親と先生でつくる学校――京田辺シュタイナー学校 12年間の学び』せせらぎ出版、H・エラー（二〇〇三）『人間を育てる――シュタイナー学校の先生の仕事』トランスビュー、等参照。

（4）H・コェプケ、森章吾訳（一九九八）『9歳児を考える』水声社、等参照。

（5）丹羽敏雄（二〇一六）『百合と薔薇――ゲーテ・シュタイナー的自然観察への誘い』涼風書林。M・コフーン、丹羽敏雄訳（二〇〇七）『植物への新しいまなざし――ゲーテ＝シュタイナー的植物観察術』涼風書林、等参照。

8

インタビュー

シュタイナー幼児教育の道を歩み続けて
――にじの森幼稚園、堀内節子前園長に聞く

聞き手・池内耕作

にじの森幼稚園の園庭にて

シュタイナーの教育思想に基づく就学前教育段階（幼稚園・保育所・認定こども園等）の教育施設は、初等・中等段階のシュタイナー学校数にもまして多く、世界全体で一八一七園、八〇カ国以上に広まっている。ここでは、シュタイナーの教育思想に基づく幼児教育を四〇年以上にわたり実践してきた「にじの森幼稚園」の前園長、堀内節子氏から話を聞いた。同氏は、わが国のシュタイナー教育に対する関心を一気に引き起こした『ミュンヘンの小学生』の著者・子安美知子氏とも親交が深く、我が国のシュタイナー教育運動を草創期から担ってきた人々の一人でもあり、優れた著述家としても知られる。特にその主著『0歳から7歳までのシュタイナー教育』（学習研究社、二〇〇〇年）、『「その子らしさ」を豊かに伸ばす　おうちでシュタイナー子育て』ＰＨＰ研究所、二〇一四年）については是非とも一読されることをお勧めしたい。以下、百周年に因み、改めてその想いを聞く。

池内　どうぞよろしくお願いします。早速ですが、堀内先生はもともと公立小学校で教壇に立たれていたそうですね。途中で幼稚園を始めようと思われたきっかけはどんなことだったのでしょう。

堀内　とりたてて問題があったわけではないのです。ただ、最後に勤めた学校が児童千人以上の大規模校で、文部省の研究指定校でもあったのですが、前任校との違いが大きすぎていろいろと戸惑ったことも事実です。公立学校ではどうしても配置換え（転勤）がありますから、その都度学校ごとの違いに遭遇します。そもそも「教育とは」と考えてしまうのです。最後の学校のときには特にその思いを強くしました。

ちょうどそんな頃、堀内が所有していた土地（現在のにじの森幼稚園所在地）が区画整理事業の対象になりましてね。教員の家系に育った堀内の発想で、幼稚園を作ってはどうだろうかと。当初は堀内のほうが乗り気だったのですが、いろいろと話を進めるうちに、幼児教育については私のほうがうまくできるんじゃないかと考えたのです。私の家系は経営畑でもありましたから（笑）。

1　シュタイナー教育との出会い

池内　それが一九七五年、今から四四年前のことですね。しかし当初は「シュタイナー」という言葉も登場しない。シュタイナー教育という旗印が出てきたのはどういう経緯だったのですか。

堀内　開園当初がまず大変でした。言葉は悪いのですがお許しいただけるなら、子どもって本当に本当に、周囲の全てを喰らい尽くしてそれでも満足することがない「餓鬼」そのものだなと思うほどでした。藁にもすがる想いでいろいろなものを読んだり、調べたり、あちこちの園をひたすら見学したりしました。もともと学生時代は心理学を専攻していましたので、ピアジェから何からいろいろな学説も一通り読み返しました。そうしましたら、ますますクエスチョンが深くなっていくんです。「餓鬼」のように周囲のさまざまなものを呑み込んでゆく子どもたち、そもそもこの子たちは、なぜ呑み込もうとするのか。呑み込んだものは、将来子どもたちにどんな意味をもつようになるんだろうかって。あまりの大変さと納得できるような教育ができないことのあせりで、完全に行きづまってしまった私は、「国内だけ見てちゃだめだ！　海外を見ないと満足できない！」とも思いましたね。

ある時、絵本作家のかこさとし（加古里子）さんとヨーロッパに行くツアー企画があったので、それに参加しました。さまざまなものに圧倒されて帰国しましたら、これも凄い偶然だと思うんですけど、空港に迎えにきてくれた堀内が、「これ、とても面白い本だから読んでみて」と一冊の本を差し出しました。それが『ミュンヘンの小学生』だったのです。一読した途端、直感しました。この本に書かれている世界、これは、人の生涯を見通している！　「餓鬼」の答えもきっとここにある！って。私のなかで何かがガツンとつながった。

池内　運命的な出会いだったのですね。それでシュタイナーの本を読むようになった？

堀内　というより、いてもいたってもいられなくなって、著者の子安美知子さんにすぐに電話したんです。

池内　凄い……。

堀内　すると子安さんが、「私も本当に勉強し始めたばかりだから、よかったら一緒に勉強してみない？」と誘って下さったのです。当時の日本でシュタイナー思想（アントロポゾフィー）を一般の人たちに教えて下さっていたのは高橋巌さんでしたので、鎌倉で行われていた勉強会に子安さんと一緒に参加しました。平日は幼稚園でがんばって、土日は泊まりがけで鎌倉に毎週通いましたね。シュタイナーの原典をもとに悪戦苦闘しながら、丁寧に読み込んでいきました。箱根にある旅館の畳の上で、オイリュトミーを学んだりもしました。

池内　日本のシュタイナー教育史で最も初期の活動グループだろうと思います。そこに最初から関わってらっしゃったんですね。

堀内　関わったというよりも、ひたすら勉強させていただいたのです。その後、「日本アントロポゾフィー協会」の設立にも関わり、教育部門の担当者として教員養成の仕事を担いました。日本で最初に学校をはじめた東京シュタイナーシューレにも関わって、そこにいた先生の研修も引き受けました。しかし、とにかくシュタイナーという人の思想は難解ですから、その頃は本当に勉強、勉強でした。いまだに「超感覚的世界っていうけど……」といった感じです。

2　苦労の道のり

池内　毎週のように原典と格闘しながら、にじの森幼稚園では「シュタイナー教育」が旗印となってゆく。当然、二冊のご著書におさまる四四年間ではなかったでしょう。語り尽くせぬことは重々承知の上でうかがいますが、これまでもっとも苦労なさったことはなんですか。

堀内　今ふりかえって思うことは二つあります。一つはやはり、シュタイナーの思想を「理解する」ということでしょうか。書き方、語り方が難解だということもありますが、ほんとうの難しさはむしろ、学べば学ぶほど「自分の軸がずれている」という想いが強くなることでした。結局、学び続けるしかない……と。

例えば目の前の子どもたちが何を喜び、何を知っていて、どんな想いで過ごしているのかということについて、充分理解できるようになってきたと思っても、シュタイナーの本を読み始めると、この子たちの「今」が、遠い過去と遠い未来とにつながる「存在の流れ」のなかにあって、そこにある「今を生きている子ども」というものをどう理解するのか、何をしてゆくのか、というのは、ただならぬ課題なのだと改めて気付かされます。勉強すればするほど、その到達点がもっと遠く深いところにあることに気づくのですね。だから、正しいと思っていても、間違ってしまう可能性があるって。四〇年なんてそんな歩みだったような気がします。

ただそうしてのめり込めばのめり込むほど、深まっていく実感はあるのです。例えば『アーカーシャ年代記』なんて、読んだだけでは全くイメージが浮かんで来なかった。ところが他の本を読んで、いろいろな経験を繰り返していると、自分が人類発展のどこを生きているのかということが何となくわかってくるのです。だから、もの凄く時間がかかるのですけれども前進はある。おまけに今の私は、シュタイナーのことを学んでいる人から学ぼうとはあまり思わないで、シュタイナーが何を言ったかということと直結したいと思って学んでいるので、ますます時間がかかる。しかしありがたいことに、これが正しい教育の道を示唆してくれているという実感は、ゆっくりではありますが深まり続けているんですね。ですから少々の困難には耐えられるようになってきました。

池内　私も同じ困難にぶつかることが多いのでとても勇気が湧きます。二つ目の困難はなんでしょう。

堀内　お金がないことですかね（笑）。園舎も、遊具も玩具も教材も、本当はここをこうしたいということがたくさんあります。もっと子どもたちのために揃えたいものもたくさんありますが、それが出来ません。しかし、工夫することはできる。例えば私がドイツで買ってきた本を示して「このおもちゃが作れるかな」と言うと、バスの運転手さんが写真をみながら作ってくれたりします。保護者の皆さん、近隣の人々など、お金がない代わりに協力者には本当に恵まれています。

3　多様性と共通性

池内　シュタイナーの思想を理解するということ、そしてお金。まさに教育と経営ですね。さて、この豊橋という地において、シュタイナーが当然語っていない課題というものもあると思います。シュタイナー教育は共通の土台のもと、実に多様なあり方で展開していますが、かの地の宗教、伝統、歴史や文化、地理とどう向き合うかという問題です。これもご苦労の連続だと思いますがいかがでしょうか。

堀内　シュタイナー教育に取り組みはじめた頃は「外国の教育を取り入れたって……?」という声もずいぶんあ

りました。でも私は、シュタイナーが生きたドイツの人も、スイスの人も、日本に生きている人も、同じ人間であるはずだから、彼らが生み出してきたキリスト教文化と日本の文化も、どこかで必ず通じ合うことがあるはずだと、ずっと思ってきました。それで私の場合は、幼児教育における祝祭を改めて見つめ直して、仏教や神道の考え方の中から生まれた行事についても改めて勉強しなければと思いまして、実際、ずいぶん勉強してきたと思います。

池内　シュタイナーを学んだら、仏教と神道を理解するという課題が生じた。

堀内　例えばキリストの生誕と、日本の伝統的な宗教行事。まったく無関係な事象のように見えますが、いずれの地でも「冬至（光の復活）」というのが大変大事なこととして捉えられています。人類の発展の過程から生じる祝祭がつながるのです。青森のねぶた、秋田の竿灯、その光のなかに、ヨハネ録で語られたことの末路をみることもできます。幼児教育では、シュタイナーがいう「揺蕩（たゆた）うようにあらわれるファンタジー」が、神的・霊的な世界に到る大事な道筋なのですけれども、日本に生きる子どもたちの道筋には、日本で培われてきた奥の深い行事が、自然なかたちで浸透してゆくことこそ必要だ、と私は思いました。

池内　そのお考えが、にじの森幼稚園で季節の折々に繰り広げられる行事につながるのですね。五月は端午の節句、七月は笹の煙で無病息災を祈る夏至祭り。一〇月になると作物を収穫して、みんなで祝って粉を引いて食べる。一二月の冬至には天照大神に因む音楽劇と祝祭。年間を通じて飾り・歌い・踊り・食で満たされるというのは、どんなシュタイナー教育の現場にも共通していると思いますが、それぞれの現場で何を祝っているのかは確かに違っています。しかし、実は根底で通じているのではないか。

堀内　祝祭を日本がどのように行っていたか、受け継いできたかを深く見通せば、必然的に説明できるのではないかと思っています。

池内　わざわざ他国から借りてこなくても、足下にある伝統や文化を通じて同じものを育むことはできるし、むしろそうするほうが望ましい。シュタイナー学校の建築を見ても、各国各地域で特徴があります。教室の壁の色は同じだけれども、窓の形はその地域の文化を反映させたものにする。それはシュタイナー自身が、多様性と共通性の双方の重要性を示したからなんじゃないかと。

堀内　本当にそう思います。私の中ではるかに遠い、「私のなかのキリスト」という意識（精神）に向かういとなみでもあるのです。

4　子どもをどう見るか――本当の「子ども主体」――

堀内　しかし、ひと昔前は「行事保育」という言葉があって、これはある時期もの凄く批判されました。季節の行事をただ形式的に取り入れてこなすだけの教育、という意味で批判されたのだと思いますが、ここは大事なところです。行事は、見た目よりもその中にある精神が大事です。たんなるイベントで終わってはいけません。

池内　これは先生がどこかで語られていたと思いますが、チャイムが鳴ったら児童が自動的に動くようしつけられているとか、今のお話のように行事を形式的に持ち込んでこなすだけだとか、そういう「子どもを大人の都合に合わせる」という発想に決して与しない。これは先生のなかで一貫しているなと感じます。なんと言ってもルソーがそうですね。シュタイナー教育の根底にある考え方でもある。過去から未来に連なる時間軸を生きている「子どものあり方」のほうにすべてを合わせる。ルソーならば「合自然」、デューイは「子どもが太陽なんだ」と言った。シュタイナーは「子ども本性の要求に忠実に応えよ」と。

堀内　本当の意味での「子ども主体」ですね。例えば「ゲームがほしい」という子どもにゲームを買い与えることは「子ども主体」ではありません。「子どもが言っていること」ではなくて、あくまで「子どもが心の底から望んでいること」に応えてゆく。その区別は、子どもたちを見ていればわかります。例えば先日も、園の畑でとれた作物をみんなで粉にして、おまんじゅうにして食べたんです。収穫祭なんて、子どものほうから「やりたい」なんて言葉は出てきません。でも、収穫し、料理している子どもたちの笑顔を見てほしい。収穫祭の精神はこういうことなんだと、きっとわかってもらえると思います。

池内　先生もご著書で引用されていますが、「畏敬の念をもって迎え、愛をもって育み、自由へと解き放つ」。シュタイナー教育を一言で言えばそうなります。畏敬の念をもって迎える、ほんとうの意味での「子ども主体」は、ここから始まるのだろうと思いますが、この点についてはいかがですか。

堀内　目の前にこの子がいるということ、それは、私を選んでくれたんだと、私は思うようにしています。それぞれの子どもにそれぞれの能力があるのですけれども、そのとき私はまず、「この子の能力を私がつぶしてはいけない」と思います。そしてその子が、「先生、私はこの能力を、先生のもとでどのように伸ばせるの？」と言いながらやってきたに違いない。そう思いますと、その内なる声を聞こうと思わずにはいられないのです。園では確かに、手がかかる子もいます。わが園の教師たちがそんな愚痴をこぼそうなものなら許しませんけれども（笑）、しかし実際、そう思う瞬間もあるだろうなとは思うのです。その時に考え方を変えて、「先生、ぼくこうなりたいんだけど、助けて！」という声を聞き取る。今できることはなんだろうかと考える。これができる教師には、「畏敬の念」があるということではないでしょうか。

池内　子どもに対して畏敬の念を抱く教育者は、その内なる声を聞く。「子ども主体の教育」とは、内なる声（願い）に応えてゆくこと。それがシュタイナー教育の要諦であり、教育者に求められている子ども観だと思います。突き詰めれば、自分の力を必要とする人との出会いを「くださった方」に対する畏敬が、その根底にある。

堀内　そうです。先ほど申しました神的・霊的世界の道筋のひとつに、この出会いに対する畏敬があります。

親が子を殺す、子が親を殺す、という悲しい事件も起きています。その根底に、親だけでなく、内なる声を聞いてくれる大人がいなかった不幸がある気がします。でも、親だけに頼るのも酷です。私たち教師にもできることがあります。

例えば先日、具合が悪くなった子がいたので、少し休ませて頭を冷やしたりしながら、親御さんに電話したんです。働いてらっしゃる方で、遠くにいて忙しそうでしたけれども、「できるだけ早く迎えに行きます」とおっしゃいました。その子に、「お母さん、今、お仕事で遠くにいるけれど、飛んでくるからね、いい子で待ってようね」と言ったら、それまでは頑張らなくちゃって気張っている様子だったのに、ポロポロっと涙を流したんです。「お母さん、とても心配してるんだよ。でも急いで交通事故起こしたら困ると思うよね?」と話すと「うん」と頷く。「少し遅くなっても、待ってようね」と言うと、「うん」と言う。そんなふうに、お互いがお互いを心から思いやっているということを、間に立つ教師が言葉で伝えてゆく。想いをつなげてゆく。そういう言葉がけを、一瞬一瞬、もの凄く大切にしています。「お互いが必要だったから、この人のもとにこの子が生まれてきた」と、親御さんにもそのお子さんにも実感してほしいのです。

池内　表現できなかった想いの一つひとつを丁寧に取り上げて共感し、語り返してくれた大人たち。そんな大人たちが周囲にいたことの記憶も、その子のなかに残り続けるでしょうね。そんな私はこの世界に生きていていい、生きてゆく意味があるんだって。「畏敬の念」というのは、そういう実感を子どもに抱かせることでもあるでしょうから、教師ってほんとうに大事ですね。

堀内　それは本当に、本当に。先ほども申しましたように、「お互いがお互いを必要としている」のは親と子も、教師と園児も同じです。だから、してやった、してもらったということでもない。互いに互いの責任があり、その責任をはたすことも嫌々ながらではない、そういう教師と子どもの関係が大切だと思います。

5　先生を育てる

池内　その実践を支えていらっしゃる先生たちについてうかがいたいのですが、まず、採用はどういうふうになさっているんですか。

堀内　大学や短大に公募を出していますが、他の保育園などで働いてきた人が、シュタイナー教育に携わりたいと言って応募してくるケース、子育てがひと段落した主婦の方が応募してくることもありますね。今年はお二人いらっしゃいました。そして応募してきた人と面接して、メルヘンの語りや歌の力量を見極めて、なんで応募してきたか、どんな先生になりたいかなど、一通りの審査をしています。

池内　どこかでシュタイナーを学んできた、という人はいますか。

堀内　少ないですね。もちろん、本を読んで興味をもったという人はいますが、本格的に勉強してきた、養成機関で教育を受けたという人はほぼいません。

池内　すると、採用の日から養成と研修が始まるわけですね。

堀内　そうです。まず最初の一年間は担任クラスをもたないで、ひたすら養成です。二年目から担任をもちますが、そこからも日々研修ですね。例えば先日、さつま芋の収穫をしたのですが、あまりたくさん実らなかったので新任の先生が、「少し買い足してもいいですか」と言ってきたのです。みんなで調理して食べますから、自然な発想だと思います。しかし私は、「それはやめましょう」と返しました。自分たちで育てたものを、自分たちで感謝しながら食べる、それが収穫祭の精神です。さつま芋がひとつしか獲れなくても、それをみんなでわけて食べるのが大切です。買ってきたのではそれこそ先ほどの「行事保育」になってしまって意味がない。そんなことを申しましたら、その先生はメモを取りながら深く頷いてくれました。豊橋でよく食べられる「鬼まんじゅう」を作ったときも、若い先生が「膨らし粉を買ってきましょうか」と言いましたが、やはり同じ理由で「それはやめよう」と（笑）。結果、大変素朴な味の、昔から食べられてきた通りの鬼まんじゅうになりました。年中さんが「芋まんじゅう」を作ったときにも、先生たちに伝えました。美しさに向かって努力する、それが年中さんだったらできるでしょって。見た目、その努力の片鱗が見られない出来でしたので。

結果ではないのです。努力しようという気持ちにさせられたかどうかです。そんな厳しい指導を繰り返していますが、先生たちも本当によく受け止めてくれます。また受け止めてくれるような指導をしなくてはいけません。子どもが努力できたら、それを先生が全身で受けとめることも大事です。何かを作るということについて、子どもたちが「やってみよう！」という気分になっていくと、先生が語る作り方を「聴く力」も育ちます。養成というのはそのすべての過程で、先生自身の考え方がどうあるか、そして子どもたちが自然に「やってみよう！」と思いたつような流れを、先生がどう作っていけるかということだと思います。

池内　先ほどの「行事保育」との一線を感じます。若い先生については、計画的な養成プログラムにねじ込んでというよりも、やはり日々そうした一つひとつの指導の積み重ねなんでしょうね。

堀内　基本はそうですね。三〇年勤めてくれた先生、二〇年の人、一〇年目の人とさまざまですが、長くなった人には何度か、ドイツやスイス、イギリスなどの幼稚園を見てきてもらっています。しかし、あちらの本場でもシュタイナー学校は今、さまざまに変容していて、深い勉強ができることもあれば反面教師になることもあります。やはりこの現場で、シュタイナーの思想と直結していようとすること、常に基本に立ち返ることが大事だと思います。

6　卒園児のその後

池内　さて、百周年に因んで今しか聞けないことかなと思うのは、卒園児のその後です。もちろん、この質問は乱暴だという自覚もあります。現在でも園児一六〇名、そのうちの三分の一のお子さんたちが毎年巣立っていくと考えますと、この四四年間で卒園生は二千名以上になりますね。一人ひとり、みんな違った生き方をなさっていると思います。それでもあえて聞きます。卒園児のその後の様子はいかがですか。

堀内　今、おっしゃったように、「みんな違う」（生き方や進路傾向に偏りがない）というのはひとつの答えだと思います。でもね、お話したいことは山ほどあります。すべてではありませんが、大学を卒業して社会に出てからも、付き合いのある人はたくさんいますから。

池内　ありがとうございます。では、例えばの話。

堀内　幼稚園を卒業した子どもたちは、卒園後もとてもお互いを親しく感じるようで、学校の同窓会や成人式などで十年ぶりというような出会いであっても、少し話しているうちに卒園児たちの輪ができてしまうことが多いのだそうです。幼児期の思い出などは、消えてしまうことが多いのに、この園を卒園した子は、特別な関係性を感じる、という声を聞きます。

春の甲子園で優勝ピッチャーになった卒園児が居ます。私も、その時の試合を見たのですが、あまり調子が良くなかったのか、疲労が極限になっていたのか、見ていて痛々しいほど彼は苦しんで投げていたのです。投げても投げても打たれ、そのたびに首をうなだれ、そして、意を決したように頭をあげて投げる、でも打たれてしまう。そんな繰り返しでしたが、何とか踏ん張って優勝を勝ち取りました。その試合を、別の高校に進学した同年齢の卒園児二人が見ていたのです。そして、「僕たちは、こんなことをしている場合ではない。Yは、あんなになっても自分のすべきことをやり通した。ぼくたちは、野球では無理でも、この一年、Yに負けないくらい勉強で頑張ってみようじゃないか」と一念発起した、というのです。その頑張りは、親も心痛むほどだったというのですが、二人は東大、京大に合格し、その後、園に報告に来てくれました。Y君の苦しみ悩み、何とかしようともがく姿は、彼らにとって他人ごとではなかったのでしょう。「人の気持ちが読める、わかる子が育まれる」というのも、シュタイナー教育の成果かもしれません。

また、卒園児の傾向として、男女を問わず外国で学ぶ経験を持つ子、外国や多国籍企業で働く子も結構います。その延長線上で、外国から来る子を引き受ける家庭も多いです。最近は、シュタイナー教育に関心を持つ卒園児も出てきて、外国へ行くついでにドイツのシュタイナー学校を見に行く子もいます。

また、普通でしたら「良い所に就職できた」と、喜ぶような職業についても、それが自分の本当にしたいことでないとわかると、社会的価値観にこだわらず、自分のしたいことに替わる、あるいは替わるために学び直す、というようなことをする子も見ていてなかなか頼もしいです。

医療の道に進む卒園児も多いのですが、卒園の歌に「はばたけ森っこ」という歌を作りまして、その中に「♪人のために尽くします♪」という、歌詞を入れました。そして、日々の保育の中でも、ひとりひとりの大切さをいろいろな場で感じさせています。そのことも影響しているのかとも思いますが、子どもたちは、「人の役に立つお仕事をしたい」という思いを強く持ち、人の病を治す、病んでいる人を助ける、というような仕事に喜々として取り組んでいます。

　また、卒園児としては初めてですが、政治の世界に入った卒園児がいます。これからどんな形で、取り組んでくれるか楽しみなのですが、願わくはシュタイナーが言う、「経済における友愛」「精神における自由」「法の下での平等」という、社会の三層構造が、幼稚園時代に感覚を通して体験した彼の肉体の三層構造を通して、感覚の中に少しでも刻印されていると嬉しいな、と思いながら見守っていきたいと思っています。

池内　ほんとうにいろいろですね。シュタイナーの言葉を借りれば、みんな「自由」だと感じます。自分の偏差値だとか、当該の職業について社会が貴とみるか賎とみるか、そういうものに全く縛られずに、やりたいことを選んでいる。

堀内　ある子は卒園後の小学校時代、先生に「この子はおかしいから病院で診てもらったほうがいい」と言われたそうです。お母さんが私のところにやってきて、「この子は園でも変な子だったでしょうか」って言うのです。聞いてみると、道徳の授業で扱われたテレビの映像を見て、クラスの子たちが「この子（登場人物）は悪いことをしたんだから、お母さんに謝るべきだ」と言っているところで、当該の子は「そんな子は狼に食べられてしまえばいい！」と言ったのだそうです。みんなから非難轟々で、先生も少し問題視したっていうのですね。それで先生がいろいろと諭して、本人も「わかった」というので、先生がもう一度、どう思う？って聞いた。そうしたらまた、「狼に食べられちゃえばいい！」って。（笑）

池内　なんだか……とても「あっぱれ」ですね……。

堀内　私はお母さんに言いました。「お母さん、謝るべきだと言った子どもたちは、何かあれば謝ればいいと思う人に育つかも知れない。でも、狼に食べられてしまえばいいというのは、きっと内なる声を聞く人になるよ」って。赤ずきんちゃんの話は、自分の心が狼に飲み込まれるかどうかという話で、狼に食べられちゃいけないとか、そういう話ではありません。子どもの想いや、その想いがその時々でどんな表現になるかということがわかっていない。ある意味、シュタイナー幼稚園からシュタイナー学校に行かないで、公立の学校に行った子がたどる試練かも知れません。しかしその子は今、成人していますが、裕福な家庭に生まれたのにアルバイトをしています。お兄ちゃんも大学に通っていて大変だと思うから、自分の学費は自分で稼ぐんだって言って。そんな子に育ちました。

池内　感慨深いお話ですね。

堀内　医者が育った、政治家が育った、東大に入った、ということではないのです。まず、進路が偏っていない。そして一人ひとりは、その能力の高低で進路を決めるのではなく、自分がやりたいことに能力のほうを用いる。足りなければ鍛える。自分に合っていないとなれば、やりたいほうに行く。進路の選択でもっとも共通するのは、私が幼稚園時代によく語り聞かせ、歌まで作って教えたことです。それは「人の役に立つ仕事をしなさい」ということです。

池内　この本で取り上げたドイツやアメリカの追跡調査でも、卒業生の傾向として同じことが言われています。かつて西平直先生も西ドイツ時代の調査を紹介されていましたが、総じて卒業生をみると、「社会奉仕と自己実現が職業選択の基準となる。その可能性がないと判断すれば転職する傾向にある」と。

堀内　いまだに付き合いのある子たちをみてみると、幼稚園時代のことは、しっかり残っている。「人の役に立ちなさい」という言葉を、しっかり自分のなかに残してくれていると感じることが多いです。

7　百周年に想うこと

池内　とても勇気づけられるお話ばかりです。もちろんこれから、そうでない事例、負の側面も、しっかりと見ていく必要があります。シュタイナー教育の成果、これを軽々に語ることは慎まねばならないかも知れません。そんな百周年を迎えた今、改めて今一番おっしゃりたいことは何ですか。

堀内　誤解を恐れずに言えば、シュタイナーの思想はどこでも通じる、そういう確信が私にはあります。何度も申し上げましたが、最初に読んでわからなかったこと、それが、時間をかけていけば他のものと結びつく、この日本という地に結びつく、目の前の子どもたちとあるとき突然結びついて、ああこのことか！と実感することの連続です。私の四四年間は、そのことの繰り返しでした。シュタイナーは決して、教条的ではありません。彼は初期の教師たちから質問を受けたとき、その多くの場面で「君はどう思う？」「そのときあなたはどうした？」と問い返しました。そして、それは正しい、間違っている、というやり方ではなくて、教師たちとともに言葉を紡ぎながら、一緒に道を見出していこうとする行き方でした。シュタイナーが見ていたこと、それを、遺された文献から辿っていくのは難解の極みです。そして、「あなたはどうするのか？」と常に問い返されます。シュタイナー教育に携わる者は、原典から一方通行で知識を得たまま歩みを止めるわけにはいきません。その知見をもって目の前の現実をどう捉え、シュタイナーが当然語らなかったこの豊橋の地における解法を、私が私なりに見つけていくことを強いてきます。

今、私は、目の前の幼児と自分自身の生涯との「ミラーリング」とも言えるような現象を、日々、体験するようになりました。シュタイナーのおかげでそういう視点を身につけました。多くのことが私のなかでつながりはじめています。しかし、我田引水かも知れない。だからどこまでも、「人間」から視点を外さないようにしたい。そんなことを思いながら、これからも勉強し続けようと思っています。

9

稲作文化に根ざしたシュタイナー幼児教育の実践

――東広島シュタイナーこども園さくらを設立して――

森　寛美

稲を干す子どもたち（東広島シュタイナーこども園さくらの田んぼにて）

1　シュタイナーこども園設立への夢に向かって――日本とスイスで学ぶ――

一九九七年、当時私が高校生だった時、少年に関わる事件が起きた。その要因を私なりに考えるなかで、幼児教育や家庭教育の在り方に関心を持ち始めた。ちょうどその頃、中国新聞で広瀬俊雄先生（当時広島大学教授）のシュタイナー教育についての連載記事を見つけた。子どもを一人の人格者として捉え、子どもの成長を長期的な視点で考え、子ども自身の持つ成長力を大事にするという教育方法に深く共感した。そして同時に〝個人が本当に豊かな生き方ができるような教育をしたい。そのために、シュタイナー幼稚園を作り、日本の教育や社会を変えたい〟という大胆な夢を持つようになった。

広島大学で幼・小・中・高の教員免許を取得し、大学院では広瀬俊雄教授のもとでシュタイナー幼児教育について研究を深めた。大学院を修了し、幼稚園設立への夢は持ち続けていたが、まずは一般的な園での経験が必要だと感じ、京都にある学校法人のシュタイナーの教育実践を行っている幼稚園で担任として勤務した。しかし、私の中にはいつも大きな疑問があった。当時の日本のシュタイナー幼稚園では、イースターやクリスマスの行事に顕著に表れるように、得てして欧米から紹介されたものをそのまま模倣しているようなところが多々見受けられた。むしろそれをしていないとシュタイナー教育と呼べないというような風潮もあった。文化も宗教も異なるが、欧米でこうしているからという理由で、まったく同じように取り入れるのはシュタイナー教育とは言えないのではないか。シュタイナー教育が幼児の本性をとらえたものならば、その教育の本質を踏まえ、その国にあったものにできる可能性があるだろうし、それこそがシュタイナー教育の本来の姿ではないだろうか。そうした思いから、日本の文化に根差したシュタイナー教育を研究したいという思いが強くなっていった。保育のカリキュラムは、一年の節目の行事を祝うことが大きな要素となっている。その行事は、一年のリズムと宗教的な意味合いから成り立っているものが多い。私は、日本の年中行事をシュタイナーの観点からとらえ、実践に結び付けたいと考えた。これは、将来自分の幼稚園を立ち上げる際に、絶対に固めておきたい部分でもあった。私は大学院時代にお世話になったH・U・シュムッツ博士（シュタイナー教育の研究者・広島大学客員教授）と博士の祖国スイスの幼稚園の先生にお願いし、一年を通じて保育の流れを学び、またその根底にある宗教観についても学びを深めるため、一年間のスイス留学に行くことを決めた。

スイス留学では、〝シュタイナー教育の観点から、日本の文化に根差した年間カリキュラムを立てること〟を目標にし、平日は現地の幼稚園でアシスタントとして日々の保育を学びながら、休日にはゼミナールで学び、文献を読み、論文にまとめていった。そうして四季と年中行事についての西洋と日本の比較分析と、日本の行事の意味と具体的な保育での実践案について考えをまとめた。幼稚園では、シュタイナー幼児教育の実践を学んだ。園の先生は六〇歳過ぎの大ベテランで、休暇にはシュタイナー幼児教育の講師として毎年メキシコに招かれているほど実力のある先生だった。スイスの幼稚園で一番何を学んだかと聞かれると、一言で答えるならば〝教師としての人間の豊かさ〟であった。先生の引き出しの多さは半端ではない。裁縫、刺繍、編み物、料理、陶芸、木工、修繕、園芸、アウトドア活動、電気の配線等々、まさに「何でもできる」のである。シュタイナー幼稚園では、教育的な配慮から、大人が子どもの前で目に見える手仕事を行うことを大事にしているが、そのような先生の姿を、子どもたちはあるときは興味津々に、またある時は深い尊敬の目で見ている。子どもたちは憧れの先生がやっていることを模倣したがる。同じような活動をしたがり、遊びながら力をつけていく。大人の私でも、この先生はすごい！　ついていきたい！　という気持ちにさせられるのだから、子どもたちはなおさら惹きつけられるのであろう。実際、先生と子どもたちの関係性は素晴らしいものであった。

教師の資質として大事な要素は、豊かな発想力とユーモアを持ち合わせていることである。保育には、このときにはこうしたらよいという絶対的な方程式はなく、借り物の言葉では子どもには通用しない。そのときの子どもの状態、気質、部屋の雰囲気、遊びの流れ、昨日保育で何かあったか、朝保護者から聞いた家庭での様子等、総合的に考え合わせながら、言葉を選び、今ある身の回りのものや活動などの多様な領域と掛け合わせて、これだというものを瞬時に判断して提示する必要がある。それには、発想力が必要不可欠である。また、ユーモアの力も大きい。子どもに何かを伝えるときに、一番避けたいことは未発達の〝頭〟に働きかけるようなくどくどとした説明である。そこにユーモアをもった言葉や働きかけがあると、子どもの中のファンタジーの力と結びつき、一瞬にして共通理解を得ることができたり、より深い気づきが得られたりする。また、停滞した遊びに生き生きとした息吹をおくることもできる。ユーモアは大人の発想力の賜物であり、保育を豊かにする力がある。また、スイスの先生の人間の豊かさは、絵画や音楽といった芸術方面にもよく表れている。保育のなかでの工作や遊びと遊びの合間にうたわれる歌を一つとっても、〝美しい〟と感じる。保育室の空間そのもの、そしてそこで行われる活動一つ一つが芸術性高く、気品と温かさに満ちた雰囲気で満たされている。保育のなかの芸術性、保育者自身の芸術性がいかに大事であるか。教師としての人間の豊かさを私は身をもって学んだ。そして、ここに幼児教育の神髄があるように思った。教育は教師の質による。これは明らかである。私は、これからもっともっと引き出しを増やし、芸術性を高め、自分を深めていきたいと決意した。

2　こども園さくらの設立とシュタイナー幼児教育の実践

（1）東広島シュタイナーこども園さくらの設立

スイスから帰国した二〇〇九年、広瀬俊雄先生・広瀬牧子先生と共に、こども園の設立準備会を立ち上げ、設立計画を立て、どういう形態、運営で園を立ち上げるか検討していった。同時に、全国の様々なシュタイナーこども園を見学させていただき、園舎の様子、保育の様子、運営のことなど、大先輩の園長先生方から、多くの貴重なご意見、ご助言をいただいた。また園に必要になるであろう物資の支援もいただいた。園の場所は、縁あって私の大叔母の家を借りることができた。今のようなクラウドファンディングが普及している状況であれば、そのような資金調達の方法もあったが、当時はそのような方法については不勉強であった。まずは園を早く立ち上げ、軌道に乗せたいという思いから自己資金で家屋の改装工事を進めていった。

同時に、共に園を作っていく支援者の輪を広げていく活動を始める必要があり、同年の七月に東広島市の中央公民館小ホールでシュタイナーこども園設立に向けての講演会を開催した。講演会参加者は八六名にのぼった。そこで、シュタイナー教育についての周知やスイスのシュタイナー幼稚園の報告、シュタイナーこども園設立への思いをお話し、こども園設立へのご協力を呼びかけた。広瀬先生が広島大学で学生や東広島市民にシュタイナー教育についての講義をされていた三〇年前から、ぜひシュタイナーの幼児教育施設をという願いを持たれていた年配の方や、新しい教育に期待を寄せてくださった若いお母さん方、地域の方々など、様々な方から賛同と応援してくださる声をいただいた。

その後、月に一度設立準備会を持ち、園の整備と、シュタイナー家庭教育研究家である広瀬牧子先生を講師に迎え、シュタイナー教育を学ぶ勉強会を持った。そして、準備会での作業や学び、その後のお昼タイムを共に過ごすなかで、人と人とのつながりにおいても、関係性が深まり、園を共に作り上げる共同体の雰囲気ができていった。また、準備会の時間だけではなく、〝何かできることを〟と、畑づくりや裁縫、掃除など、折を見て様々な方が訪ねてきてくださり、一緒に語り合いながら準備を進めていった。そのような地道な積み重ねのなかで、少しずつ園の室内のしつらえや園庭の整備が整っていった。そして、様々な人の手が入った園の環境は、ぬくもりに満ちたものになっていった。

そして、ついに二〇一〇年四月一一日、「東広島シュタイナーこども園さくら」が開園する運びとなった。「さくら」という名前には、園を入ってすぐ両側に大きな枝垂れ桜と八重桜があり、来る人を温かく迎え入れる場所でありたい、保育を通じてしっかり根を張り、心豊かに、自分の花を咲かせてほしいという願い、日本の四季を感じ、日本の文化を大事にしたシュタイナー教育を実践したいという思いを込めた。

入園児八名でのスタート。開園記念誌に寄せて下さったあるお母さんの声がその時の気持ちをよく表している。「これから始まる園での生活は、期待と不安で一杯ですが、何故かとても安心しています。なぜなら、この園にはとても暖かい、そして静かな空気が溢れているからだと思います。」

(2) シュタイナー幼児教育の実践

シュタイナーこども園の実際

では、こども園さくらでは子どもたちは実際どのように過ごすのか。以下に一日の流れを記しながら紹介していく。

朝、八時一五分から、子どもたちは保護者と共に登園する。教師は、子ども一人ずつ顔を見て背中にふれ、挨拶を交わす。保護者とは握手をして挨拶をし、家庭での連絡事項等の情報を共有する。園では、子どもたち一人ひとり、保護者の方一人ひとりと関係を構築していくことを大事にしているため、送迎バスではなく、保護者の方に園まで送迎をお願いしている。毎日お互いに顔を見て色々な話をするなかでこそ、しっかりとした信頼関係が生まれてくるように思う。また、保護者同士も送迎で顔を合わせることが多いため、助けあいのよいコミュニケーションがうまれ、それが園を大きく支える土台にもなっていると感じる。

朝の身支度を整えると、お部屋での自由遊びが始まる。シュタイナー教育の理論に基づいて、目覚めてから数時間の幼児は、すぐに戸外での広々とした場所で遊ぶのではなく、包まれた覆いとなる室内で遊び始めることで、ゆるやかに意識を目覚めさせ、心を安定させて一日を始めることができると考えている。自由遊びでの園のおもちゃは、木や石、貝殻、布で作った素朴な人形など、自然の素材を大事にしたものである。使用目的を制限されるような完成されたおもちゃではないため、子ども達自ら、自身の想像力を働かせて、活き活きと遊びを作り上げることができる。また、他児と共に想像力を働かせて遊ぶためには、お互いに自分のイメージを伝えあったり、提案したり、譲歩したりと言葉で伝えあう必要があり、そこでのコミュニケーション力の伸びには著しいものがある。また、お部屋遊びの時間には、補助の先生と共に給食作りを手伝ったり、梅干しづくりや味噌づくり等の季節の手仕事を行ったり、縫物や木工をしたりと様々な生活体験も行う。このように、

お部屋遊び

自由遊びも、手仕事も、ものづくりも、実際に手や体を使い、五感を働かせながら、試行錯誤しながら活動することを大事にしている。どれも真剣に取り組むのがさくらの子ども達である。

お部屋遊びが終わる時間になると、先生は窓を開け、電気を消し、お片付けの歌を歌い始める。すると、今まで遊びに没頭していた子ども達もはっと顔を上げ、お片付けの作業に入っていく。こども園では、基本的に歌をうたいながら、次の活動に移っていく。幼児期は夢見心地の意識状態であるため、頭ではなく、歌のメロディーと歌の内容のイメージで伝えることで、すっと心身に言葉が入り、幼児はスムーズに受け止め、理解することができる。

お片付けが終わると、各自の椅子を円形に並べて座り、朝の集いを行う。キンダーハープの音色を聴き、朝の歌をうたったり、お祈りをしたりし、心を静かに落ち着ける時間になっている。幼児は賑やかでいつも楽しいこと面白いことが好きというイメージを持たれることも多いが、幼児の欲求の一つに静けさへの欲求がある。お祈りの時にろうそくに火を灯すのをじっと見守る時間、ろうそくの煙を目で追いながら、静かな余韻に浸る時間。円になった子どもたちのなかに深い静けさが漂い、その静けさを味わうことで心が満たされていくのを感じる。

朝の集いで集中した後は、輪遊戯の時間になる。輪遊戯とは、季節の移り変わりや人の生活の営みを、歌やリズムを持った言葉とともに身体表現をするものである。ドイツ語では〝Ｒｅｉｇｅｎ〟（ライゲン）と言い、〝輪になって踊る〟という意味があることから、さくらでは輪遊戯と呼んでいる。実際のReigenでは、〝輪になって皆で踊りを踊る〟、といったことはしないが、円周上を様々な表現を伴いながら動いていく。輪になって歌や言葉に合わせ、イメージを共にしながら動くことは、日本の「かごめかごめ」等のわらべうたにも残っているように、幼児の意識状態にふさわしいとされている。

輪遊戯で表される世界は、さくらでは、大きく二つのテーマを柱としている。一つは、日本の四季の移り変わりと生き物の様子、もう一つは、日本の生活と深く結びついている米作りの農耕文化に基づいた人の暮らしである。自然や生き物の様子については、春の芽吹き、冬眠する動物たちなど、自然や動物をイメージし、そのものになりきりながら表現していく。例えば、落ち葉が舞い落ちる様子を繊細に手の平を動かしながら表現する、ミミズが土の中を動くように床の上を腕や足を伸縮させて動く等、全身を存分に動かすような表現を行う。自分の目の前だけの空間だけでなく、上下前後左右の空間を意識しながら、全身を使い、自分の体の動かし方を知るような動きを取り入れる。そのなかで、全体的な身体感覚や空間感覚を学んでいく。

輪遊戯後、一一時半頃、手作りの給食の時間となる。土づくりから行っている園の畑でとれた野菜を中心に、旬のものを素材の味が分かるような調理で食べることを大事にしている。実質的な栄養だけでなく、大好きな先生やお友達が作ってくれたという愛情も一緒に吸収し、心もお腹も満たされていく。野菜が苦手な子どもも、自分が育てた野菜、調理したおかずとなると、そのものとの関係性がうまれ、徐々に意欲的に野菜を取り入れることができるようになっていく。そして、意欲的に食すなかで、味覚もするどく豊かになっていく。

食後は、芸術活動の時間である。さくらでは、クレヨン画、にじみ絵、蜜蝋粘土をシュタイナー学校で取り入れられているエポック授業のように、一週間ごとに行っている。一定期間集中してその活動を行い、またその体験を寝かせることでより深く活動を心身に吸収することができるよう配慮している。クレヨン画では、先生が描くテーマや描き方を決めたり指導したりすることはなく、自由にお絵かきをし、子どもの心身を開放して描くことを大事にしている。また、その絵をみることで、教師は子どもの心身の成長を読み取る。にじみ絵では、赤青黄の三原色を使い、色そのものを味わったり、色の交わりを感じたりしながら、自分で色を生み出す感覚を大事にしている。蜜蝋粘土では、硬くなっている蜜蝋を指や手で温め、柔らかくして、造形活動を行う。自分で熱を生み出す感覚を意識し、指先の力も育んでいく。

川遊び

芸術活動で集中した後は、外遊びの時間で意識を開放させる。外遊びでは、園庭はもちろん、田畑や森、川にも出かけ、自然豊かな環境のなかで存分に遊ぶ。園庭には公園のような遊具は少ないが、子ども自ら遊びを生み出すことを意図して、板や竹、布、紐等を自由に使えるような環境にしている。さくらの子ども達は、豊かな発想で様々なものを運び、組み立て、ダイナミックに遊びを展開していく。また、森や川遊びでは、急な斜面を登ったり、流れる水や滑りやすい石に気を付けながら歩いたりと、自分の体をどのように使ったらよいか、バランス感覚や身体感覚を育んでいく。そして、冒険心を満たしながら、少し難しいことにも挑戦する心を育んでいく。それが達成された時には深い自信になり、また次への意欲へとつながっていく。

外遊び後は、室内に入り降園の準備をして、メルヘンの時間になる。この時間、教師の素話で昔話を語ったり、素朴な手作りの人形を用いた人形劇をしたりする。絵本やＣＤは使用しない。教師の生の声で園児の顔を見ながら語ることで、お話を解釈した教師自身の心もダイレクトに伝えることができるように配慮している。そして、心の栄養を受け取り、一四時に降園する。

こども園さくらでの一年のリズム

さくらの一年の行事や季節の活動は、日本の伝統的な文化や四季の移り変わりを感じられることを大事にしている。私は、スイスでまとめた論文を元に一年の流れを組み立てた。基本となるのは、やはり日本人の生活を支えてきた稲作文化である。天照大御神も稲作を大事にしている神様であり、日本では、古来より稲作を中心とした文化を営んできた。稲作に大きくかかわる、大いなる自然の神と共に生き、自然への感謝や畏怖の心を表し、稲の成長と共に人の心身の成長を祈願するような行事が四季の節目のなかで行われる。このような日本の伝統的な行事を祝うなかで、自然と結びついた人の生活の土台、心の土台を作る。そして、四季の節目を繰り返し祝うなかで、一年のリズムを体得していく。

稲作文化を通した四季の主な行事

春はお花見から始まる。お花見は、昔は近くの山に登り、お重を広げ、山の神様と共に食したものである。そして、春を告げる花を探して持ち帰り、〝天道花〟（お日様の力の宿る花）として玄関の前や畑にさして、田植え前の豊作祈願をする。これは、イースターで、キリストの復活を象徴し、中に黄身（光）がある〝卵〟を探すように、この時期の沸き立つような生命の息吹と太陽（光の神）の花を探すという行為のなかで、自分の中の〝光〟と向き合うような意味があると考えている。さくらでは、森に春の花を探しに行き、園の桜の木の下でお花見をする。押し寿司や桜餅を作り、春を感じながら食べる。そして田んぼの神様に見守られて田植えを行う。

夏は、水・土・風・火の四大元素が最もいきいきと活動する季節である。こども園では、この自然界の息吹を共に体験し、感謝する意味をこめて、夏祭りを行う。夏祭りに向けて、制作過程のなかで水、土、風を感じる提灯づくりをし、このお祭りの最後に火を灯す。四大元素は、米作りにおいても人の生活においても非常に大事な要素である。この自然界の要素に改めて意識を向け、秋の豊かな実りを願う。

秋は稲刈りの季節である。年少児も先生に手を添えてもらいながら、鎌で刈り取る。年長児は、上手に鎌を使

稲刈り

い刈り取っていく。ざっざっという稲を刈り取る手ごたえや、束ねる稲の重みから、稲の実りを実感する。稲は乾燥させて脱穀をし、その一部を石うすで粉にしてお月見団子を作る。ここでは、西洋のミカエル祭に通じるような収穫の喜びと共に皆で分け合う心、無私の心を大事にしている。そして、一〇月は亥の子祭りを行う。これは田んぼの神様を山にお返しするという祭りである。地域によって、大きな石に縄をつけたものや、わらの束で棒を作り、地付きをし、土地を清めて神様を山にお送りするというものである。さくらでは、脱穀した後の藁で一人ずつ棒を作り、園庭や畑を地付きをして歩く。そして亥の形を模した亥の子餅を作って食べる。

冬には収穫したもち米でお餅をつく。年神様の宿る鏡餅、とんど祭りで焼く平餅を中心に丸めていく。父母子どもが力を合わせて、米を餅へと変化させていく。共同体を感じる行事である。そして、一月にはとんど祭りがある。地域のとんど祭りに参加させていただいているが、竹を田に運び、竹を組み上げていく作業を共に行う。そして、生命力の強い青竹に挟んだ鏡餅を焼き、食すことで一年の無病息災を願う。

このように、一年を通じた稲作文化を基盤にした行事を節目ごとに祝うなかで、幼児はこの地で生きる生活文化の基盤と一年のリズムを体得することができる。知識としてではなく、体を動かし、行事食を味わい、皆でお祝いをするという〝ハレの日〟は、心身の記憶に深く根付いていく。年少で初めて行事を経験し、季節が廻ってまた同じように行事を祝う時、子ども達は「あ、そうだったな！こんなことしたな、楽しみだな」と、繰り返

されることへの安心感と知っている喜び、期待感に満ちている。そしてその行事が滞りなく終わり、昨年よりもできることが増えた喜び、より深く楽しめたことへの満足感を得ることができる。そのなかで、子ども達は地に足の着いた「自分」を持つことができていくのを感じる。

輪遊戯（Reigen ライゲン）

輪遊戯については前述したが、ここでさらに詳しく述べていきたい。

米作りの農耕文化に基づいた人の暮らしをもとにした輪遊戯では、田植えや稲刈り、脱穀やおもちつき等、一年を通じ、米作りを通して人がどのように生活しているのかを表現する。そして、輪遊戯と連動して、鎌で稲を刈る、石臼で米を粉にする等、輪遊戯のイメージの世界で表現する内容を実際に保育の中で実体験していく。そうすることで、より深い輪遊戯の表現につながることはもちろん、実際に手作業をする際には、全体像をつかみやすく、すっと行動に移すことができ、体験をより深く吸収することができる。そうした実体験と輪遊戯のイメージの世界がリンクするなかで、子どもたちは、ものの成り立ちや過程を知り、実際に自分の手でものを変化させ、生活に活かすことができるんだという自信を得ていく。人がどのようにこの地で生きるのかを知るなかで、世界への安心感、生活への積極的な態度が養われていくのである。

また、輪遊戯は自然との出会いにおいても大事な意味がある。幼児期の子どもたちの意識は、外の世界と完全に切り離されたものではない。幼児は無意識に世界と一体となっているが、それだけでは個々の自然に気づき、出会うことにはなかなかつながらない。身近にいる大人が、「お空の色きれいだね」「あ、てんとう虫だ。かわいいね」等と幼児に語りかけ、一緒に目を向けることで子どものなかに意識づけられていくのである。

例えば、秋の輪遊戯では、「♪お日様の赤～お日様の黄色～　葉っぱの色が変わったよ」というフレーズがあ

輪遊戯

り、お日様の光が、葉っぱに見立てた手のひらに降り注ぎ、葉っぱの色が変わるという表現をする。そして、戸外のお散歩で紅葉した木々を見ると、その輪遊戯のイメージがふっとよみがえり、「あ、お日様の赤だー！」「色が変わったねー」と自ら気づく力になる。イメージの世界で歌や体を通して表現し体験したものを、実際に自分の身体を通じて出会い、発見し触れる喜び。そこには生き生きとしたつながりが生まれる。自分のなかに意識がないと、ただ何となく通り過ぎてしまうことが多いが、そこに何らかの意識や関係性を感じると、人はその対象に親しみと共感を持って向き合うことができる。そして、その対象への興味から、もっと知りたいという〝知への欲求〟へ、また自然を知った上で、自然を大事にしたい、守りたいという生き方にも通じていくものがある。

このように、輪遊戯は、子ども達に身の回りの個々の自然や人の暮らしに、目を向ける機会につなげていくものである。輪遊戯を通じて、身の回りの世界との関係性を育み、幼児のなかに、世界への親しみと興味、そして、そこで生きる喜びを育むことができる。輪遊戯の根幹には人生の大きなテーマが脈々と流れているのである。

3　さくらの教育実践を経て

（1）子どもの育ち

一年のリズムは行事を通してのみ体得されるものではない。四季の移り変わりを生活のなかで、意識し心身を通して体験することが重要である。例えば、春のお花見が終わって桜の若葉が出たら、葉を取り、塩漬けにする。つくしを探して食べる。竹の子を掘る。梅ができれば梅ジュースや梅干しづくり。暖かくなるとカエルやイモリを探して遊ぶ。夏にはスイカ割りに川遊びや魚釣り。秋にはお米の収穫だけでなく、柿、栗、イチジク取り。お隣の大きな銀杏の木が見事に紅葉すると、落ち葉拾いや、銀杏拾い。銀杏はもちろん炒って食べる。大豆を収穫して冬には味噌づくり。雪遊びや氷遊び。そしてまた春が巡り、初春にはふきのとうを見つけ、ふき味噌を作る。

そのような活動を通して、子どもたちは季節の味、旬の味を体験する。そしてそれを毎年繰り返すうちに、この季節になったら、そろそろ～があるはずだという期待感と、そして繰り返される安心感を持つ。「もう柿のもぎどきなんじゃないん？」と声をかけてくる園児。「あ～梅ジュース楽しみ～」と至福の表情を浮かべる園児。五感のなかでも、味覚と記憶は深く結びつくと言われるが、子どもたちのなかに、四季が息づき、一年の節目を祝う行事とともに、細やかな四季のリズムを取り込んでいるのがうかがえる。一年のリズムが子どものなかに育まれることで、子どもたちがより自信をもって日々生きていくのがわかる。この地上に生まれてきて三年余り。大好きなお母さんの元から離れ、初めて過ごす外の世界。小さな体でこの世界を見渡したとき、自然と切り離された生活を送っていると、きっと心細く感じることだろう。自然とかかわり、自然と関係性を育んでいくことが、幼児の心身の土台づくりにつながるのではないかと思う。

　食べるものだけでなく、基本的に園では何でも手作りをすることを大事にしている。人の手の持つ力を伝えたいと考えているからだ。もしかすると買ってきた方が手早く安くつくものも多いかもしれない。それでは、そのものの成り立ちを知ることはできないし、対象と幼児の関係性も深まらない。また、自分で作ったものは、壊れた時に自分で直せる。直すときにも、壊れなくするためにひと工夫を凝らすこともできる。直しながら、大事に使う。

　お正月遊びをするとき、園にあった羽子板は二枚。やりたい子は数人。順番に使うという解決策へと話が進むのかと思いきや、子どもの方から「なかったら、作ればいいじゃん！」との一声。「そうよね」と同調の声に、さくらの精神が息づいていると感じた。それを当たり前のように感じていることがとても嬉しかった。ものを生み出すことへの意欲の高さ、自分にできるんだという自信、労力へのこだわりのなさ。日頃からのこぎりや金づちを使って木工活動をすることが身近にあるからこそだと思う。それでは、羽子板をどうやって作るか。手ごろな大きさの板に角材を切って釘を打っていく。園にあった羽子板をじっと観察して作る園児もいれば、「大きい方が当たりやすいけん」と大きい板で作り、出来上がって持ってみると「重い」と言う園児もいる。そう言いながらも「これでいい！」と元気に板を振り上げていたが、作りながら気づくこと、使ってみて気づくことなど様々である。自分がやってみてどうか、また他児がすることから見て真似ながら学ぶこともある。「こうやったらよかったよ」という助言をしあう姿も自然と生まれている。そこで人に分かるように説明したり、思いきって尋ねたり頼ったりというコミュニケーション力も育まれる。そのなかで、どうしたらいいか考えたり、次はこうしてみようと思いを巡らせ、思考力が芽生えるのである。

「園づくりの日」では、保護者と共に園の環境整備を手を動かし体を動かしながら作り上げていく。開園前からのその精神は今も大事に引き継がれている。お父さんたちが電動ドリルを使って棚やおもちゃを作ったり、お母さん方がのこぎりで竹筒ろうそくを作ったり、遊具にニスを塗りなおしたりと各自がその日の分担した仕事に力を尽くす。子ども達の定番のお仕事は、溝上げである。園庭の土が田んぼの溝に流れ出てしまったり、雨で溝が埋まってしまうところを掘り上げる作業である。子ども達は長靴に履き替え、各自スコップやバケツを持ち、せっせと土をかきだしていく。本気の仕事が本気の遊びとなっている。大人たちの園づくりへの思いを子ども達は肌で感じているのが伝わってくる。さくらの子ども達は、何事も進んで動くことができる。大変かどうか、自分の損得ではなく、〝溝が詰まらないようにする〟という〝必要性〟で動くことのできる素直さがある。自分がやらなくても誰かがするからとか、できるだけ楽をしたいとか、大変なことはやりたくないとか、そういったネガティブな思いとは正反対の明るい行動力である。

シュタイナーが理想とするような、成人したときに冷たい知性ではなく、感情を伴った温かい知性を元に、考え行動できる人物が育っていくように思う。頭でっかちで文句を言うばかりで自分は動かない、あまり考えず情報や人に流されて動く、または自己中心的な私利私欲に走る生き方ではなく、社会全体、地球全体を考え、自分はどう生きるかを考え実践していくことができる力がついていくのではないかと思う。

(2) 卒園児の姿

さくらを卒園後、子ども達は近隣の公立小学校に進学する。そこで、子ども達はどのような姿で自分の歩みを続けているのか。

卒園児が兄弟のお迎えについてくると、「今、運動会の練習しよるんよ」「休憩時間のドッジが楽しいんよ」と話してくれる。何か一言二言会話を交わすだけで、なんだか満たされたような表情になる。また、学校に行くことに卒園児がまだ慣れないとき、学校が終わってから園に来ることがある。二人で園庭の草を取りつつ、ぽつりぽつりと話す。今までの自分をよく知っている先生と会話をすることで、もやもやした気持ちをはきだし、何かしら心が落ち着くようである。そして、「また遊びに来るね」と笑顔で帰って行く。その背中には、新しい場所でふんばる力が芽生えているようだ。

またある保護者からは、「上の子がさくらを卒園して、よりさくらの良さを実感しています。少人数のさくらからマンモス校に進学したが、さくらで培ったお友達と関わる力が活かされています。自分の気持ちや考えを言葉にしたり、相手のことを思いやったり。先生に対しても、深い信頼感をもって、関わっているのを感じます。お話を聞く力、集中力や物事に一生懸命に取り組む力が育っているので、勉強面も問題ありません。そのなかでも特にすごいのは、どんな子のことも決して否定しないことです。大人からみたら、あの子ちょっと問題がありそうだわと思うような子でも、文化の異なる外国の子であっても、悪口を聞いたことがないんです。確かにこういうところは困ることがあるけど、こんなところがすごいんだよ、こういうことができるんだよと必ずその子の良さを見ることができるんです。大人が見習わないといけないなと思うんです。」

「行為を憎んで人を憎まず」という言葉があるが、その子の神聖な芯の部分は誰しも汚れることのない素晴らしいものを持って生まれている。その子がどんな形で表現するかによって、トラブルになったり、相手を傷つけたりということが出てくる。そのため、その子自身のもつ自我そのものをみるという関わり方を私はいつも大事にしてきた。さくらの子どもたちにはそれが育っている。幼児はすべてを模倣する。教師の内面を模倣し、吸収していく。小学生になってより多様な個性の友人たちと出会うなかで、その精神性がさらに発揮されているようだ。自分と違う他者を認め受け入れ共に生きること、これはグローバル化が益々加速する現代においても、人間が社会で生きる上で最も基本的で大事な精神なのではないかと思う。

二〇一九年の夏休みに、第一期生の「中一の会（同窓会）」を開催した。思春期に差し掛かり、心身の変化の大きい時期であるが、久しぶりに会った友だちとも、最初こそ少し照れているがすぐに冗談を言い合い、打ち解け、本当に心を許した表情で会話を楽しんでいた。日頃顔を合わせることはなくても、幼児期のあの三年間を過ごした仲間は、ずっと心のなかにあり、無意識の中で本人を支えてくれているのではないかと思う。卒園児が中一になった保護者からの言葉では、「今でもあの幼児期にさくらに通った日々が宝物のように私の中に残っているんです。子どもと一緒に葉っぱを拾ったり虫を捕まえたりしながら歩いた時間が、本当に幸せでした。その幸せな時間が今の私や子どもを支えてくれている気がするんです。」また、久しぶりに会ったお母さんに、さくらで毎朝していたように握手をすると、涙を流されることもある。「こうやって毎日先生と握手をして色んなお話をするなかで、支えてもらっていたんだなと改めて感じます。」卒園児だけでなく、「ここで一生ものの友だち、一生ものの仲間ができました」と言う保護者の方も多い。

卒園児や保護者の方から、ここに来るとなんだかほっとする、安心する故郷のような場所だと言われる。これからも卒園児も保護者もふっと立ち返ることができる場所でありたいと思う。そして、何があっても変わらず、大丈夫だよ、応援しているよというエールをささやかながら送っていきたい。卒園児達の成長や保護者の声を聞きながら、より良い保育内容、園づくりへと、フィードバックしていけたらと思う。

（3）保護者の変化

シュタイナーは、「もっとも重要なことは、子どもを読み取ること、学ぶことであります。そして、身体、魂、霊という全体的な人間を基礎とする真に実践的な人間認識は、子どもの読みとりを実際に可能ならしめるのであります」と述べ、何をおいてもまずは人間観察、目の前の子どもをみることから始めることの重要性を繰り返し主張している。今の幼児に何が必要か、その答えは子どもの中にある。子どもの動作、子ども同士のやり取り、苦手なこと、不安なこと、欲求などを感じ取るなかで、援助する要所が見えてくる。

よく動き回り、手が出る、お友達とのコミュニケーションでトラブルも多い、あるお子さんがいた。お母さんは、「この子はそういう子だから」と諦めたり、正面から向き合うの少し避けているようなところが感じられた。私は、その子の良さを伝えつつ、「だめ！」だけではなく、その子が今何に対してつまずいているのか、何が原因でそれが他児への攻撃となって表れているのかをよく見て、具体的にどうしたらいいか、何がいけないのか等の言葉がけを工夫していくことを繰り返し助言していった。その子は、日々のかかわりのなかで、少しずつ落ち着き、どうお友達と関わっていったらよいかをつかみ始めていた。また、その子がトラブルを起こしやすかったとしても、決してその子を否定するような雰囲気を出さず、その子の良さを集団で認めていく働きかけを続けていた。だんだんとその子を受け入れる心の許容量が他児に育ち、互いの学びにつながっていった。しかし、これからまたぐっと伸びていくであろう時期に、ご主人の転勤でお引越しをされることになった。お別れが決まり、私も子ども達も非常に残念でならなかったが、その時にお母さんからいただいた手紙に私は心から感激した。「さくらで過ごした二年間で、子どもをよくみることを学びました。これからも○○のことをよくみて、支えていきます！」目の前の子どもをみることそのものの大事さにお母さん自身が気づき、志されていることに、感動を覚えた。さくらで大事にしていることがちゃんと伝わっている、お母さんも○○君もきっと大丈夫だ、そう確信できた出来事だった。

4　おわりに

さくらは、約二〇名前後の縦割り保育で、認可外保育施設という形態をとって運営している。それは、シュタイナー教育を行う園独自の教育内容の設定が可能であるからである。今の日本の教育体制では、担任が一年交代で変わることが多いが、さくらでは三年間一貫担任制をとっている。担任の先生は入園時のときから卒園まで子どもと日々関わりながら、子どもとの深い信頼関係を育んでいる。そして、その子の成長や課題をふまえて、三年を見据えた育ちの支援をしていくことができる。また、施設面では、認可園では衛生や安全上の観点から、調理を別室にする必要があるが、シュタイナー教育では、衛生・安全に気をつけながらも、調理を保育の現場から切り離すことなく、子どもが見える場所、匂いや音を感じられる場所で行うことを大事にしている。畑から収穫し、調理し、食すという一連の流れを生活の一部として体験することができる。また、大きな園だと保育内容を決める際に、どうしても日程ありきで動かざるを得ないところがあるが、さくらでは「今日は子どもの遊びが落ち着かない様子だ、お部屋遊びは早めに切り上げて、森へ出かけよう」「そろそろ銀杏の紅葉が見頃だから、お散歩に出かけよう」というように、子どもの様子、自然の様子に合わせて保育を組み立てることができる。それによって、より子ども達に寄り添った保育ができ、自然の様々な姿に出会わせてあげることができる。

このような教育的な意味を大事にして保育を行っているが、認可外では公的な補助が受けられないという非常に大きな運営上の問題がある。また二〇一九年一〇月に「幼児教育無償化制度」が施行されたが、認可外の保育施設では、働いていない主婦の家庭は、無償化の対象から漏れてしまう。非常に理不尽な問題である。社会がこれほどまで変化し、多種多様な豊かな人材育成が求められている今、もっと様々な教育形態を認めていく必要があるのではないだろうか。認可外であっても、一定の成果のある保育施設、市や県の監査基準を満たしている保育施設に関して、何らかの措置をとってほしいというのが切なる願いである。広島県では、二〇一七年独自の基準を設け、ひろしま自然保育認証制度を立ち上げた。さくらは第一期に認証を得て、（自然保育充実のための）研修費の半額の補助を受けている。また二〇二〇年度より、無償化対象外となったひろしま自然保育認証団体へ運営費の一部を補助する制度が創設され、よりよい方向へ進み出している。県の取り組みに感謝するとともに、今後のさらなる制度の充実を願う。そして、これからも幼児教育無償化の波でさくらと同じように日々子どもたちのために努力している小さな園がつぶされてしまわないよう、（県や市などの行政に）訴えかけていく必要がある。

乳幼児を取りまく環境は、厳しくなる一方である。幼児教育の場が、どれだけ安く、長く預けられるかが最重要になり、子どもの育ちの観点が非常にないがしろにされている。幼児期にどんな環境でどんな風に人とかかわったか、どんな体験をしたかで、その後の子どもの人格や価値観、身体の発達や意欲、学ぶ力等に、大きく影響する。大人の都合ではない子ども時代を保障する保育、幼児教育の重要性を発信し続けていく必要がある。それと同時に、幼児教育の重要性を実際に実感してもらえるような場として、もっと地域に開かれた園づくりをしていくことも重要である。

そして、これからも時を経るなかで生じてくる様々な課題に向き合い、課題を他者と共有し広い視野で解決の道を探っていきたい。子どもへも保護者へも地域の方へも、何があっても変わらず、その人自身と向き合うことを大事に誠実に取り組んでいきたい。それが、さくらの精神であり私の生き方だと信じている。

10

シュタイナー教育に学ぶ子育ての実践
——親・保護者は何をすべきか——

広瀬牧子・広瀬俊雄

モチつきをする親子（東広島シュタイナーこども園さくらにて）

1　はじめに

筆者の著書『我が家のシュタイナー教育[1]』が多くの人たちに読まれてきた事実に示されるように、またシュタイナー教育についての各地での講演会に多数の市民が集まる状況に示されるように、シュタイナー教育を家庭に取り入れようとする人びとは、多い。

たしかにシュタイナー教育は、学校と幼稚園で行われている教育である。しかし、その導入は、家庭でも可能であり、この教育は家庭にも導入さるべき教育である。シュタイナー教育をしっかりと学び、家庭にそれをとり入れるならば、子どもを豊かさとたくましさを備えた人間に育てることができる。これは、長年、シュタイナー教育を学び、これに基づいて子育てを行ってきた筆者の確信である。

シュタイナー教育のもつ適切さのゆえに、この教育の理論と実践を家庭の親にも知ってもらいたい、との思いで出版される本も少なくない。たとえば、M・ザイツとU・ハルバックスの共著『モンテッソーリか、シュタイナーか？[2]』の副題には「親と教師のための入門書」と記されるが、これはそのよい例である。

2　押し寄せるスマホとタブレットの波の中で

――スマホとタブレットの悪影響を知る――

テレビやＤＶＤだけでなく、スマホやタブレットの画面による映像の波が、家庭に押し寄せている。家庭で子どもの教育を担う親はこうした事態にどう向き合うべきか。このような事態の中でシュタイナー教育を実践するとは、どのようなことなのだろうか。

シュタイナー幼児教育では、スマホやタブレットの使用は、これらによる映像が幼児期の子どもの成長に悪影響を及ぼすと考えるがゆえに、否定される。その考え方は、わが国の日本小児科医会の考え方とほぼ同じである。この小児科医会の考え方を紹介してみたい。

その医会の理事の内海裕美医師は、まず「日本社会は、スマホが、子ども、特に乳幼児にもたらす悪影響を軽く見過ぎています」と述べ、さらに一歩踏み込んで言う。「企業はアプリでかなや漢字を覚えたり、お絵かきもしたりできるなど便利さを宣伝しますが、実際に〝子どもの学力が上がった〟〝幸福感が向上した〟といった研究データはあまりみたことがありません」。内海医師はこれに続けて「一方で、小中学生の視力は年々、悪化傾向にあり、昨年の調査では過去最悪でした。寝る時間が遅くなり、睡眠時間も短くなる傾向を示すデータもある」と述べ、「幼児どころか中学生までスマホはいらない、が私の持論です」と言い切る。（以上、朝日新聞、二〇一八年七月一二日、朝刊）

日本小児科医会は、テレビやＤＶＤについても、すでにその悪影響を指摘しているが、シュタイナー幼児教育も、その悪影響・弊害を世に訴える。この教育で指摘される悪影響・弊害の主なものは、大きくは二つある。一つは、心身の成長、とりわけ心の中の想像力の成長が阻害されることである。言うまでもなく、子どもがカラフルな動く映像に見入ると、そこでは内に持つ想像力は活動しない。そうでない場合、つまりお話を耳で聞く場合は、お話の中身をイメージしようとして、盛んに想像力が活動するがゆえに、想像力が成長する。このお話を聞く場合と比べてみれば分かるように、映像の場合は、想像力の成長のマイナス要因となるのである。

もう一つは、子どもが直接に親とかかわりを持ち、親が仕事をしたり作業をする姿を眼前でじかに見て、それを模倣して活動する機会が目立って減少するということである。もとより子ども、特に幼児期から児童期の九歳頃までの子どもが成長するうえで必要とする最も大切なことの一つは、子どもが、親・周囲の人とじかにかかわり、その人たちの仕事・作業など活動する姿を興味と関心の眼で直接に見てそれを「模倣」するということである。例えば、それは、親が包丁で大根を切る調理仕事をしているのを見ると、子どもがそれを見て、ぼくもしたいと言って親の指導のもとで大根を切る作業をする、ということである。子どもは、このような実際的な模倣の活動に没頭する機会をできるだけ多く持つことを願っている。

テレビ、ＤＶＤ、スマホ、タブレットに子どもを向かわせると、このような大切な模倣の機会が著しく減ってしまうのである。

家庭での子育て・子どもの教育にあたっては、そのような悪影響・弊害をしっかりと理解して、私たち親は子どもとかかわっていかなくてはならない。

かつて心ある人たちが「テレビに子守をさせることに気をつけましょう」と声を大きくして言っていた。最近は（二〇一三年から）前述の日本小児科医会が〝スマホに子守をさせないで〟と題するキャンペーンで育児の現場で安易にスマホを使うことの危険性を訴え続けている。

テレビ・ＤＶＤ、スマホ等に子守をさせないということは、親が多くの時間、子どもに直接にかかわって、子育て・教育を行うことである。いまは、私たちの家庭の中に、子どもに悪影響を及ぼす誘惑物が、平気で侵入してくる時代である。私たちは、いまこそ主体的に、責任をもって教育者として子どもの成長という仕事にかかわっていかなくてはならない。シュタイナー教育の考えをとり入れるならば、その大事な仕事にしっかりとかかわることができる。

以下、シュタイナー教育の考え方をとり入れつつ、家庭でできる具体的な実践について述べてみよう。

（1）子どもに働く姿をもっと見せよう

先に子どもの成長には、親・大人の仕事等を模倣する機会を与えることだ、と述べた。そうすることが必要なのは、幼児期の子どもが心の底から欲し願っているのは、「模倣」だからである。親・教育者はたえず子どもの本性、即ち子どもが成長しようとして心の底で欲し願っていることに注目しなければならない。これはシュタイナー教育の鉄則ともいうべきことだが、この鉄則に立つとき分かるのが、模倣への欲求であり、願いなのである。残念なことだが、この子どもの欲求は、年々あちこちの家庭で、満たされなくなってきている。その欲求の充足は激減しているといっても言い過ぎではない。

子どもが一番まねしたいと思っている大人の姿の一つは台所で親が料理したり、家の中で片づけその他の家事をしている姿である。多くの子どもがこの姿を見るには見る。しかしかつての子どもといまの子どもには、違いがある。かつての子どもは、その姿を模倣する行為へと走る。他方、いまの子どもは、模倣へと移らないことが多い。

このいまの子どもの傾向は、子どもの遊びをみるとよく分かる。いまの子どもの遊びで激減しているのは「ままごと遊び」である。この遊びは、子どもが、小さな皿、茶わん、ミニまな板、ミニ包丁などのおもちゃを用いて食事・料理などの家庭生活のまねをして遊ぶ遊びのことであるが、かつての子どもの間ではこの遊びが盛んに行われていた。

なぜすっかり減ってしまったのか。原因は二つある。一つは、子どもが親の家事の姿を見る機会が以前よりもずっと少なくなっていることである。周知のように、今は、親・大人は、多忙のためか、出来あいの食べ物を買い求めることが多く、一から時間をかけて料理することが少ない。おにぎりさえ、自分で作ることなく、コンビニで買って子どもに与える家庭があちこちに見られる。

もう一つは、多忙ななかでも料理、掃除その他家事をする親・大人の心の中の思い、つまり家事を心から楽しく思ってしようとする思いが薄弱になっていることである。かつて『幼稚園一一〇番』を主宰する心理カウンセラーの森本邦子は、ままごと遊びの代わりに「ネコ遊び」が出現しまん延する状況をとり上げ、その根本原因として、今の母親が子どもにとって〝まねをしたい〟対象ではなくなっていることをあげ（『サンデー毎日』（二〇〇〇年、六月））、さらに踏み込んで述べる。「かつてままごと遊びでは、母親は中心的存在でした。カレーを作ったり、漬物をつけたりと、〝たいへんそうだけど、私もあんなことがやってみたい〟というあこがれがありました。今でも炊事、洗濯、掃除など家事を全くしない母親はいません。ところが、それを限りなくゼロにしたい、本当はやりたくない―そんな心象風景を子どもたちは見抜いているのです。母親自身が母親業を楽しんでいないことの裏返しですね」。

森本が指摘するように、親・大人がいやだと思いながらやっているので子どもは、親の働く姿を模倣しないのであり、したがってその姿の再現というべきままごと遊びをしなくなってしまっているのである。

シュタイナー教育では、親・大人が目に見えない心の中に持つ「思い」をことのほか大事にするが、幼児・子どもの家庭教育で重要なことは、親が心の底から楽しい思いをもって子どもの前で家事等働く姿を見せることである。それを見て子どもは模倣するのである。

（2）ままごと遊びを大切にする

子どもは、遊びの中で成長する。家庭での遊びで大切なのは、前述のままごと遊びである。この遊びはたしかに親の模倣であり、再現である。だが、それにとどまらない。子どもは模倣活動をするなかで、新しい想像の世界を創造して遊ぶ。

シュタイナー教育において、子どもの遊びではおもちゃとして市販の本物そっくりのプラスチック製のものは使用しない。

おもちゃは、少なく、そして単純で素朴なものを！　これは、シュタイナー教育の大切な鉄則である。棒切れ、板切れ。小石や貝がら、木の枝や株。絹や木綿でできた布。単純なかたちをした動物のぬいぐるみや目のついていない小さな人形……。子どもは、これらがあれば十分に楽しんで遊ぶことができる。

私たちの長女も長男もこれを用いて楽しく遊んでいた。「クマちゃん、夕ごはんは何がいい？　カレーをつくってごちそうしましょうね」。長女は幼い長男を相手にこう言って、大きな貝がらにカレーを盛るしぐさをし、細長い板の切れはしをスプーンに見立てて長男に渡す。長男はクマちゃん役だ。長男は、その細い板を使っておいしそうにカレーを食べるしぐさをする。「うん、おいしい、もっと食べたい」。いつも母親の手作りの人形のクマちゃんを持つ長女は、クマちゃん役を弟の長男にやってもらい、ままごと遊びに没頭した。

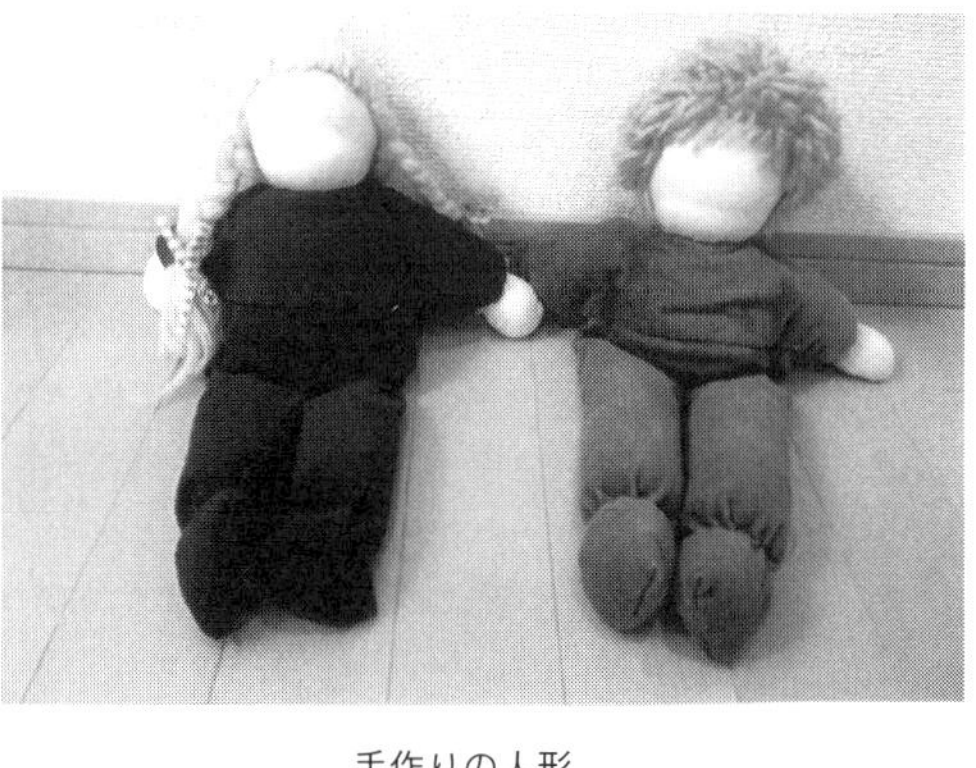

手作りの人形

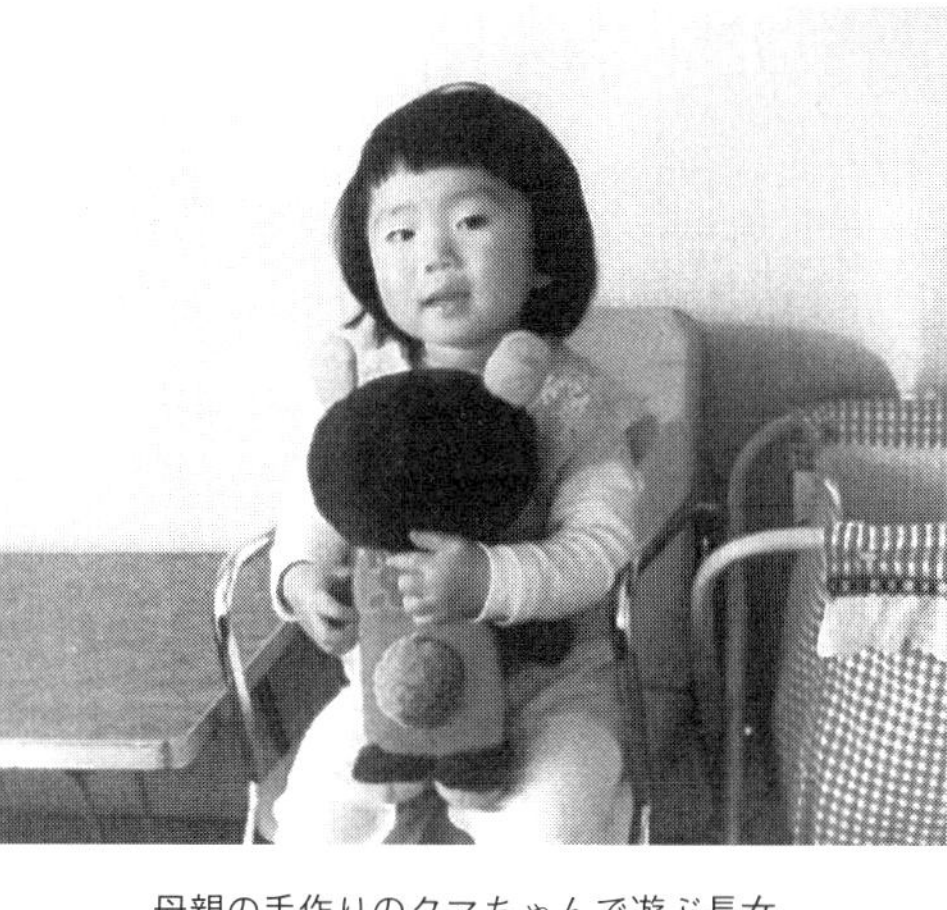

母親の手作りのクマちゃんで遊ぶ長女

この長女のままごと遊びは、母親である筆者の食事のときの姿を模倣したものである。ここで注目すべきことは、この遊びの中で長女が想像力を発揮していることである。その中で、たとえば、弟をクマちゃんに見立てること、貝がらをカレー用の皿とみたり、細長く平たい板の切れはしをスプーンとみなしていることは、現実の物とは違ったもの（クマちゃん、皿、スプーン）を「想像」していることだが、この想像は、子どもの内にある想像力の活動の産物にほかならない。想像力が活動するからこそ、現実の物とは違ったものを想像しイメージできるのである。要点を言えば、ままごと遊びでは、子どもの想像力が活発に活動できるがゆえに、この遊びは大切だ、ということである。

もともと想像力の成長は、この力が活動することによってこそ、なしとげられる。想像するという活動なしには、想像力は発達しない。

ままごと遊びが大切なのは、この遊びの中で、模倣欲が満たされると同時に、想像する活動が子どもの自発性によって活発に行われ、想像力がごく自然のうちに発達するからである。

3 親子で道具を使ってモノ作りをしよう――親子で楽器作りを――

さきに、今の子ども・幼児の大きな問題の一つとして、ままごと遊びの激減をとりあげて述べた。思うに、この問題以上に深刻な問題が二つある。その一つは、家庭で幼児がノコギリなどの道具を使ってモノ作りをすることが著しく減少していることである。

もう一つは、長い間放置されてきたことであるが、子ども・幼児が家庭で楽器、とりわけ弦楽器に触れる機会が全くと言ってよいほど与えられていないことである。

これらについて、少し詳しく述べてみよう。まずモノ作りについてであるが、子ども・幼児は、本来、道具を使って、手足を動かしてモノ作りをすることが大好きである。それは、子どものうちには、モノ作りへの強い欲求が存在するからである。その欲求が存在するにもかかわらず、幼児のモノ作りが著しく減少しているのは、親がその欲求を発動させ、モノ作りへと子どもをかり立てる機会を設けないからである。幼児は、親が機会を設ければ、喜んでモノ作りへと走る。例えば、親がノコギリで板を切り、また金づちで板にクギを打ちつけてモノ作りをしているのをみると、子どもは、自分もしてみたいと思い、作業に向かう。

思えば、人類は「道具」の発明と使用によって進歩してきたと言われる。進歩に道具の使用は極めて大きな役割を果たしてきた。幼児・子どもの成長にも道具は、大きな役割を果たしているのだ。ノコギリ、ナイフ、金づち等は危険だと考える親は少なくない。しかし、親が道具の使い方の手本を見せ、使い方をきちんと教えれば、危険はない。問題なのは、親の姿勢である。親が道具を使ってモノを作らない。いま、家庭でなすべきことは、親がこの姿勢を改善することである。

次にもう一つの問題、即ち、家庭で弦楽器に触れる機会の欠落の問題について述べてみよう。わが国では、家庭での幼児教育だけでなく、幼稚園や保育園などの幼児教育においても長い間、弦楽器は、等閑視されてきた。もちろん、ギターなどを取り入れるところは、ないわけではない。幼児教育の場でギターに合わせて歌うことの必要性を説く作曲家・服部公一(3)のような革新的な人もいないわけではない。しかし、圧倒的なピアノの勢力に押されて、弦楽器を幼児教育に！の声は、かき消されてしまっている。

幼児にふさわしい音楽教育とはどのようなものか。幼児にふさわしい楽器とは何か。この視点で海外の幼児教育に目を向けるとき、注目に値するものとして、ドイツ、アメリカ、オランダなど世界の八〇ヵ国に広がるシュタイナー幼稚園の音楽教育を挙げることができる。驚くべきことだが、この幼稚園にはピアノはない。ないので園児たちはピアノの伴奏に合わせて歌うことはしない。その幼稚園にあるのは、キンダーハープとライアーという弦楽器などである。

シュタイナー幼児教育で弦楽器を重視するのは、弦楽器のやさしい、清らかな美しい音色が子どもの心身を成長させる豊かな栄養になる、とみるからである。思えば、遠い昔から今日まで弦楽器の偉力は、ハープ（竪琴）、琵琶、琴、リュート、ヴァイオリン、チェロその他の弦楽器の音色を引き合いに出して語られてきた。例えば、ギリシャ神話『オルペウスのたて琴』には、心を癒し落ち着かせるたて琴の力が記されており、『スーホの白い馬』には、人びとに平安と生きる力を与える馬頭琴の音色のすぐれた力が記されている。わが国の宮沢賢治の名作『セロひきのゴーシュ』には、セロ（チェロ）が動物の病気を治す力をもつさまが描かれている。

もとより幼児教育は、義務教育ではないがゆえに、親の自由裁量の余地は大きい。とはいえ、弦楽器の良さを理解して、わが子の教育に弦楽器を、という親はことのほか少ない。弦楽器をみずから弾いて楽しむ親もきわめて少ない。

（1）親子で弦楽器を作る

先に述べたように、わが国では、子どもの前でモノ作りをする親はめっきり減っており、家庭に弦楽器をとり入れる親もことのほか少ない。

私たちは、このような状況を改善する方法を、親子楽器作りに求め、これを九年間にわたって実践してきた。親子楽器作りとは、国産の木材であるヒバ材（青森県産）、アスナロ材（長野県産）、その他の木材をノコギリで切ったり、ノミ、ノコヤスリ等で削ったりし、ボンドで接合して、長さ約八〇センチほどの、小ギターのような四弦の弦楽器を、親子で一台ないし二台作って演奏する教育を言う。この四弦の弦楽器は、まだあまり知られて

A　のこぎりの使い方の手本を見せる親

B　電動ドリルによる厚板のくり抜き作業

いないが、「バンドーラ」の名で呼ばれる。その特色は、三つある。その一は、楽器の胴部、棹の先端の糸巻き部の形およびサウンドホール（音の出る穴）の形が作る人の自由な好みに任されていることである。

その二は、この弦楽器は市販されていない手作り楽器であるが、おもちゃのたぐいのものではなく、本格的な楽器であることである。ドレミファソラシドの音程は、極めて正確なものであり、正確さはギター以上であると言ってよい。音色は、澄み切った、美しい、そしてやさしい音色である。

その三は、弦は四本なので弾きやすく、子ども・幼児（年長組）、少年少女、大人、高齢者等、誰でもが親しめる楽器だということである。「キラキラ星」「ちょうちょう」「思い出のアルバム」など大ていの童謡・唱歌はこの弦楽器で弾くことができる。

この楽器の完成には、一回につき二時間、計二〇回を必要とするが、完成した時の感激と達成感は、この上なく大きく深い。

このような特色を持つ弦楽器を作る教育を、広島県の「東広島シュタイナーこども園さくら」と岐阜県の「清流みずほ幼稚園」で、二八組の親子、計五二名の親と子を対象にして、平成二八年と平成三〇年に行った。

親子を私が強く意識するのは、シュタイナーが言うように、幼児期の子どもは生涯のうちでもっとも模倣欲が強く、多くのことがらを親を模倣することで習得し成長するからである。

C　フレーム状の胴部の内部をノコヤスリで削る

D　親子でボディ全体をみがく

子どもは、最も身近にいる親の言動・言行を模倣して成長する。この現実に異議を唱える人はほとんどいないであろう。幼児にモノ作りをと願うのであれば、まず親自身がモノ作りの姿を幼児に見せなければならない。幼児を弦楽器に親しむ人間に育てようとするならば、まず親自身が幼児の前で弦楽器を弾いて楽しむ姿を見せなくてはならない。このような考え方に基づいて、私たちは、全国的にほとんど例をみない「親子弦楽器作りの実践」を行った。

作る作業は、努力を必要とするが、それほど難しいものではない。誰でもができるものである。完成までには、次の四つの工程がある。(1)自分の好きな胴部の形(例えば、サクラの花の形、リンゴの実の形……といった形)を決め、その型紙をつくる。(2)型紙をもとにその形を厚板でつくり、厚板の内部をくり抜いてフレーム状の胴部を作る(写真A、B、C)。(3)その胴部に薄い表板を貼り、胴部の上方に、棹部の接合のための溝を作る。そして作っておいた細長い棹の棒板を接合する。(4)裏板を貼ってバンドーラのボディ全体を作りあげ、その全体をヤスリでよくみがく(写真D)。みがき終わったら着色し、ニスを六回〜七回ぬる(写真E)。その後、弦受けのステンレス板と金属の糸巻きをとりつける。最後に弦(マンドリン用の弦)を四本張る。これで完成(写真F)。

(2)完成したバンドーラを弾く

バンドーラの完成後、親たちはすぐに調音し、弾く練習に入る。調音には、

E 親子で色ぬり・ニスぬり

市販の調音機（チューナー）を使う。ソドミソと調音した後、ピックをはじいて音を出す練習をする。それが済んだら、「キラキラ星」「かえるの合唱」などのやさしい曲を弾く練習へと進む。

この練習には、長野県の小学校の元教員が作成した教本『バンドーラ、レッスンと曲集』（中澤準一著、一九九〇年、非売品）を使う。教本には、五線譜ではなく、数字によるタブラチュア方式でつくられた、童謡等の多くの楽譜が記されている。この楽譜への対応を考慮し、楽器の棹に接合した指板には、一～一七までの番号が記されている。この方式の利点は、五線譜を読めない親・子どもでもバンドーラを弾けることにある。この楽器が五線譜に対応できることは、言うまでもない。

親たちの上達は、速い。一五分ほど練習すると、「ちょうちょう」「チューリップ」の曲も弾けるようになる。親が弾けるようになったら、次に子どもが練習に入る。子どもも親の弾くのをじかに見ているせいか、上達が速い。約二時間ほどの練習で、皆で楽しく力強く合奏できるようになる。最後に貸し出し用のバンドーラを手にした親と子を含めて、皆が「キラキラ星」を三回、「ちょうちょう」を三回ずつ合奏して、親子楽器作り教室を締めくくる。

（3）親子バンドーラ作りの教育的な成果

親子バンドーラという弦楽器を約四〇時間もかけて作る活動がどのような成果を生み出したかを調べるために、参加者に聞き取りを行うと同時に、自由記述のかたちで感想をA４用紙に書いてもらった。その教育的な成

F　弦楽器・バンドーラの完成

果は、以下の四つに要約される。

第一は、道具・工具を使ってモノを作るモノ作り欲が親子ともどもぐんと増し、旺盛になったことである。ある父親は記す。「親の私たちにとって楽器作りは、予想をはるかに超えた楽しいものでした。今回の楽しさの実体験は、私にモノ作りへの欲求を一段と大きくしてくれましたが、それ以上に大きな収穫は、わが子がモノ作りが大好きになったことです。驚いたことに、最近は、〝木で〇〇を作りたい、ホームセンターに木を買いに行こうよ〟というのです」。またある母親は書く。「父子でバンドーラ作りを終えてから、子どものモノ作り欲がずっと強くなり、週末には、父子で日曜大工をするようになりました」。

第二は、親子が弦楽器に触れ、これに親しむようになり、音楽が苦手だった親をも変えるほどの力になったことである。ある母親は述べる。「私は、幼い頃から音楽が苦手で、できるだけ音楽を避けてきました。ところが、楽器作りに参加したことで、この私に変化が生じました。苦労し時間をかけてピカピカの素敵な弦楽器を作り上げたことで、この楽器に強い愛着をおぼえ、奏でてみたい衝動に駆られました。皆と一緒に、先生の指導で、弾き方を学び、音を出してみました。生まれてはじめて自分の手で作った楽器から、こんなに美しい、心にしみる音が響くのだと驚きました。そして曲を弾いてみたいとの思いが自然と湧いてきました。やさしい曲（「きらきら星」）でしたが、弾いてみたら、見事に弾けました。私も弾けるんだ、と、とび上がるほどうれしかったです。音楽を避けてきた私が自ら演奏するなど、今まで考えられなかったことです。バンドーラ作りは、私の人生を変える力です」。

第三は、家庭の中に、新しい音楽的な世界、つまり親と子が一緒に音楽を楽しむ世界が生まれたことである。ある母親は、「わが子は、お母さん、バンドーラを弾いて！　わたしが歌うから、とせがみます。親が皆で作ったバンドーラを演奏し、子どもが歌う……、こんなにすてきなことがわが家に出現したのです」と書いた。また他の母親は、「バンドーラはもう生活の一部になりました。これを弾いて親子が一緒に歌う機会がぐんと増えました。子育てってって何と楽しいことか。いま、しみじみと実感しています」と記した。

親がバンドーラを弾くと、子どもは歌うだけにとどまらない。さらにバンドーラを弾くことへと進んでいく。親子で二台作った父親は述べる。「自宅で夫婦二人で弾くことがよくありますが、弾きはじめると、長男と次男が近寄ってきて、〝ぼくもぼくも〟と大騒ぎになります」。この場面から分かることは、子どもが楽器に親しむ力が育つか否かには、親が大きく関与していることである。親が楽しく楽器を弾き奏でているのを見、その姿に接していると、子どももその楽器を弾きたくなり好きになる。かつて、わが国のシュタイナー幼児教育の優れた実践家である堀内節子前園長（豊橋、にじの森幼稚園）は、子どもの楽器選びにおける親の姿勢の大切さをその著『〇歳から七歳までのシュタイナー教育』の中で説くが、園長の見方は、正鵠を得ている。

第四は、心をこめて完成させた手作りのバンドーラを弾き奏でることが、気高い人間に成長したいとの親の向上心を刺激し旺盛にするということである。子育てに励む若い母親と父親の向上心には、目を見張るものがあ

バンドーラの合奏会

る。その向上心は二つの方向に向かう。即ち、一つは次々に新しい曲に挑戦して、より上手に弾けるようになることである。もう一つは、作った他の親たち・仲間と一緒に「合奏」できるようになることである。後者、つまり「合奏」の活動は注目に値する。親たちは、バンドーラが弾けるようになると、アレヨ、アレヨという間に仲間と一緒に「合奏」することの楽しさと喜びを知り合奏団を結成したのである。「親子で一緒の音楽も楽しいですが、苦労して楽器を作った他の親たちと一緒に力を合わせて合奏するのも実に楽しいです。仲間との結びつきや一体感。何とも言えない充実感。不思議ともっと前進しようとするエネルギーが湧いてくるのを感じます」とある母親は思いを書いた。

もとより、親の前進と向上の心と姿は、そのもとで生きる子どもの成長にこの上ない大きな強い影響を与えてやまない。幼児は、親の内と外を模倣し、そこから栄養分を吸収して成長していくからである。

4　幼児の道徳性を育てる

道徳教育というとき、わが国では、それはほとんどの場合、小学校や中学校の道徳教育としてとらえられている。幼稚園や保育園での道徳教育としてとらえられ、論議されることは、全くといってよいほどない。

しかし、シュタイナー教育の世界は違う。幼稚園や保育園に通う時期、つまり幼児期の道徳教育も、小学校と中学校の児童期の道徳教育に劣らず重視される。それがどれほど大切にされているか、それは、シュタイナーの教育観をみれば容易に分かる。かれの教育観をみてみよう。

シュタイナーは、幼児期から道徳教育は行われなくてはならない、と言う。なぜか。その理由は二つある。一つは、子どもは幼児のときから道徳の世界に強い関心を持ち、道徳上のことがらを無意識のうちに吸収して成長しようとする本性を有するということである。生涯の見方に立つと、児童期では子どもは「世界は美しいものでみちている」との視点で芸術的なものを吸収しようとし、思春期・青年期では「世界は真理でみちている」との視点で学問的なものを吸収しようとする。これらに対して幼児期では「世界は道徳上のことがらでみちている」との視点に立って、道徳上のことがらを吸収しようとする。幼児がこのような本性を持つがゆえに、道徳教育は幼児期から行われなくてはならない、とされるのである。

もう一つの理由は、道徳教育が小学校以後に実り豊かなかたちで行われるためには、幼児期で道徳性がしっかりと育成されていることが不可欠だということである。幼児期に幼児が吸収すべき望ましい道徳性を吸収せずに成長するならば、小学校以後の道徳教育の結実は難しい。この理由から、幼児期の道徳教育が是非とも必要なのである。

(1) 幼児期の道徳教育の目標

幼児をとり巻く世界は、道徳上の雑多なものでみちあふれている。雑多なものとは、道徳的にみて好ましいものとそうでない、好ましくないものを言う。幼児の周囲には、これらが混在し、幼児にふり注ぐ。

道徳的にみて好ましいものは、善いものと言いかえてもよい。その善いものとは、正義、正直、誠実、手助け、協力、勇気、忍耐、いわたり、寛容、思いやり、首尾一貫、感謝、献身、悪との戦い、隣人愛、約束の履行、真実、敬愛、真理探究、等の言葉で表現される外的な態度と心的な態度のことである。

道徳的にみて好ましくないものは、悪いものと言いかえてもよい。これは、不正、うそ・うそつき、不誠実、ごまかす、見下す、冷酷、横暴、ねたみ、悪だくみ、邪心、慢心、高慢、意くじなし、臆病、逃げ腰、付和雷同、憎しみ、欺まん、小心、親不孝、虚勢、横柄、不遜、暴言、暴力、陰口、いじめ、意地悪、いやがらせ、利己心、身勝手、詐欺、無慈悲、軟弱、尻込み、不義・不信、落とし入れる、脅し、盗み、よこしまな心、……等々の言葉で表現される人間の外的な態度および心的な態度のことである。

このような、道徳上の好ましいものやそうでないものにとり囲まれて、幼児は生きる。ここで気をつけなければならないことは、幼児が道徳上の好ましいものと同時に好ましくないものをも吸収してしまうことである。幼児は、自分の力で好ましいものだけを選んでそれだけを吸収することはできない。このことを顧慮するとき、道徳教育のめざすべき目標が明らかになる。

道徳上の好ましいものとそうでないものの両方を吸収しても、好ましいものを吸収して自分の栄養にした方が心地よく喜びが大きいこと、そして心がとてもさわやかになり、快活になることを、日常の生活の中で幼児が実感し、体験できるように導くこと、それが幼児期の道徳教育の目標になる。では、この目標はどのようにしたら実現できるのだろうか。

(2) 道徳教育の方法としての童話・昔話などの語り聞かせ

前述した目標を実現する方法には、二つのことがある。一つは、童話・昔話などの語り聞かせであり、もう一つは、親自身の道徳的な生き方の提示である。まず語り聞かせについて述べよう。

すでに「❻　シュタイナー学校にしみ渡る道徳教育」において、童話・昔話の語り聞かせの大切さと必要性について述べたが、この語り聞かせは、幼児期の道徳教育においても重要であり、必要なものである。それは、童話・昔話には、幼児が吸収したいと願っている道徳上のさまざまなことがらが、想像・空想の世界の中でくり広げられているからである。

子どもは幼稚園での日々と同様に家庭でも親による語り聞かせが大好きだ。筆者も毎晩のように、就寝前に子どもたちに童話・昔話を語り聞かせた。時には筆者自身が作った自作のお話も語り聞かせた。子どものもつ想像力を大切にするがゆえに、またその力によって空想・想像の世界を漂うことを願う欲求を大切にするがゆえに、絵本のたぐいは、一切用いない。子ども二人は、母親である筆者の右側に就寝の姿勢で横になる。筆者も横になり、電気スタンドの明かりで童話を声を出してゆっくりと淡々と語っていく。二人は、静かに私の言葉に聞き入る。

童話・昔話のなかで、とりわけグリム童話には、子どもをひきつける魅力的な作品が多い。その作品として、例えば、『星の銀貨』『オオカミと七匹の子やぎ』『赤ずきん』『いばらひめ』『かえるの王さま』『ブレーメンの音楽隊』などがある。これらは、特に六歳以下の子どもにふさわしい作品である。六歳以上の子どもにふさわしい作品としては、『白雪姫』『ヘンゼルとグレーテル』『シンデレラ』『ヨリンデとヨリンゲル』などをあげることができる。これらの童話作品には、道徳的にみて好ましいものと好ましくないものが、空想的なお話のかたちで描かれている。注目すべきことは、それらの作品に道徳上好ましくないものが登場しても、道徳上好ましいものによって滅ぼされ、最後はハッピーエンドで終わることが多いということである。これは、言いかえると、道徳上好ましいものの方がそうでないものよりも威力があり、必ず勝利をおさめるのだ、ということである。ごく単純に言えば、心のやさしい善人の方が、心の汚れた利己的な者に勝るということである。この姿に子どもが童話で出会い、善人が勝って幸せになる結末に子どもたちは、心から喜び、気持ちよさやさわやかな気分になる。童話に描かれた善人のハッピーエンドの世界が、子どもに大きな喜びを与え、子どもをさわやかにし、快活さと気持ちよさをもたらすがゆえに子どもは、善人、つまり道徳上の好ましいものに強くひきつけられ、これを本性の奥までとり入れようとするのである。童話による喜び、さわやかさ、快活などの体験は、極めて重要である。シュタイナーは言う。「幼児期では、物語や童話などただ喜びやさわやかな気持ちの喚起、快活・上きげんの気持ちを目的として、子どもに語るとよいでしょう[4]」。

もし子どもが、幼児期にそうした体験をもとに道徳上の好ましいものに接近し、自分のうちにとり入れるならば、児童期に入ってから、あの注目すべき道徳性、すなわち「善への快感・好感」および「悪への不快感・反感」が目立って強く育ってくるのである。

(3) 道徳教育の方法としての親の道徳的な生き方

子どもの道徳性の成長に対する親の影響は、この上なく大きい。昔話・童話の影響よりもずっと大きい、と言ってよいだろう。

すでに述べたように、幼児期の子どもは、「世界は道徳上のことがらでみちている」との視点で道徳上の好ましいことがらもそうでないことがらをもすべてとり入れてしまう。いうまでもなく親の願いは、子どもが道徳上の好ましいことを吸収し、好ましくないことは受け入れないでほしい、ということにある。「正しいおこないをできる子になって欲しい」「約束をしっかり守れるようになって欲しい」「困っている人に手助けできるようになって欲しい」「他人をいじめたりしない子であって欲しい」「盗みなど絶対にしないで欲しい」……

こうした親の願いがかなえられるかどうかは、子どもに最も身近な存在である親の道徳的な生き方にかかっている。先に述べたように、子どもの模倣欲は、ことのほか大きく強い。それゆえ子どもは、親の道徳的な生き方を模倣し、とり入れる。もし親が約束にルーズであり、約束を平気で破ることをすれば、子どもはそれをも模倣し、そのような不道徳性を身につけてしまう。もし親が隣の家の手助けをしている姿を実際に何度も見るならば、子どものうちに良い道徳性が育つ。

シュタイナーによれば、子どもは大人よりも鋭い力を持っている。その力とは、人の心の中の道徳性の思いを見抜く力のことである。「……大人は、人びとの身ぶり、目つき、顔の表情、動作の敏速さあるいは緩慢さ、さらには動作のぎこちなさをみます。しかし、もはや心の中の道徳上の思いや感情を知覚することはありません。子どもは、たとえ無意識的な仕方であっても、心の中の道徳上の思いや感情を直観的にとらえるものです」[5]。この、シュタイナーの言葉の一節、即ち「子どもは無意識的な仕方であっても、心の中の道徳上の思いや感情を直観的にとらえるものです」は、極めて重要である。

思えば、子どもなど大人・親の心の中など分からないだろうと、高をくくる人たちが少なくない。シュタイナーは、ある意味でこのような人たちに対して、そのような皮相な見方ではほんとうの道徳教育はできない、と警鐘をならしているのである。

子どもは、親の外に現れる道徳上の行為をまねするだけでない。内に持つ道徳上の思いをも模倣してしまう。もし親・大人が心の中に平気でごまかしを行う思いをもって日々生活するとすれば、子どもは、その思いを自分のうちにとり入れてしまう。もし親・大人がたえず心の内で悪や不正と戦い、善を実現しようとする逞しい思いを持って生きるならば、子どもは、その思いを鋭敏な感覚で模倣し、自分のうちにとり入れる。

このような子どもの道徳性の成長の姿を知って是非とも考えなければならないことは、親・大人自身が、不道徳的な行為をしないだけでなく、心の内でも不道徳的な思いを持たないということである。また積極的に道徳的な行為をおこない、心の内に道徳的な思いを持って生きるということである。シュタイナーは、道徳教育における親・教師のあり方を次のように言う。「大切なことは、私たちが親あるいは教師として、子どもの周囲で単にあつかましくも眼に見えるようなふらちな行為をしないことだけではなく、心の中に真実の思いや感情を持ち、心の中に道徳的な思いや感情を持たなければならないことです[6]」。

シュタイナー教育で親・大人に求められる道徳的な生き方に、ある重要なものがある。それは、「感謝」の念を持って日々を生きるということである。親・大人は、親として教育者として、わが子に感謝して生きなくてはならない。親同士も互いに感謝しつつ、日々を送らなければならない。これは、家庭において母親と父親がともに守らなければならない鉄則である。この鉄則に基づいて親・大人が家庭生活を営むことから、子どものうちに、生に必須の重要な道徳性が成長する。それは、ほかでもない、「感謝」である。子どもは、親・大人が心の内に持つ感謝の思いおよび外に表れる感謝の言動を模倣し受け入れて、自分のうちに感謝という気高い道徳性を成長させていくのである。

シュタイナーによれば、子どもが成人して営む社会生活で必須の道徳性は、感謝と愛と義務であるが、主として感謝は幼児期に、愛は児童期に、また義務は思春期・青年期にそれぞれ成長する。児童期に愛が健全に成長するためには、幼児期に感謝がしっかりと育っていなくてはならない。感謝が十分に育っていなければ、愛の成長に支障をきたす。

この感謝の育成に是非とも必要なのが、前述の鉄則に基づく親・大人の道徳的な生き方である。子どもが親の手伝いをしたとき、親が「ありがとう」と言う。父親と母親がお互いに家の中で「ありがとう」と言い合う。こうした親・大人の生き方を見て模倣し、子どもは、自分のうちに、感謝という道徳性を成長させていくのである。子どもに対して、感謝しましょう、ありがとうと言いましょう、といった、半ば強制的な道徳教育の方法は避けなければならない。

注

（1）広瀬牧子（一九八九）『我が家のシュタイナー教育』共同通信社。
（2）Marielle Seitz/ Ursula Hallwachs (1996). Montessori oder Waldorf? Ein Orientierungsbuch für Eltern und Pädagogen.
（3）服部公一（一九九九）『子どもの声が低くなる！——現代ニッポン音楽事情』（ちくま新書）筑摩書房、一〇九〜一一〇頁、参照。
（4）Rudolf Steiner (1978). Die Erziehung des Kindes vom Gesichtspunkte der Geisteswissenschaft und andere Schriften. Rudolf Steiner Verlag. S.28. ルドルフ・シュタイナー、新田義之監修、大西そよ子訳（一九八〇）『精神科学の立場から見た子供の教育』人智学出版社、四三頁、参照。
（5）Rudolf Steiner Gesamtausgabe. 309 Band. S.34-35.
（6）A.a.O.. 307 Band. S.107.

〔付記〕

本章の2「親子で道具を使ってモノ作りをしよう」で弦楽器・バンドーラ作りの教育について記したが、私たちは、これまで親子だけでなく、小学生や中学生をも対象にしてこの教育を実践してきた。その実践の一つ、大阪の金蘭会中学校での実践は、社会的に注目され、二〇一八年には、この実践に対して第六七回読売教育賞優秀賞が読売新聞社から授与された。この賞の選考委員（山下薫子・東京芸術大学教授）は、私たちの実践を「音楽のもつ教育的可能性を証明した、質が極めて高い実践」と評価した（二〇一八年、二月四日付、読売新聞、朝刊）。

あとがき

本書の編者の一人、広瀬俊雄は、これまで四〇年以上にわたってシュタイナー教育の研究に携わってきた研究者である。これまでいくつもの新聞社、雑誌社、出版社、テレビ局等から執筆依頼、取材を受けた。そのなかに、今でも多くの人びとのシュタイナー教育の理解に裨益するところ大と思われる執筆依頼による記事と取材記事がある。

執筆依頼による記事は、まえがきに記した「二〇世紀の古典、ルドルフ・シュタイナー、世界に広がる教育の夢」の記事である。また取材記事は、その記事より五年前の記事「指導要領の絶対視許す日本は〝教育後進国〟」である。最後に、この二つを補足として紹介し、本書のしめくくりとしたい。

補足（一）　二〇世紀の古典、ルドルフ・シュタイナー、世界に広がる教育の夢

この見出しのもとに掲載された記事は、私が朝日新聞の依頼に応じて書いた寄稿文である。この寄稿文を書いた一九九九年の当時も、そして本書の編集に携わっている今も、私の心を根底で支えるシュタイナーの重要な思想がある。その思想は、二つに要約される。即ち、その一つは「子どもの教育に従事する者は、誕生からこの世を去るまでの人間の生涯全体・学校卒業後の生き方の問題にたえず思いをめぐらさなくてはならない」との考え方である。もう一つは「教育者は、いつも人間の本性の欲求および子どもの発達段階に目を向け、それらを深く

認識しなければならない」との考え方である。

寄稿文は、シュタイナーの業績とその核心に触れつつ、その二つの考え方を根本に据えて、かれがなぜ教育を重視したのか、かれがどのような思いで学校設立へとつき進んだのか、を簡潔に分かりやすく説き明かしたものである。以下、寄稿の全文を記したい。

一九七〇年代以降、とみに注目されるに至ったルドルフ・シュタイナー(一八六一—一九二五)の業績は、「シュタイナー教育」の名で知られる教育の分野だけでなく、ゲーテ研究、人智学、社会三層化運動、芸術、建築、医療、農業、キリスト者共同体など広い分野に及んでいる。その中心にあるのは、人智学である。人智学とは、人間および世界の中心に宿る目に見えない霊性、神性の認識を課題とする学問的方法の体系をいう。彼はこの人智学の立場で、科学を尊重しつつも、森羅万象をもっぱら物質で解釈する物質主義的世界観の横行を批判している。

現代人の多くは物質主義と科学主義に汚染され、本性の欲求である、奥深い充実した生き方をすることができない。シュタイナーはこの現実に注目し、人びとがその時代風潮と利己心の誘惑にいかに打ち勝ち、充実した生き方を享受できるか、という問題に取り組んだ。彼のいう充実した生き方とは、学問、芸術、宗教、道徳などによる精神的な生活を主柱に据えつつ、職業的経済的な生活、法的政治的な生活を営み、さらにその中で自己と他者とを高めることであった。そしてこれを享受することは、万人の願いであり権利であるという。

それはどうすれば実現できるのか。そこで決定的な役割をはたすのが教育である。

彼によると、学校教育を終えた後、充実した生き方を享受できるかどうかは、幼児期から青年期までの教育によって決まるという。適切な教育を受けるならば、こどもは生きる力を具備し、充実した深い生き方の道を歩むことができる。そうでない場合、その道は閉ざされてしまう。

シュタイナーは、教育をこのうえなく重視し、一九一九年、ドイツのシュツットガルトに画期的な学校を設立した。知育偏重の打破のもとに、子どもの発達段階と個性が重視され、みずみずしい知性と心の育成や、豊かな芸術性と国際性が求められた。この学校の教育方法は今や世界の六十カ国に広まり、高い評価を受けている。ユネスコはシュタイナーの学校をプロジェクト校に指定し、ドイツのコール前首相もわが子をシュタイナー教育にゆだねた。

シュタイナーの残した教育と学校は、荒廃した教育の再生を求めて努力する多くの人々を、今も元気づけ鼓舞してやまない。

この寄稿文は、一九九九年一月二二日の朝日新聞（朝刊）の学芸欄に次のようなかたちで掲載された。

学芸　ニュース　時代を歩く

20世紀の古典

ルドルフ・シュタイナー

世界に広がる教育の夢

広島大学教授
広瀬　俊雄

「20 世紀の古典、ルドルフ・シュタイナー、世界に広がる教育の夢」
1999 年 1 月 22 日の朝日新聞（朝刊）

補足（二）　指導要領の絶対視許す日本は〝教育後進国〟

前掲の記事より五年前の一九九四年の九月、朝日新聞は、教育欄にこのような刺激的な見出しの記事を掲載した。この記事の執筆者は、この新聞の山岸駿介編集委員である。山岸編集委員は、東京本社から、私の住む広島に訪ねて来て、私の著書『ウィーンの自由な教育―シュタイナー学校と幼稚園』（勁草書房、一九九四）をもとに、シュタイナー教育に関する取材を私に対して行った。同編集委員は、その取材をもとに、シュタイナー教育に関する記事を三回に分けて連載した。その一つが「指導要領の絶対視許す日本は〝教育後進国〟」との見出しで記された記事である。

その著書の中で私が特に力を入れて書いたことの一つは、国の定めた学習指導要領に従わない、シュタイナー教育という自由な教育を行う学校が、どのようにして「公的な承認」を勝ち取ったのか、を明らかにすることであった。

歴史が示すように、長い間、教育・学校は、国の「独占」領域であった。国は自由な教育を行う学校を「学校」として認めず、補助金その他は一切出さなかった。ウィーンのシュタイナー学校は、その厚い壁をねばり強い戦いの末うち破り、「公認」を勝ちとり「学校」になった。補助金も獲得した。私の本を読み、私の話に熱心に耳を傾けた山岸編集委員は、そのウィーンの姿に深く心を打たれ、このことを是非新聞に書いて広く世に知らせたいと言った。私への取材を終えて帰るとき、氏が言った言葉を私は今でも覚えている。「日本も長い間、国が教育を独占してきたのですね。自由な教育・学校は公認されなかったのですね。これは何とかしなければならないことです」。

本書の7章「シュタイナー学校の教師として生きる」の執筆者・若林伸吉の勤務する学校は、京田辺市にある「京田辺シュタイナー学校」である。この学校には、小学一年生から高校三年生まで計二六五名の子どもが通う。若林が書いているように、国は、「学校」ではないという理由で補助金は一切出していない。学校運営にかかる年二億円近くの経費は、すべて保護者の負担である。この学校に通う子どもたちは、電車の学生定期券を買うこともできない。民主主義の国でこのようなことがあってよいのだろうか。

以下、山岸編集委員の書いた記事の全文を紹介したい。

朝鮮高級学校から都立高校に編入した女生徒が、大学を志願したところ、「受験資格なし」と門前払いされたことが、今春、明るみに出た。文部省が、朝鮮学校を日本の学校と同等に扱っていないからだ。朝鮮学校に限らず、アメリカンスクールでも、ドイツ学園でも同じである。

先週、紹介したシュタイナー学校を、日本でつくっても、正規の学校としては認められまい。学校は、公立、私立を問わず、すべて国の定めたさまざまな基準、教育内容でいえば、学習指導要領に従わなければならないと決められているからだ。こうした学校で学んでも、国は「学校で勉強した」とは認めない。学齢期の子を、そうした学校に入れると、就学義務を放棄したと見なされる。

だが、シュタイナー学校は世界三十ヵ国にあり、欧米では、学校として認められている。「オーストリアでも、長い間、日本と似た考えでした」と、広島大学の広瀬俊雄教授は語る。

ウィーン・シュタイナー学校が戦後、再建されたとき、やはり公認されなかった。国の定めたカリキュラムの基準・学習指導要領に従わなかったからだ。

シュタイナー学校は、どこの国でも、その国の伝統的な教育とは、思想もカリキュラムも違っている。ただ

編集委員　山岸　駿介

指導要領の絶対視許す
日本は「教育後進国」

朝鮮高級学校から都立高校に編入した女生徒が、大学を志願したところ、「受験資格なし」と門前払いされたことが、今春、明るみに出た。

文部省が、朝鮮学校を日本の学校と同等に扱っていないからだ。朝鮮学校に限らず、アメリカンスクールでも、ドイツ学園でも同じである。

先週、紹介したシュタイナー学校を、日本でつくっても、正規の学校としては認められまい。

学校は、公立、私立を問わず、すべて国の定めたさまざまな基準、教育内容でいえば、学習指導要領に従わなければならないと決められているからだ。

こうした学校で学んでも、国は「学校で勉強した」とは認めない。学齢期の子を、そうした学校に入れると、就学義務を放棄したと見なされる。

だが、シュタイナー学校は世界三十カ国にあり、欧米では、学校として認められている。

「オーストリアでも、長い間、日本と似た考えでした」と、広島大学の広瀬俊雄教授は語る。

ウィーン・シュタイナー学校が戦後、再建されたとき、やはり公認されなかった。国の定めたカリキュラムの基準・学習指導要領に従わなかったからだ。

シュタイナー学校は、どこの国でも、その国の伝統的な教育とは、思想もカリキュラムも違っている。

ただ、オーストリアでは、学校として公認されなくても、毎年、国が行う学力試験を受けて合格すれば、義務教育修了資格を取れた。また普通の学校とは違うが、「義務教育学校」に認定されれば、その学力試験も免除された。

ウィーン・シュタイナー学校はやがて義務教育学校になり、さらに一般の学校と同じ権利を獲得するために、文部省と交渉を重ね、ついに成功する。十八年前のことである（広瀬俊雄著「ウィーンの自由な教育」から）。

そのために払った関係者の努力は涙ぐましい。政府の高官の協力もあった。「教育や学校を、国がすべて独占するのはよくない。民主主義国家で大切なことは、多様性を認めることです。学習指導要領だけが、唯一絶対の正しいものだということは、ありえない」とその高官は、広瀬教授に語ったという。

先進国での、国による「教育独占」が崩れ出した中で、日本だけは変わらない。「独占」を批判する声も、かぼそい。政党も無関心である。やはり日本は「教育後進国」なのだろうか。

「指導要領の絶対視許す日本は“教育後進国”」
1994年9月5日の朝日新聞（朝刊）

オーストリアでは、学校として公認されなくても、毎年、国が行う学力試験を受けて合格すれば、義務教育修了資格を取れた。また普通の学校とは違うが、「義務教育学校」に認定されれば、その学力試験も免除された。

ウィーン・シュタイナー学校はやがて義務教育学校になり、さらに一般の学校と同じ権利を獲得するために、文部省と交渉を重ね、ついに成功する。十八年前のことである（広瀬俊雄著『ウィーンの自由な教育』から）。

そのために払った関係者の努力は涙ぐましい。政府の高官の協力もあった。「教育や学校を、国がすべて独占するのはよくない。民主主義国家で大切なことは、多様性を認めることです。学習指導要領だけが、唯一絶対の正しいものだということは、ありえない」とその高官は、広瀬教授に語ったという。

先進国での、国による「教育独占」が崩れ出した中で、日本だけは変わらない。「独占」

を批判する声も、かぼそい。政党も無関心である。やはり日本は「教育後進国」なのだろうか。

この刺激的な記事は、一九九四年九月五日の朝日新聞（朝刊）の教育欄に右上の紙面のようなかたちで掲載された。

以上、補足（一）と、補足（二）を書き記したが、（二）は、本書の最初の章「1 シュタイナー学校の公的承認をめぐる一〇〇年の闘い」（遠藤孝夫）と深く関係することがらである。補足を読むことによって本書の理解が深まることを願う。

二〇二〇年四月二〇日

編　者

シュタイナー教育 100 年――80 カ国の人々を魅了する教育の宝庫――

2020 年 8 月 20 日　初版第 1 刷発行

編　者　広瀬俊雄
遠藤孝夫
池内耕作
広瀬綾子
発行者　杉田啓三

〒 607-8494　京都市山科区日ノ岡堤谷町 3-1
発行所　株式会社　昭和堂
振替口座　01060-5-9347
TEL（075）502-7500／FAX（075）502-7501

印刷　亜細亜印刷

ISBN978-4-8122-1931-7

＊乱丁・落丁本はお取り替えいたします。
Printed in Japan

100 Jahre Waldorf-Erziehung:
Faszinierende Schatzkammer für die Menschen in 80 Ländern

Toshio Hirose, Takao Endo, Kosaku Ikeuchi, Ayako Hirose (Hrsg.)

Inhaltsverzeichnis

Zusammenfassung

Prolog

Die Steiner-Schule im Silicon Valley, die eine Basis der weltweiten IT-Industrie ist, ist laut der New York Times eine Schule, die eine Erziehung praktiziert, die nicht mit dem Fluss der Zeit übereinstimmt. Seit 1975 – im Zeichen der Krise staatlicher Bildungsformen – wächst in Japan das allgemeine Interesse an der Waldorfschule. Die Waldorfpädagogik erregte Interesse und Aufmerksamkeit vor dem Hintergrund verschiedener Probleme, darunter Mobbing, Schulgewalt, Stören im Unterricht, Schulverweigerung usw. Die Bürger und Eltern, die sich angesichts der Krise Sorgen um die Erziehung machten, kannten die Waldorfpädagogik und bekamen Hoffnung und Mut aus dieser Erziehung. In den letzten Jahren wurden auch in Japan Steiner-Waldorfschulen und -Waldorfkindergärten gegründet. Die Veröffentlichung des Buches über die Waldorfpädagogik ist jedoch in Japan wenig, und das Wesen dieser Erziehung ist noch nicht ausreichend geklärt. Die Waldorfpädagogik ist eine von Anfang an breit gefächerte Erziehung, die von der frühen Kindheit bis zur Jugend ist. Dies ist das erste Buch in Japan, das anlässlich des 100. Jahrestags der Gründung der Steiner-Waldorfschulen veröffentlicht wurde. Ziel dieses Buches ist es, den ungeklärten Bereich der Waldorfpädagogik und das Wesen der Waldorfpädagogik zu beleuchten. Das Buch besteht aus zehn Kapiteln, die von neun Forschern und Praktikern geschrieben wurden.

Kapitel 1. 100-jähriger Kampf für öffentliche Anerkennung der Waldorfschulen

Die Steiner-Waldorfschulen stehen seit ihrer Gründung im Jahr 1919 mit der Staatsgewalt und der Bildungsgesetzgebung im Konflikt. Sie haben immer wieder um öffentliche Anerkennung und Rechtsfreiheit gekämpft, die die institutionelle Grundlage für eine „Erziehung zur Freiheit" bilden. Diese wichtigen Aspekte wurden jedoch in früheren Studien vernachlässigt. Dieses Kapitel beleuchtet die100-jährige Geschichte des Kampfes der Steiner-Waldorfschulen um öffentliche Anerkennung und Rechtsfreiheit in Deutschland. In diesem Kapitel wird insbesondere Folgendes überprüft: 1) die staatliche Genehmigung für die Errichtung der ersten Steiner-Waldorfschule, 2) die Unterdrückung und Schließung von Steiner-Waldorf-Schulen im Nationalsozialismus, 3) der Wiederaufbau von Steiner-Waldorfschulen nach dem Zweiten Weltkrieg und die Ausweitung der Zuschüsse aus öffentlichen Mitteln auf Privatschulen.

Kapitel 2. Weltweite Waldorf-Erziehung

In diesem Kapitel wird die Verbreitung von Waldorfschulen in der Welt bestätigt. Es wird die „Japan Steiner School Association" vorgestellt, die aus sieben Waldorfschulen in Japan besteht. Außerdem werden die akademischen Leistungen der Waldorfschulen in Deutschland und den USA anhand bereits veröffentlichter Quellen analysiert.

Kapitel 3. Unterricht in Informations- und Kommunikationstechnik (IKT) in der Waldorfschule: Praxis in Amerika

Im dritten Kapitel wird der Unterricht in Informations- und Kommunikationstechnik (IKT) an Waldorfschulen in Amerika vorgestellt. Der IKT-Unterricht in öffentlichen Grundschulen in Amerika ist von wesentlicher Bedeutung, und die IKT-Unterricht (Programmierung) an Grundschulen auch in Japan hat begonnen. Im Jahr 2011 berichtete die New York Times jedoch unter der Überschrift „A Silicon Valley School That Doesn't Compute", dass die Waldorf School bis zu einer bestimmten Klassenstufe keine IKT im Unterricht einsetzt. Im Kindesalter liegt nämlich der Schwerpunkt auf originellen und direkten Erfahrungen, um die Vorstellungskraft zu fördern und Vertrauen zwischen Lehrern und Kindern aufzubauen. Das Lernen mit IKT wurde als Hindernis dafür angesehen. In der Pubertät ist IKT im Unterricht jedoch unerlässlich. Diese Herangehensweise basiert auf Steiners Erziehungs- und Entwicklungstheorie, d. h. dem Wunsch, sich dem realen Leben als Merkmal der Adoleszenz zu nähern. Der Grund dafür ist, dass der IKT-Unterricht das Denken und Urteilsvermögen fördern soll, das sich in der Pubertät entwickelt.

Kapitel 4. Naturwissenschaftliche Erziehung in der Waldorf-Schule: Fokus auf der Wirklichkeit, statt auf Vermutungen und Hypothesen

Dieses Kapitel verdeutlicht die pädagogische Philosophie der Naturwissenschaft, indem es die Physik der sechsten und siebten Klasse der Waldorf-Schulen analysiert. Im naturwissenschaftlichen Unterricht dieser Schule wird das Phänomen zuerst beobachtet, beschrieben und untersucht, anstatt das Kind zur Prognose und Hypothese zu machen und das Experiment zu machen. Es ist ein Unterricht, der versucht, die Natur von der Realität zu erkennen. Das Gefühl der „Überraschung", das entsteht, indem wir uns der Tatsache stellen, ohne eine Hypothese zu formulieren, ist der Ausgangspunkt der Wahrheitssuche.

Kapitel 5. Geographische Erziehung in der Waldorfschule: Kosmopolitische Menschenbildung

In diesem Kapitel geht es um die geographische Erziehung in der Waldorfschule, um seinen Inhalt und um seine Bedeutung als Kernpunkt der Waldorfpädagogik. Geographie ist ein umfassendes, aber individuelles Gebiet, auf dem alles in dieser Welt – von Bergen, Flüssen und Geländen bis zu Pflanzen, Tieren, Menschen und deren Leben, Kultur, Wirtschaft, Politik, Philosophie und Kunst – gleichzeitig und zusammen gedacht werden kann. Folglich wird Geographie nicht nur im Sachkunde-, Heimatkunde- und Geographieunterricht, sondern auch in anderen Fächern, darunter in Deutsch, Geschichte, Mathematik, Handarbeit, in naturwissenschaftlichen Fächern, in Fremdsprachenunterricht und sogar in Religion behandelt. Dieses pluralistische Geographiestudium in der Waldorfschule vermittelt Kindern lebendige Begriffe, aktuelle Moralität und eine kosmopolitische Gesinnung, weil die Kinder dabei lernen, das Alltags- mit dem Geistesleben zu verknüpfen und andere mit der Nächstenliebe zu respektieren.

Kapitel 6. Moralische Erziehung in der Waldorfschule: Denkungsart und Praxis

Steiner sagte: „Das Moralische macht den Menschen erst wirklich zum Menschen. Ein unmo-

ralischer Mensch offenbart nicht den vollen Menschen in sich. Deshalb wäre es Sünde gegen die Menschennatur, die moralische Entwicklung des Kindes nicht im vollsten Ausmaße zu pflegen."

Die Ziele der moralischen Erziehung sind: 1) Entwicklung der allgemeinen Menschenliebe und der Dankbarkeit, 2) Entwicklung des natürlichen Bedürfnisses nach dem Gefallen am Guten und nach dem Missfallen am Bösen. „Das Gefühlsurteil über das Moralische soll in der Zeit zwischen dem Zahnwechsel und der Geschlechtsreife ausgebildet werden."

Die Methode der moralischen Erziehung: 1) Der Lehrer als Methode der moralischen Erziehung (Autorität). Der Lehrer muss immerfort der Erwecker der kindlichen Seele, nicht der Ausstopfer dieser Seele sein. Die allgemeine Menschenliebe muss erweckt werden. Es ist wichtig, dass der Lehrer die Kinder liebt. Die Liebe zu den Kindern ist die Entwicklung des natürlichen Bedürfnisses des Kindes. Es ist wichtig, dass der Lehrer die Entwicklung des künstlerischen Bedürfnisses des Kindes unterstützt. 2) Klassenspiel: „Einer für alle, alle für einen – unser Klassenspiel." Klassenspiele fördern das Bemühen, einander zu verstehen und zu verbessern. Klassenspiele können die Verbindung der Klassengemeinschaft vertiefen. 3) Moralische Erziehung durch das Erzählen von Märchen sowie von alten oder von den Lehrern erfundenen Geschichten. Märchen und alte Geschichten haben die Kraft, Missfallen am Bösen und Gefallen am Guten oder Mitgefühl hervorzurufen.

Kapitel 7. Leben als Lehrer: Acht Jahre Klassenleiter in einer Waldorfschule

Während meiner Zeit als Klassenlehrer für acht Jahre an der Kyotanabe-Steinerschule wurde mir klar, dass die wichtigsten Schlüssel zur Stütze von Autorität im Folgenden liegen: in der „Kunst", die wesentlichen Bedürfnisse der Kinder zu erfüllen, sodass diese den Lehrer respektieren, in der „Verantwortung" bei allen Urteilen mit „Freiheit", die die Kunst verwirklicht, und in einem reichhaltigen entwicklungsgemäßen Lehrplan. Das Erziehen zu Vertrauen in sich selbst sowie in andere und das Fördern aktiven Vertrauens zwischen Eltern und Lehrern sind für unsere Schule ebenfalls charakteristisch. Unsere Schule ist rechtlich leider keine „Schule", obwohl sie eine „UNESCO-Schule" ist.

Kapitel 8. Interview mit Setsuko Horiuchi, der ehemaligen Direktorin des Nijinomori-Kindergartens in Toyohashi, Aichi: Lebensweg in der Waldorf-Kindererziehung

Dieses Kapitel besteht aus einem Interview mit Frau Setsuko Horiuchi, der Direktorin des Nijinomori-Kindergartens in der Stadt Toyohashi in der Aichi-Präfektur. Sie praktiziert seit über 40 Jahren frühkindliche Bildung nach Steiners Bildungsphilosophie. Sie ist auch eines der ersten Mitglieder der Steiner-Bildungsbewegung in Japan und als hervorragende Schriftstellerin bekannt. Darüber hinaus ist sie eng mit Frau Michiko Koyasu verbunden, der Autorin von „Grundschülerin in München", die in Japan das Interesse an der Waldorfschule geweckt hat.

Kapitel 9. Praxis der Waldorf-Kindererziehung in der Reisbaukultur in Japan: Gründung des Waldorfkindergartens „Sakura" im Osten Hiroshimas

In diesem Kapitel wird die Praxis der Waldorf-Kindererziehung in Japan beschrieben. Die Auto-

rin Hiromi Mori studierte Theorie und Praxis an der Universität Hiroshima sowie in Waldorfkindergärten und im Rahmen von Seminaren in der Schweiz und gründete einen Kindergarten in Japan, um die Waldorf-Kindererziehung zu praktizieren. Zehn Jahre sind seit der Gründung des Kindergartens vergangen, und mein Fokus liegt auf der Praxis der Waldorf-Kindererziehung, darunter vor allem auf der Reiskultur, die zum japanischen Klima passt. Die Kinder erlernen den Rhythmus des Jahres ausgehend vom Ereignis des Wendepunkts, die Erlebnisaktivitäten der vier Jahreszeiten, die täglichen Reigen usw. Ihre Phantasie, Kreativität und Willenskraft werden durch Spiel und Reden ausreichend gefördert, was sie auf ein selbstbestimmtes Leben vorbereitet.

Kapitel 10. Praxis der Kindererziehung („Kosodate") in der Waldorf-Erziehung: Was sollen die Eltern zu Hause machen?

Im zehnten Kapitel wird die Praxis der Kindererziehung zu Hause beschrieben, wie sie in der Waldorfpädagogik vermittelt wird. Eltern sollten Smartphones und Tablets im Rahmen der Kindererziehung nicht zu Hause verwenden. Mit Blick auf die Nachahmung durch kleine Kinder ist es wichtig, dass die Eltern zu Hause vor dem Kleinkind mit Spaß kochen und arbeiten. Darüber hinaus sollten Eltern und Kinder gemeinsam Handarbeiten erledigen, insbesondere mit Werkzeugen wie Säge und Hammer (um z. B. Musikinstrumente herzustellen). Darüber hinaus sollten die Eltern die moralische Erziehung kleiner Kinder im Auge behalten.

Die Autorinnen und Autoren

Prof. Dr. Emeritus Toshio Hirose

Geboren 1942. 1983-2005 Professor für Pädagogik und Studium der Bildungsmethode an der Universität Hiroshima. 1990-1991 Forschungsaufenthalt an der Rudolf Steiner-Schule Wien-Mauer. 2005-2013 Professor für Pädagogik an der Doshisha-Frauenuniversität. Schwerpunkte: Bildungsphilosophie, Waldorfpädagogik und -praxis, Instrumentenbau-Erziehung.

Prof. Dr. Takao Endo

Geboren 1958. Professor für historische Bildungsforschung und der Universität Shukutoku. 1997-2006 Professor an der Universität Hirosaki. 2007-2019 Professor an der Universität Iwate. Schwerpunkte: Historische Bildungsforschung, Waldorfpädagogik.

Prof. Kosaku Ikeuchi

Geboren 1971. M.A. in Pädagogik. Professor für Organisationspädagogik und Studium der Bildungsmethode an der Christlichen Universität in Ibaraki. Schwerpunkte: Organisationspädagogik, Waldorfpädagogik und -praxis.

Associate Prof. Dr. Ayako Hirose

Geboren 1977. Associate Professorin für Pädagogik für die frühe Kindheit und Dramapädagogik

an der öffentlichen Universität in Niimi. 1990-1991 Studium an der Rudolf Steiner-Schule Wien-Mauer. 2006-2015 Schauspielerin am öffentlichen Theater Piccolo in der Hyogo-Präfektur. Schwerpunkte: Waldorfpädagogik und -praxis, Dramapädagogik.

Natsumi Honma

Geboren 1976. M.A in Pädagogik. Dozentin für das Studium der Bildungsmethode an der Japanischen Universität für Wirtschaft. Grundschullehrerin in der Kanagawa-Präfektur für elf Jahre. Schwerpunkte: Studium der Bildungsmethode, Waldorfpädagogik und -praxis, naturwissenschaftlicher Erziehung.

Associate Prof. Dr. Yuzo Hirose

Geboren 1980. Associate Professor für Allgemeine Erziehungswissenschaft und Bildungsphilosophie an der Universität Kyoto. 1990-1991 Studium an der Rudolf Steiner-Schule Wien-Mauer. 2012-2014 DAAD Stipendiat an der Universität Würzburg. Schwerpunkte: Bildungsphilosophie, pädagogische Anthropologie, geographische Erziehung.

Shinkichi Wakabayashi

Geboren 1972. M.A. in Pädagogik. Lehrer an der Kyotanabe-Waldorfschule in Kyoto. Grundschullehrer in der Niigata-Präfektur für sechs Jahre. 2005-2009 Diplom-Studium an der Freien Hochschule Stuttgart. Arbeitsgebiete: Waldorfpädagogik und -praxis, Handarbeit.

Hiromi Mori (Iwasaki)

Geboren 1981. M.A. in Pädagogik. Lehrerin und Direktorin am Waldorfkindergarten Sakura in Higashihiroshima. 2004-2008 Lehrerin am Kindergarten Soyokaze in Kyoto. 2008-2010 Ausbildung am Waldorfkindergarten Wetzikon in der Schweiz. Gründung des Waldorfkindergartens Sakura in Higashihiroshima im Jahr 2010. Arbeitsgebiet: Kindererziehung.

Makiko Hirose

Geboren 1946. B. A. in Philosophie. 1990-1991 Aufenthaltsstudium an der Rudolf Steiner-Schule Wien-Mauer. Direktorin der Mütterstudiengruppe für Waldorfpädagogik und -praxis zu Hause. 1996-2008 Beraterin der Besserungsanstalt des Justizministeriums für Jugend in Hiroshima. Arbeitsgebiet: Kindererziehung für Eltern.

■編者・執筆者紹介（執筆順）

広瀬俊雄（ひろせ　としお）＊編者

1942年生まれ。東北大学大学院教育学研究科博士課程修了。教育学博士。1990～91年、ウィーン・シュタイナー学校協会の招聘でウィーンに留学、シュタイナー教育の実践と成立史に関する研究に従事。広島大学教授、同志社女子大学教授を経て、2013年定年退職。現在、広島大学名誉教授、楽器作りと合奏の教育の研究と実践に従事しつつ、その普及活動に力を注ぐ。2018年、第67回読売教育賞優秀賞（音楽教育部門）を受賞。
主要著書：『シュタイナーの人間観と教育方法』ミネルヴァ書房、1988年。『ペスタロッチーの言語教育思想』勁草書房、1996年。『子どもに信頼されていますか』共同通信社、2009年。『「感激」の教育――楽器作りと合奏の実践――』（監修）、昭和堂、2012年など。

遠藤孝夫（えんどう　たかお）＊編者

1958年福島県生まれ。東北大学大学院教育学研究科博士課程単位取得退学。博士（教育学）（東北大学、1995年）。岩手大学教育学部教授を経て2020年4月からは淑徳大学人文学部教授。
主要著書：『近代ドイツ公教育体制の再編過程』創文社、1996年。『管理から自律へ 戦後ドイツの学校改革』勁草書房、2004年。クラウダー／ローソン『新訂版シュタイナー教育』（翻訳）イザラ書房、2015年。『「主体的・対話的で深い学び」の理論と実践』（編著）東信堂、2019年など。
主要論文：「ヴァルドルフ教員養成の公的地位獲得と教員養成の国家独占の否定」『教育学研究』第80巻第1号、日本教育学会、2013年。「ナチズム体制下におけるヴァルドルフ学校の基礎的研究」『岩手大学教育学部附属教育実践総合センター研究紀要』第16号、2017年など。

池内耕作（いけうち　こうさく）＊編者

1971年広島市生まれ。東北大学大学院教育学研究科博士後期課程満期退学。専門は教育方法学。茨城キリスト教大学文学部児童教育学科教授。現職校で2020年3月末まで副学長、日立市地域創生有識者会議会長等を歴任。
主要著書：『未来を拓くシュタイナー教育――世界に広がる教育の夢――』（共著）ミネルヴァ書房、2006年。『教育学基礎資料』（第三版～第六版、共著）樹村房、2006～2011年。『「感激」の教育――楽器作りと合奏の実践――』（共著）昭和堂、2012年。『実践的指導力を育む大学の教職課程』（編著）渓水社、2015年など。
主要論文：「ヴァルドルフ教育を支えるR・シュタイナーの教師観」『日本教師教育学会年報』第六号、1997年。「シュタイナーの人間観と教育実践」『キリスト教教育論集』第八号、2000年。「自由ヴァルドルフ学校の普及と成果」『おおみか教育研究』第九巻、2005年など。

広瀬綾子（ひろせ　あやこ）＊編者

1990～91年、オーストリア・ウィーンのシュタイナー学校（Rudolf Steiner-Schule Wien-Mauer）の第7学年に編入学・在籍。大阪大学大学院人間科学研究科博士後期課程修了。博士（人間科学）。兵庫県立ピッコロ劇団劇団員を経て、現在、新見公立大学准教授。
主要著書：『演劇教育の理論と実践の研究――自由ヴァルドルフ学校の演劇教育――』
東信堂、2011年。『人生の調律師たち』（共著）春風社、2017年など。
主要論文：「自由ヴァルドルフ学校の演劇教育」『教育学研究』第72巻第3号、日本教育学会、2005年。「道徳性・宗教性を育む表現活動――幼稚園・保育園において身体表現活動を指導できる力量の育成を中心に――」『論集』第51巻、梅光学院大学、2018年など。

本間夏海（ほんま　なつみ）

1976年山口県生まれ。日本経済大学講師。女子美術大学非常勤講師。広島大学大学院教育学研究科修了。神奈川県公立小学校教諭を11年勤め、日本大学大学院文学研究科博士後期課程満期退学を経て、2018年4月より現職。専門は教育方法学。

主要著書：「発達段階を考慮した道徳授業」『自ら学ぶ道徳教育』（共著）保育出版社、2019年。
主要論文：「学習社会における資質・能力を育成する教育のあり方――アンドラゴジーの視点からシュタイナー教育を読み直す――」『日本学習社会学会年報』第13号、2017年。「教科化された『道徳』小学校の現場で起こっていること」『季刊教育法』第201号、エイデル研究所、2019年など。

広瀬悠三（ひろせ　ゆうぞう）

1980年生まれ。1990～91年、オーストリア・ウィーンのシュタイナー学校（Rudolf Steiner-Schule Wien-Mauer）の第3学年に編入学・在籍。京都大学大学院教育学研究科修士課程修了後、ロンドン大学教育研究所、ドイツ・ヴュルツブルク大学大学院（DAAD長期奨学生）への留学を経て、京都大学大学院教育学研究科博士課程研究指導認定退学。博士（教育学）。現在、京都大学大学院教育学研究科准教授。
主要著書：『カントの世界市民的地理教育――人間形成論的意義の解明』ミネルヴァ書房、2017年。『信頼を考える――リヴァイアサンから人工知能まで』（共著）勁草書房、2018年など。
主要論文：「カントの教育思想における幸福の意義――『感性的な幸福』と『最高善における幸福』の間で――」『教育哲学研究』第101号、教育哲学会、2010年。「道徳教育における宗教――カントの道徳教育論の基底を問う試み――」『道徳と教育』第59号（333）、日本道徳教育学会、2015年など。

若林伸吉（わかばやし　しんきち）

1972年生まれ。広島大学大学院学校教育研究科修士課程修了。教育学修士。6年間の公立小学校教員を経て、2005年～2009年ドイツのシュトゥットガルト自由大学（Freie Hochschule Stuttgart, シュタイナー学校教員養成大学）に留学し、卒業。Diplom取得。現在、NPO法人京田辺シュタイナー学校初等・中等部担任／木工専科。
主要論文：Diplomarbeit : ADHS-Kinder und Unterrichtsmethodik（『ADHDの子どもたちと授業方法について』）, 2009.「『拓く総合』5年生実践『信濃川をよみがえらせよう』」『十日町市立東小学校平成12年度研究集録』十日町市立東小学校、2001年。「実感的理解を大切にした歴史学習～6年『縄文人に挑戦』の実践から～」『妻有』平成13年度、ときわ会中魚・十日町支部、2002年。

森（旧姓岩崎）寛美（もり　ひろみ）

1981年生まれ。2004年、広島大学大学院教育学研究科修士課程修了。修士（教育学）。2004～08年、学校法人そよかぜ幼稚園で担任教諭として勤務。2008年、スイスへ留学し、Wetzikonのシュタイナー幼稚園でアシスタント教諭をしながら実践を学び、Dornachで乳幼児グループ指導者コースを修了。帰国後、2010年、東広島シュタイナーこども園さくらを開園。2017年、広島県より「ひろしま自然保育認証制度」の認証を受ける。現在、同こども園さくら園長。（保育士、幼稚園・小学校・中学校・高等学校専修免許、養護学校教諭免許取得）
主要論文：「幼児・児童の成長を支える「お話」の教育（Ⅰ）――シュタイナー幼稚園・学校における語り聞かせの教育を中心に――」（共著）、『同志社女子大学学術研究年報第61巻』2010年。

広瀬牧子（ひろせ　まきこ）

東京都生まれ。東京女子大学哲学科卒業。1990～91年、オーストリア・ウィーンのシュタイナー幼稚園と学校でシュタイナー教育の理論と実践を学ぶ。帰国後、「シュタイナーを学ぶ母親の会」を主宰。各地の子育て中のお母さんたちに、シュタイナー教育をとり入れた子育てを広める活動および法務省の少年院篤志面接委員の活動に従事。2020年1月逝去。
主要著書：『親子で学んだウィーン・シュタイナー学校』ミネルヴァ書房、1993年。『我が家のシュタイナー教育（正）（続）』共同通信社、1998年、1999年。『気質でわかる子どもの心』共同通信社、2006年。『「伸びどき」を見のがさないシュタイナーの楽しい子育て』サンマーク出版、2009年など。